Tötungsanstalt Hartheim

OBERÖSTERREICH IN DER ZEIT DES NATIONALSOZIALISMUS
3

Herausgegeben vom
Oberösterreichischen Landesarchiv
und dem
Lern- und Gedenkort Schloss Hartheim

ISBN: 3-900313-78-4
Umschlag- und Einbandgestaltung: Modern Times Media Verlag, Wien
Herstellung: Rudolf Trauner GmbH

Tötungsanstalt Hartheim

Linz 2005

INHALT

Wolfgang Neugebauer
Die Aktion „T4" 9
Motive und Entstehung 10
Organisation und Apparat der Aktion „T4" 12
Meldung, „Begutachtung" und Abtransport der Opfer 14
Tarnung und Täuschung 18
Hitlers „Ermächtigung" als Rechtsgrundlage für Massenmord 19
Widerstand 21
Der Abbruch der „T4"-Aktion 1941 und die Weiterführung der
  Euthanasiemorde 23

Andrea Kammerhofer
Die „Hartheimer Statistik". „Bis zum 1. September 1941
wurden desinfiziert: Personen: 70.273 ..." 27
Der Fund 27
Äußere Beschreibung 28
Inhalt 30
Hintergründe 33
Motive 34
Kritik und Beurteilung 35
Schluss 38

Brigitte Kepplinger
Die Tötungsanstalt Hartheim 1940-1945 41
Die Einrichtung der Tötungsanstalt 47
Das Morden beginnt: „T4" in Hartheim 55
Die Opfer der „Aktion" in der „Anstalt C" 64
„In Erfüllung einer traurigen Pflicht müssen wir Ihnen mitteilen...".
  Die bürokratische Abwicklung des Massenmords 68
Die Aktion „14f13" in Hartheim 70
Massenmord als Alltag 73
Das Ende der „Aktion" und das weitere Schicksal der „Landesanstalt" 76
Die letzte Phase 80
Das Ende 86
Zwischen Anpassung und Widerstand: das Dorf Hartheim 88
Abschließende Bemerkungen 92

Andreas Baumgartner
„Die Kranken sind dann vergast worden".
Die Ermordung von KZ-Häftlingen in Hartheim 95
Vorgeschichte 95
Selektion und die ersten Transporte 96
Unterbrechung der Aktion „14f13" 100
Fortsetzung der Aktion „14f13" 101
Das Ende der Aktion „14f13" 102
Schlussbemerkungen 105

Claudia Spring
Wien – Buchenwald – Hartheim: Biographische Spuren 107

Brigitte Kepplinger und Hartmut Reese
Orte und Aktionen der NS-Euthanasie 113
Die Ermordung der AnstaltspatientInnen im Rahmen der Aktion „T4" 114
Sonderbehandlung „14f13": Morde an KZ-Häftlingen 117
Die Ermordung „geisteskranker Ostarbeiter"
    in psychiatrischen Kliniken und in der Tötungsanstalt Hartheim 120
Die Tötungsanstalten 122
    Grafeneck (Württemberg) 124
    Brandenburg/Havel 128
    Bernburg/Saale 130
    Hartheim bei Linz 135
    Pirna-Sonnenstein (Sachsen) 139
    Hadamar/Hessen 143
Personal- und Technologietransfer: „T4" und die Ermordung
    der europäischen Juden 146

Bettina Ruttensteiner-Poller
„... denn unser Gewissen verbietet uns, in dieser Aktion
mitzuwirken" – Widerstand gegen die NS-„Euthanasie"
am Beispiel von Anna Berta Königsegg 149
Nationalsozialismus, „Euthanasie" und katholischer Widerstand 149
Anna Berta von Königsegg – als Gräfin im Ordensdienst 152
Anna Berta Königsegg und der Nationalsozialismus 154
Widerstand gegen (Zwangs-)Sterilisierungen und NS-Euthanasie 155
Rückkehr nach Salzburg 161

Gerhart Marckhgott und Hartmut Reese
Spuren des Geschehens: Bauarchäologische Dokumentation für die Jahre 1940-1945 165
Busgarage 168
Entkleidungsraum 170
Aufnahmeraum 170
Gaskammer 172
Technikraum 176
Leichenraum 177
Krematoriumsraum/Kamin 178
Östliches Schlossgelände/Gruben 183
Fazit 187

Brigitte Kepplinger und Hartmut Reese
Das Gedenken in Hartheim 189

Magdalena Peherstorfer
**„Wir bedauern Ihnen mitteilen zu müssen ...".
Die Opfer von Hartheim und der Versuch, ihnen
einen Namen zu geben** 213
Das Projekt „Gedenkbuch Hartheim" 219
Die Opfer der Aktion „T4" 220
Quellen und Erfassung 221
Transportkalendarium der Aktion „T4" in Hartheim 229
Die Opfer der Aktion „14f13" 234
Die Ermordung von Ostarbeiter/innen in Hartheim 236
*Die Anfragen in der Dokumentationsstelle und die Öffentlichkeit des
    Gedenkbuches* 237
Kooperation mit anderen Euthanasie-Gedenkstätten 240

Brigitte Kepplinger
**Gedenkstätten für die Opfer der NS-Euthanasie
in Österreich** 241
Der historische Hintergrund 241
Zum Diskurs über die NS-Euthanasie nach 1945 244

Gedenkstätten und Mahnmale für Euthanasieopfer 247
    Der „Lern- und Gedenkort Schloss Hartheim" 249
    Mahnmal in der Diakonie Gallneukirchen 263
    Salzburg 265
    Wien: „Am Spiegelgrund" 272
    Klagenfurt 277
    Innsbruck 279
    Steiermark 280
Resümee 284

DIE AKTION „T4"
Wolfgang Neugebauer

Die NS-Euthanasie, die Tötung geistig und körperlich behinderter Menschen, war der erste systematisch geplante, staatlich durchgeführte Massenmord des NS-Regimes. Sie erfolgte in verschiedenen Aktionen und Phasen:
- die Kindereuthanasie 1939-1945, die Ermordung „missgebildeter" Neugeborener und Kleinkinder in „Kinderfachabteilungen" 1939-1945,
- die Aktion „T4" 1940-1941, die Ermordung vor allem der InsassInnen der Heil- und Pflegeanstalten des Deutschen Reiches in sechs Euthanasietötungsanstalten,
- die Ermordung der PatientInnen psychiatrischer Anstalten in besetzten Ländern Europas, insbesondere in Polen und der Sowjetunion, ab September 1939,
- die Aktion „14f13" 1941-1944, die Ermordung arbeitsunfähiger oder politisch/"rassisch" missliebiger Häftlinge von Konzentrationslagern, wofür Euthanasietötungsanstalten verwendet wurden,
- die Ermordung psychisch kranker „Ostarbeiter" ab 1943 in Euthanasietötungsanstalten,
- die dezentralen Anstaltsmorde („wilde Euthanasie"), insbesondere nach dem Abbruch der „T4"-Aktion 1941-1945 in den Heil- und Pflegeanstalten.

Im Folgenden wird ein Überblick über die Aktion „T4" gegeben, deren Bezeichnung von der Adresse der organisatorischen Zentrale in Berlin, Tiergartenstraße 4, herrührt.[1]

---

[1] Siehe dazu u. a.: Henry Friedlander, Der Weg zum NS-Genozid. Von der Euthanasie zur Endlösung, Berlin 1997, 126 ff.; Ernst Klee, „Euthanasie" im NS-Staat. Die „Vernichtung lebensunwerten Lebens", Frankfurt a. M. 1986, bes. 166 ff.; Hans-Walter Schmuhl, Rassenhygiene, Nationalsozialismus, Euthanasie. Von der Verhütung zur Vernichtung „lebensunwerten Lebens", 1890-1945, Göttingen 1987 (Kritische Studien zur Geschichtswissenschaft, Bd. 75), 109 ff.; Götz Aly (Hg.), Aktion T4 1939-1945. Die „Euthanasie"-Zentrale in der Tiergartenstraße 4, Berlin, 1987 (Stätten der Geschichte Berlins, Bd. 26)

Motive und Entstehung

Die „Ausmerzung" geistig und körperlich Behinderter und anderer als „minderwertig" angesehener Menschen war ein zentrales Anliegen des Nationalsozialismus, das in den Jahrzehnten zuvor sich in Wissenschaft und Politik ausbreitenden rassistischen und rassenhygienischen Vorstellungen seine Wurzeln hatte.[2] Die Theorien des Naturwissenschaftlers Charles Darwin vom Kampf ums Dasein und von der natürlichen Auslese, vom Durchsetzen des Stärkeren (Anpassungsfähigeren) gegen den Schwächeren wurden von Rassentheoretikern vom Tierreich auf die menschliche Gesellschaft übertragen („Sozialdarwinismus"). Die in der modernen Industriegesellschaft an den Rand gedrängten „unproduktiven" Menschen, Behinderte, Kranke, Senile etc., wurden als Belastung angesehen und als „minderwertig" abqualifiziert. Der behaupteten überproportionalen Vermehrung der „Minderwertigen", der „Überwucherung" der Gesunden durch die Kranken, sollte durch eugenische Maßnahmen, durch „Rassenhygiene", entgegengewirkt werden. Die „Minderwertigen" sollten entweder durch Verhinderung der Fortpflanzung oder durch physische Vernichtung ausgeschaltet werden. Nach den NS-Rassenlehren waren nicht nur Juden, Roma und andere „rassisch" oder ethnisch bestimmte Minderheiten „minderwertig" und letztlich „lebensunwert"; im Interesse der Höherentwicklung der eigenen „Rasse" sollten auch die „Minderwertigen" des eigenen Volkes „ausgemerzt" werden. Für „unnütze Esser" oder „Ballastexistenzen" wie geistig oder körperlich Behinderte war im nationalsozialistischen Deutschland, das auch das menschliche Leben einer erbarmungslosen Kosten-Nutzen-Rechnung unterwarf, kein Platz. Die „Min-

Abb. 1: Tiergartenstraße 4 – Foto DÖW

---

[2] Siehe dazu u. a.: Peter Weingart – Jürgen Kroll – Kurt Bayertz, Rasse, Blut und Gene. Geschichte der Eugenik und Rassenhygiene in Deutschland, Frankfurt a. M. 1988

derwertigen" sollten entweder durch Verhinderung der Fortpflanzung oder durch physische Vernichtung ausgeschaltet werden.
Da die mit Gesetz vom 14. Juli 1933 eingeführte Zwangssterilisierung der „Erbkranken" sich als sehr aufwändig und ineffizient erwiesen hatte,[3] gingen die NS-Rassenhygieniker 1939 zur „Vernichtung lebensunwerten Lebens"[4] über. Nach einer langen politischen und planerischen „Inkubationszeit"[5] war im Vorfeld des Krieges die Entscheidung zur Durchführung der Euthanasie auf höchster Ebene gefallen und mit der Ermordung der „missgebildeten" und behinderten Neugeborener und Kinder bis drei, später bis 17 Jahren begonnen worden („Kindereuthanasie").[6] Nur wenig später wurde die Euthanasie in Form einer weiteren, „T4" genannten Aktion auf geistig und körperlich behinderte Erwachsene, insbesondere auf geisteskranke und senile Menschen in den Heil- und Pflegeanstalten, ausgedehnt. Die in der Literatur gelegentlich verwendete Bezeichnung „Erwachseneneuthanasie" ist insofern unzutreffend, als auch in der „T4"-Aktion Kinder und Jugendliche erfasst wurden. Die Unterschiede der beiden Aktionen lagen vor allem darin, dass „T4" auf die flächendeckende, effiziente Beseitigung der PatientInnen der Heil- und Pflegeanstalten abzielte, während die Kindereuthanasie primär den kleineren Personenkreis der „missgebildeten" Kleinkinder anvisierte und die Tötung mit wissenschaftlicher Forschung und Humanexperimenten verband.[7] Es war kein Zufall, dass Hitler seine im Oktober 1939 gegebene „Ermächtigung" zur Gewährung des „Gnadentods" für „unheilbar Kranke" auf den Tag des Kriegsausbruches, den 1. September 1939, rückdatierte. Für die Nationalsozialisten war – sowohl

---

[3] Siehe dazu ausführlich: Gisela Bock, Zwangssterilisation im Nationalsozialismus. Studien zur Rassenpolitik und Frauenpolitik, Opladen 1986

[4] Dieser Ausdruck wurde v. a. durch die Publikation Karl Binding – Alfred Hoche, Die Freigabe der Vernichtung unwerten Lebens, Leipzig 1920, in den rassenhygienischen Diskurs eingebracht.

[5] Siehe dazu: Schmuhl, Rassenhygiene, 178 ff., der dafür unter Verweis auf Klee, „Euthanasie", 46 f., 62 und 101, den Zeitraum 1933 bis 1938 nennt. Auch Götz Aly – Karl Heinz Roth, Das Gesetz über die Sterbehilfe bei unheilbar Kranken, in: Karl Heinz Roth (Hg.), Erfassung zur Vernichtung. Von der Sozialhygiene zum „Gesetz über Sterbehilfe", Berlin 1984, 104 f. und 118, datieren die planerischen Anfänge der Kindereuthanasie in die Jahre 1937/38; siehe dazu weiters: Götz Aly, Erwiderung auf Dan Diner, in: Vierteljahrshefte für Zeitgeschichte, 41. Jg., (1993), 4. H., 632 f.

[6] Zur Planungs- und Entscheidungsphase siehe die detaillierte Untersuchung von Udo Benzenhöfer, Planung der NS-„Euthanasie", in: Arbeitskreis zur Erforschung der NS-„Euthanasie" und Zwangssterilisation (Hg.), Der sächsische Sonderweg bei der NS-„Euthanasie". Fachtagung vom 15. bis 17. Mai 2001 in Pirna-Sonnenstein, Ulm 2001, 21-53, der vom April 1939 als Beginn ausgeht und Aly – Roth, Das Gesetz über die Sterbehilfe, widerspricht.

[7] Siehe dazu u. a.: Ernst Klee, Deutsche Medizin im Dritten Reich. Karrieren vor und nach 1945, Frankfurt a. M. 2001; Matthias Dahl, Endstation Spiegelgrund. Die Tötung behinderter Kinder während des Nationalsozialismus am Beispiel einer Kinderfachabteilung in Wien 1940 bis 1945, Wien 1998; Herwig Czech, Dr. Heinrich Gross – Die wissenschaftliche Verwertung der NS-Euthanasie in Österreich, in: Dokumentationsarchiv des österreichischen Widerstandes. Jahrbuch 1999, Wien 1999, 53 ff.

ideologisch als auch praktisch – ein untrennbarer Zusammenhang zwischen „Euthanasie" und Krieg gegeben. Hitler war der Meinung, „dass ein solches Problem im Krieg zunächst glatter und leichter durchzuführen ist, dass offenbare Widerstände, die von kirchlicher Seite zu erwarten wären, in dem allgemeinen Kriegsgeschehen nicht diese Rolle spielen würden wie sonst".[8] Gerade in Kriegszeiten fand in den Augen der Nationalsozialisten eine „negative Auslese" statt: Während die Gesunden an der Front fielen oder verstümmelt würden, blieben die Kranken dem „Volkskörper" erhalten. Dem sollte die „Euthanasie" entgegenwirken. Neben dieser ideologischen Motivation wirkte in vielleicht noch stärkerem Maße die Notwendigkeit, Lazaretträum zu schaffen, Ärzte- und Pflegepersonal freizustellen und überhaupt soziale Kosten zugunsten der Kriegswirtschaft einzusparen. Viktor Brack, einer der Hauptverantwortlichen der Euthanasieaktion in der Kanzlei des Führers, gab dies in einer Eidesstattlichen Erklärung vor dem Nürnberger Gerichtshof 1946 offen zu:

„Letzten Grundes bezweckte Hitler mit der Einleitung des Euthanasie-Programms in Deutschland jene Leute auszumerzen, die in Irrenhäusern und ähnlichen Anstalten verwahrt und für das Reich von keinem irgendwelchen Nutzen mehr waren. Diese Leute wurden als nutzlose Esser angesehen, und Hitler war der Ansicht, dass durch die Vernichtung dieser so genannten nutzlosen Esser die Möglichkeit gegeben wäre, weitere Ärzte, Pfleger, Pflegerinnen und anderes Personal, Krankenbetten und andere Einrichtungen für den Gebrauch der Wehrmacht freizumachen."[9]

Organisation und Apparat der Aktion „T4"

Mit der Durchführung der Aktion beauftragte Hitler den Leiter der Kanzlei des Führers Reichsleiter Philipp Bouhler und seinen Leibarzt Prof. Dr. Karl Brandt, die schon einige Monate zuvor mit der Organisation der Kindereuthanasie begonnen hatten. Gemeinsam mit Ministerialdirigenten Dr. Herbert Linden vom Reichsministerium des Innern schufen sie eine getarnte Organisation mit komplizierten Strukturen und eigenem Personal, wobei die Vorarbeiten schon Monate vor dem offiziellen Beginn eingesetzt hat-

---

[8] Hitler zu Reichsärzteführer Dr. Wagner 1935, zitiert nach: Alexander Mitscherlich – Fred Mielke (Hg.), Medizin ohne Menschlichkeit. Dokumente des Nürnberger Ärzteprozesses, Frankfurt a. M. 1987, 184
[9] Zitiert nach: Ernst Klee (Hg.), Dokumente zur „Euthanasie", Frankfurt a. M. 1985, 85 f.

Die Aktion „T4"

Abb. 2: Reichsleiter Philipp Bouhler – Foto DÖW

ten. Nach dem von Ernst Klee[10] aufgrund der Nachkriegsgerichtsverfahren herausgearbeiteten Organisationsschema gliederte sich der Euthanasieapparat folgendermaßen: Unter der Verantwortung von Bouhler und Brandt hatte das von Viktor Brack geleitete Hauptamt II in der Kanzlei des Führers die Oberleitung; Brack und seinem Vertreter Werner Blankenburg oblagen vor allem Auswahl und Einsatz des Personals sowie die Einrichtung der Euthanasieanstalten. Dem Hauptamt II unterstand die Zentraldienststelle, nach der Adresse Berlin, Tiergartenstraße 4, auch „T4" genannt, mit Dietrich Allers als Leiter, die die organisatorische Hauptarbeit leistete und aus mehreren Abteilungen bestand. Die von Prof. Dr. Werner Heyde bzw. ab Dezember 1941 von Prof. Dr. Hermann Paul Nitsche geleitete medizinische Abteilung kümmerte sich um die Erfassung der Opfer in den Anstalten mittels Meldebogen sowie um die Begutachtung von Meldebogen und Opfern durch Gutachter. Gemeinsam mit der von Gerhard Bohne geleiteten Büroabteilung trat sie mit dem Briefkopf Reichsarbeitsgemeinschaft Heil- und Pflegeanstalten (RAG) auf. Die unter der Leitung von Reinhold Vorberg stehende Transportabteilung, offiziell Gemeinnützige Krankentransport

Abb. 3: Karl Brandt (vor dem Nürnberger Gerichtshof) – Foto DÖW

---

[10] Klee, „Euthanasie", 168 f.

GmbH (Gekrat) genannt, organisierte die Transporte in die Euthanasieanstalten. Eine Hauptwirtschaftsabteilung besorgte Finanzen, Besoldung, Gebäude, Tötungsmittel etc. und verwertete Schmuck und Zahngold der Getöteten. Gemeinsam mit der Personalabteilung agierte sie als Gemeinnützige Stiftung für Anstaltspflege und fungierte als Arbeitgeber für die 300 bis 400 Angestellten[11]. Schließlich hatte eine Inspektionsabteilung, später Zentralverrechnungsstelle Heil- und Pflegeanstalten, Verhandlungen und Abrechnungen mit Behörden, Parteistellen, Kostenträgern durchzuführen.

Abb. 4: Viktor Brack – Foto DÖW

Der Zentraldienststelle unterstanden sechs Euthanasieanstalten, nämlich Grafeneck, Brandenburg, Bernburg, Hartheim, Sonnenstein und Hadamar, wobei nur Hartheim und Sonnenstein während der gesamten „T4"-Aktion 1940/41 in Betrieb waren. Dem jeweiligen ärztlichen Leiter der Anstalt oblagen die Selektion der antransportierten Kranken, die Tötung mittels Gas und die Festlegung der Todesursache, Standesamt und Büroabteilung führten vor allem Sterbebeurkundung und Angehörigenverständigung durch, die Transportabteilung besorgte die Abholung der Kranken, und die Wirtschaftsabteilung kümmerte sich um die Beschaffung der erforderlichen Materialien.

Meldung, „Begutachtung" und Abtransport der Opfer

Im Deutschen Reich begann die Euthanasieaktion mit einem von Staatssekretär (und Reichsärzteführer) Dr. Leonardo Conti unterzeichneten Runderlass des Reichsministers des Innern vom 9. Oktober 1939 an alle Heil- und Pflegeanstalten, dem zwei Meldebogen sowie ein Merkblatt beigege-

---

[11] Aly, Aktion T4, 139

Die Aktion „T4"

ben waren. In diesem Erlass wurden die Anstaltsleitungen – ohne jede Information über die Hintergründe – zur Meldung der in Frage kommenden Patienten verpflichtet. Im Merkblatt hieß es wörtlich:

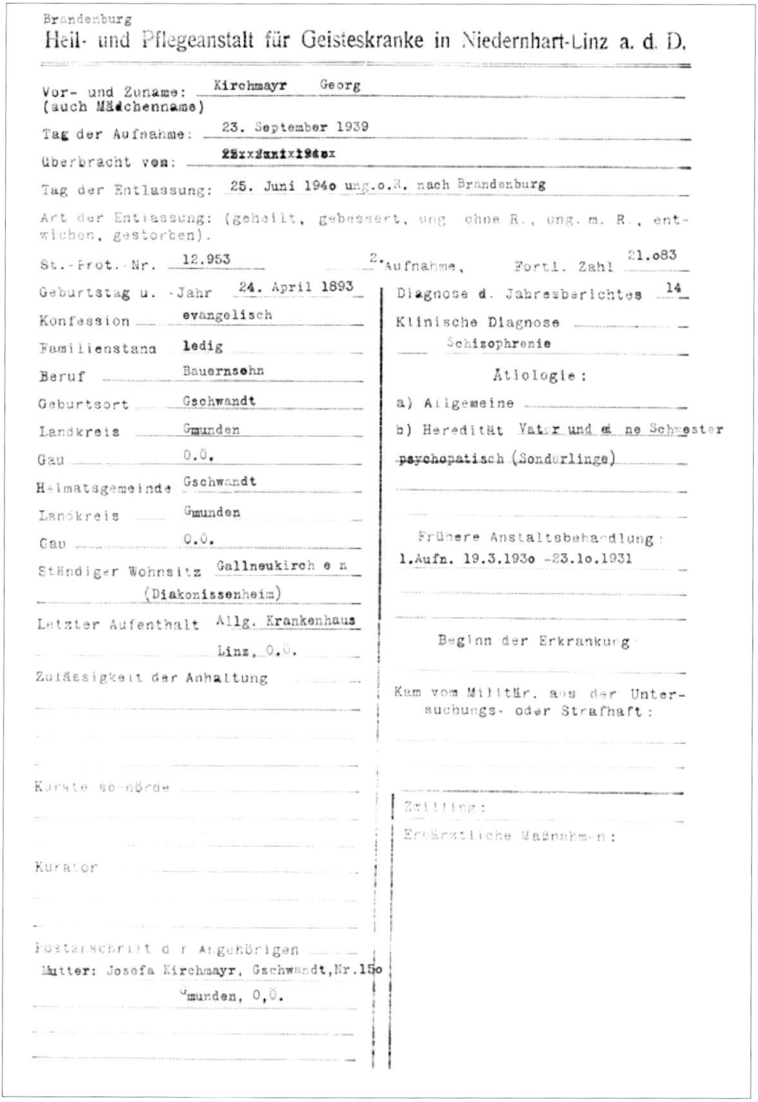

```
Brandenburg
Heil- und Pflegeanstalt für Geisteskranke in Niedernhart-Linz a. d. D.

Vor- und Zuname:         Kirchmayr   Georg
(auch Mädchenname)
Tag der Aufnahme:        23. September 1939
Überbracht von:          25.x.Juni.1940.
Tag der Entlassung:      25. Juni 1940 ung.o.R. nach Brandenburg
Art der Entlassung: (geheilt, gebessert, ung. ohne R., ung. m. R., ent-
wichen, gestorben).
St.-Prot.-Nr.  12.953              2.Aufnahme,  Fortl. Zahl  21.083
Geburtstag u. -Jahr  24. April 1893   Diagnose d. Jahresberichtes  14
Konfession     evangelisch           Klinische Diagnose
Familienstand  ledig                     Schizophrenie
Beruf          Bauernsohn                  Ätiologie :
Geburtsort     Gschwandt             a) Allgemeine
Landkreis      Gmunden               b) Heredität Vater und eine Schwester
Gau            O.Ö.                  psychopatisch (Sonderlinge)
Heimatsgemeinde Gschwandt
Landkreis      Gmunden
Gau            O.Ö.                  Frühere Anstaltsbehandlung:
Ständiger Wohnsitz Gallneukirchen    1.Aufn. 19.3.1930 -23.10.1931
               (Diakonissenheim)
Letzter Aufenthalt Allg. Krankenhaus
               Linz, O.Ö.                Beginn der Erkrankung:
Zulässigkeit der Anhaltung
                                     Kam vom Militär, aus der Unter-
                                     suchungs- oder Strafhaft:

Kurate sonörde

                                     Zwilling:
Kurator                              Erbärztliche Maßnahmen:



Postanschrift der Angehörigen
Mutter: Josefa Kirchmayr, Gschwandt,Nr.150
         Gmunden, O.Ö.
```

Abb. 5: Meldebogen für die Aktion „T4" – Foto: DÖW

„Zu melden sind sämtliche Patienten, die
1. an nachstehenden Krankheiten leiden und in den Anstaltsbetrieben nicht oder nur mit mechanischen Arbeiten (Zupfen u. a.) zu beschäftigen sind: Schizophrenie, Epilepsie (wenn exogen, Kriegsbeschädigung oder andere Ursache angeben), senile Erkrankungen, Therapie-refraktäre Paralyse und andere Lues-Erkrankungen, Schwachsinn jeder Ursache, Encephalitis, Huntington und andere neurologische Endzustände; oder
2. sich seit mindestens fünf Jahren dauernd in Anstalten befinden; oder
3. als kriminelle Geisteskranke verwahrt sind; oder
4. nicht die deutsche Staatsangehörigkeit besitzen oder nicht deutschen oder artverwandten Blutes sind unter Angabe von Rasse und Staatsangehörigkeit."[12]

Meldebogen 1 betraf die Patienten, während im Meldebogen 2 detaillierte Angaben über die Anstalt (Größe, Bausystem, Betten, Kranke, Personal, Träger, später auch Gleisanschluss und Entfernung von nächster Bahnstation) gefordert wurden. Da im Runderlass von der „Notwendigkeit planwirtschaftlicher Erfassung der Heil- und Pflegeanstalten" die Rede war, wurde der Erfassungsaktion in den Anstalten vorerst wenig Beachtung geschenkt.

Die im Reichsinnenministerium eingelangten Meldebogen wurden durch Sonderkurier sofort in die medizinische Abteilung der Zentraldienststelle gebracht und dort bearbeitet. Kopien der Meldebogen wurden jeweils an drei „Gutachter" weitergeleitet, die lediglich an Hand der Meldebogen ihre „Begutachtung" durchführten und mit simplen + und – über Leben und Tod der betroffenen Menschen entschieden. Begünstigt wurde die rasche und oberflächliche Erledigung durch das Honorierungssystem: bis zu 500 Meldebogen wurden mit RM 100,- im Monat, bis zu 2000 Meldebogen mit RM 200,- und über 3500 Meldebogen mit RM 400,- entlohnt.[13] Als sich Verzögerungen und Verweigerungen in den Anstalten bemerkbar machten, entsandte die Zentraldienststelle Ärztekommissionen, die im Auftrag des Reichsinnenministeriums in den Anstalten selbst die „Begutachtungen" durchführten.[14] Die Brauchbarkeit und Arbeitsfähigkeit der PatientInnen in der Anstalt wurde zum entscheidenden Kriterium. Insbesondere Anstalts-

---

[12] Klee, „Euthanasie", 91 ff.; Klee, Dokumente, 95 ff.; Schmuhl, Rassenhygiene, 197 ff.
[13] Klee, „Euthanasie", 116 ff.; Schmuhl, Rassenhygiene, 201 ff.
[14] Siehe dazu detailliert: Peter Chroust (Hg.), Friedrich Mennecke. Innenansichten eines medizinischen Täters im Nationalsozialismus. Eine Edition seiner Briefe 1935-1947, 2 Bde., Hamburg 1987, Bd. 1, 158

direktoren bemühten sich, die für den Anstaltsbetrieb wichtigen Pfleglinge zu behalten. So gibt z. B. der Leiter der Heil- und Pflegeanstalt Hall in Tirol Dr. Ernst Klebelsberg in seiner Zeugenaussage vor der Polizeidirektion Innsbruck am 15. Mai 1946 an, dass er in Verhandlungen mit dem Hartheimer Euthanasiearzt Dr. Renno 140 für die Arbeit in der Anstalt benötigte Patienten von der Transportliste streichen konnte.[15]

Insgesamt wurden zur „Begutachtung" der weit mehr als 100.000 Anstaltspatienten über 40 „Gutachter" eingesetzt, die in weniger als zwei Jahren rund 70.000 Menschen zur Tötung aussortierten. In zwei verschiedenen, nicht datierten Listen von „Gutachtern" (aus dem Besitz von Prof. Nitsche) sind 40 bzw. 41 Namen enthalten, wobei sieben Österreicher angeführt sind: Prof. Dr. Otto Reisch, Dr. Ernst Sorger, Dr. Oskar Begusch (alle aus Graz), Dr. Erwin Jekelius, Dr. Hans Bertha (beide aus Wien), Dr. Anton Fehringer (Niederösterreich) und Dr. Rudolf Lonauer (Linz).[16]

Nach der Rücksendung der „begutachteten" Meldebogen wurden diese noch einem „Obergutachter", als solche fungierten Linden, später Heyde und Nitsche, zur endgültigen Entscheidung vorgelegt. Die mit einem + versehenen Meldebogen wurden schließlich von der Zentraldienststelle an den Leiter der Gekrat, Reinhold Vorberg, weitergeleitet, der die Verlegungslisten für die Tötungsanstalten zusammenstellen ließ. Ein Exemplar dieser Verlegungslisten erhielten die Transportstaffeln der Gekrat, das andere ging in die betreffende Anstalt zwecks Vorbereitung des Abtransportes.

Der Transport von den Anstalten in die Tötungszentren wurde per Bahn bzw. grauen Bussen mit zugemachten Fenstern durchgeführt. Die Tötung der Opfer erfolgte in Gaskammern mittels Kohlenmonoxyd.[17] In den sechs Euthanasieanstalten wurden laut Hartheimer Statistik 70.273 Menschen „desinfiziert", davon in Grafeneck/Württemberg 9839, Branden-

Abb. 6: Gekrat-Busse – Foto: DÖW

---

[15] Schmuhl, Rassenhygiene, 199 ff.; Dokumentationsarchiv des österreichischen Widerstandes (Hg.), Widerstand und Verfolgung in Tirol 1934-1945. Eine Dokumentation, Bd. 1, Wien 1984, 498 ff.
[16] Bundesarchiv, R 96 I; zur Herkunft dieser Listen siehe: Klee, „Euthanasie", 227 und 463 f.
[17] Zu den Vorgängen in den Euthanasieanstalten siehe den Beitrag über Hartheim in diesem Band

burg a. d. Havel 9772, Hartheim 18.269, Sonnenstein/Pirna 13.720, Bernburg a. d. Saale 8601, Hadamar/Limburg 10.072. Der „T4"-Statistiker berechnete die dadurch erzielte Ersparnis (an Personal, Lebensmitteln, Wohnraum, Bekleidung etc.) für den deutschen Staat mit 885 Millionen RM für einen 10-Jahres-Zeitraum, das sind über 3 Milliarden Euro (44 Md. ÖS).[18]

Tarnung und Täuschung

Täuschung der Betroffenen, Geheimhaltung und Tarnung waren Spezifika der Euthanasieaktionen. Vor allem ging es darum, das massenhafte Sterben von verlegten Patienten am selben Tag und am selben Ort zu verschleiern bzw. natürliche Todesursachen für die Morde anzugeben. Systematisch verfälschte man Todesart, -tag und -ort in den Sterbedokumenten bzw. in Auskünften an Angehörige oder Behörden. In den sechs „T4"-Anstalten wurden zu diesem Zweck eigene Standesämter errichtet; die den Tod beurkundenden Ärzte bedienten sich falscher Namen.[19] Die Verständigungsschreiben an Hinterbliebene („Trostbriefe") bzw. die standesamtlichen Sterbeurkunden wurden in einem ausgeklügelten System jeweils von einer anderen Anstalt versandt. Auch die Einrichtung von „Zwischenanstalten", wie Niedernhart für Hartheim, wo Deportierte zwecks optimaler Ausnützung der Tötungskapazitäten einige Zeit „zwischengelagert" wurden, diente der Verschleierung.[20]
Die Totenscheine deportierter jüdischer Geisteskranker wurden von einem „Standesamt Cholm, Post Lublin" ausgestellt, tatsächlich ließ sie die Berliner „T4"-Zentrale fabrizieren und mit Kurier nach Lublin bringen und dort zur Post geben. Die fingierte Verlegung ins Generalgouvernement wurde auch zur Bereicherung der „T4"-Zentrale ausgenützt, indem man den Kostenträgern noch monatelang nach dem Tod der Pfleglinge Pflegegebühren vorschrieb – ebenso im Übrigen auch die Einäscherungskosten.
Der Leiter der – 1943/44 in Hartheim befindlichen – Zentralverrechnungsstelle Hans-Joachim Becker gab als Angeklagter im Frankfurter Euthanasieverfahren zu, an der „Juden-Euthanasie ... ungefähr zwei- bis dreihun-

---

[18] Klee, a. a. O. Rassenhygiene, S. 341 ff.; Friedlander, Der Weg zum NS-Genozid, 169 f.; Schmuhl, Rassenhygiene, 196 ff. Siehe dazu auch den Beitrag über die Hartheimer Statistik in diesem Band
[19] Friedlander, Der Weg zum NS-Genozid, 176 ff.
[20] Klee, a. a. O., 263 ff.; Schmuhl, Rassenhygiene, 205 ff.

Die Aktion „T4"

derttausend Reichsmark verdient" zu haben. Sein Mitangeklagter Friedrich Lorent, ab 1942 Hauptwirtschaftsleiter von „T4", bezifferte den aus diesen Praktiken resultierenden Überschuss insgesamt auf 14 Millionen Reichsmark, was Becker den Beinamen „Millionen-Becker" einbrachte.[21] Wie bei der Shoa brach man auch den „T4"-Opfern die Goldzähne aus und verwertete das Gold. Die persönlichen Habseligkeiten der Ermordeten wurden den Hinterbliebenen vorenthalten, indem man eine Vernichtung wegen „Seuchengefahr" behauptete, und zum Teil den „T4"-Mitarbeitern als Belohnung überlassen. Ein Teil der Leichen wurde für anatomische Zwecke bzw. medizinische Forschung verwendet.[22]
Schließlich bereitete auch der Verbleib der sterblichen Überreste der Opfer Probleme, da normalerweise verstorbene Anstaltspfleglinge von den Angehörigen bestattet werden. Die Nichtherausgabe der Leiche bzw. die Einäscherung an Ort und Stelle rechtfertigte man mit „seuchenpolizeilichen" Gründen. Den Angehörigen wurde auf Wunsch die Asche der Verstorbenen in einer Urne zugesandt, wobei man – wie auch in Konzentrationslagern üblich – Asche von x-beliebigen Opfern dazu verwendete.[23]

Hitlers „Ermächtigung" als Rechtsgrundlage für Massenmord

Als ‚legale' Grundlage für die NS-Euthanasie – in der damaligen Praxis wie in der nachträglichen Rechtfertigung – diente die auf den 1. September 1939 rückdatierte ‚Ermächtigung' Adolf Hitlers an Reichsleiter Philipp Bouhler und Dr. Karl Brandt, deren Entwurf der aus der Steiermark kommende, in einflussreichen Positionen in Berlin wirkende Psychiater Maximinian de Crinis ausgearbeitet haben soll.[24] Dass diese auf dem privaten Briefpapier Hitlers geschriebene ‚Ermächtigung' keine ausreichende

---

[21] Klee, a. a. O., 329 f.
[22] Klee, a. a. O., 330; Friedlander, Der Weg zum NS-Genozid, 170
[23] Friedlander, Der Weg zum NS-Genozid, 181 ff. Am Wiener Zentralfriedhof, Gruppe 40, befindet sich ein gemeinsames Urnengrab für 1600 Opfer aus KZ und Euthanasieanstalten. Siehe dazu: Dokumentationsarchiv des österreichischen Widerstandes (Hg.), Gedenken und Mahnen in Wien 1934-1945. Gedenkstätten zu Widerstand und Verfolgung, Exil, Befreiung, Wien 1998, 264
[24] Aly – Roth, Das Gesetz über die Sterbehilfe, 111; Hinrich Jasper, Maximinian de Crinis. Eine Studie zur Psychiatrie im Nationalsozialismus 1889-1945, Husum 1991, 122 f. De Crinis, aus Österreich geflüchteter Nationalsozialist, SD-Mitarbeiter, Professor für Psychiatrie und Neurologie an der Universität Berlin und medizinischer Referent im Reichswissenschaftsministerium, war einer der Protagonisten der NS-Rassenhygiene und im Besonderen der Euthanasie, bei der er als „Obergutachter" fungierte.

rechtliche Grundlage für eine staatliche Massentötung darstellte und die Euthanasietötungen daher im strafrechtlichen Sinn Mord waren, dürfte den Verantwortlichen schon damals klar gewesen sein, sonst hätten sie sich nicht hartnäckig um entsprechende gesetzliche Absicherung bemüht. So hatte die vom Reichsjustizministerium nach 1933 eingesetzte amtliche Strafrechtskommission die Straflosigkeit der Euthanasie ausdrücklich abgelehnt, und ein nach 1939 ausgearbeiteter Gesetzesentwurf fand nicht die Zustimmung Hitlers, der aus außen- und innenpolitischer Rücksichtnahme kein Gesetz wollte. Ebenso wurden Initiativen zur gesetzlichen Regelung der Euthanasie, die von Hitlers Leibarzt Morell, von Reichsjustizminister Gürtner, vom Chef der Reichskanzlei Lammers, vom Chef des RSHA Heydrich und aus dem Kreis der „T4"-Verantwortlichen kamen, von Hitler verworfen. Das heißt, dass bis zum Ende der NS-Herrschaft das Töten von behinderten, kranken und dementen Menschen auch nach den geltenden Gesetzen des NS-Staates strafbar blieb.[25]

Abb. 7: Euthanasie-Ermächtigung Adolf Hitlers – Foto: DÖW

Die 1940 voll einsetzenden Massenmorde im Rahmen der Aktion „T4" stellten die formal immer noch gesetzlichen Normen verpflichtete Justiz vor Probleme. Zum einen wurden von einzelnen Staatsanwälten und Gerichten, z. B. im Gau Oberdonau gegen den Hartheimer Euthanasiearzt Georg Renno, aufgrund von Anzeigen Verfahren eingeleitet, zum anderen

---

[25] Zu Hitlers ‚Euthanasie'-‚Ermächtigung', deren Vorgeschichte bzw. rechtliche Relevanz siehe u. a.: Alice Ricciardi-von Platen, Die Wurzeln des Euthanasiegedankens in Deutschland, in: Andreas Frewer – Clemens Eickhoff (Hg.), „Euthanasie" und die aktuelle Sterbehilfe-Debatte. Die historischen Hintergründe medizinischer Ethik, Frankfurt a. M. – New York 2000, 46-64; Diemut Majer, Justiz zwischen Anpassung und Konflikt am Beispiel der ‚Euthanasie', in: Ulrich Jockusch – Lothar Scholz (Hg.), Verwaltetes Morden im Nationalsozialismus. Verstrickung, Verdrängung, Verantwortung von Psychiatrie und Justiz, Regensburg 1992, 26-40; Aly – Roth, Das Gesetz über die Sterbehilfe, 101-179; Ernst Klee, a. a. O., 100-108

gab es Verfahren nach dem Heimtückegesetz gegen Personen, die die Euthanasietötungen angesprochen oder kritisiert hatten.[26] Diese für die Beteiligten unangenehme Unsicherheit im Justizbereich führte dazu, dass der von Hitler beauftragte Reichsleiter Bouhler im August 1940 dem Reichsjustizminister Gürtner eine Kopie von Hitlers ‚Ermächtigungsschreiben' übergab.[27] Für den Justizminister war der ‚Führerwille' die höhere Rechtsquelle als das geltende Strafrecht, und er instruierte im April 1941 mündlich die Spitzen der deutschen Justiz, die diese ihnen verordnete Komplizenschaft widerspruchslos, mit ‚eisigem Schweigen' so ein Sitzungsteilnehmer), zur Kenntnis nahmen. Als Konsequenz wurden die laufenden Verfahren eingestellt und neue nicht mehr eingeleitet.[28]
Die deutschen und österreichischen Gerichte nach 1945 haben im Übrigen der ‚Ermächtigung' Hitlers weder Gesetzeskraft noch Rechtsgültigkeit zugebilligt.

Widerstand

Die Geheimhaltung der Euthanasiemassenmorde funktionierte trotz aller Tarnungs- und Täuschungsmanöver nicht. Gerüchte machten sehr bald in der Bevölkerung die Runde; in und außerhalb der Anstalten ergaben sich Probleme und Widerstände. Auch das Ausland wurde auf die Massenmordaktion aufmerksam: So wurde in der von der Royal Air Force über deutschem Reichsgebiet abgeworfenen Propagandazeitung „Luftpost" vom 23. September 1941 in dem Artikel „Der Herr mit der Spritze" über die mörderische Tätigkeit des Wiener Euthanasiearztes Dr. Erwin Jekelius berichtet.[29]
Während die NS-Propaganda der Bevölkerung ein Bild von abstoßenden, furchterregenden Geisteskranken zu vermitteln und diese als tierartige, ohne Bewusstsein ihrer Lage dahindämmernde Wesen darzustellen ver-

---

[26] Kopien dieser Akten der Generalstaatsanwaltschaft Linz siehe: DÖW 19 291
[27] Dieses einzige erhaltene Exemplar der „Ermächtigung" befindet sich daher im Bestand Reichsjustizministerium im Bundesarchiv (R 22/4209).
[28] Ein Ermittlungsverfahren gegen 20 Sitzungsteilnehmer durch die Generalstaatsanwaltschaft Frankfurt am Main verlief ergebnislos. Siehe dazu: Hans Christoph Schaefer, Unbewältigte Justizvergangenheit. Zur Einstellung des Ermittlungsverfahrens gegen die Oberlandesgerichtspräsidenten und Generalstaatsanwälte, in: Hanno Loewy – Bettina Winter (Hg.), NS-‚Euthanasie' vor Gericht. Fritz Bauer und die Grenzen juristischer Bewältigung, Frankfurt – New York 1996, 133-144
[29] Klaus Kirchner, Flugblattpropaganda im 2. Weltkrieg, Bd. 1, Flugblätter aus England 1939/40/41, Erlangen 1978, 306 und 226

suchte[30], sprach sich die Kunde vom bevorstehenden oder bereits vollzogenen nationalsozialistischen Massenmord an den Pfleglingen in erstaunlich kurzer Zeit unter den Anstaltspatienten herum. Diese herumschwirrenden Gerüchte vom Abtransport ins Ungewisse lösten naturgemäß Angst und Schrecken bei den Betroffenen aus und führten immer wieder zu Widersetzlichkeiten, vor allem bei den Transporten, aber auch durch Versuche zur Entziehung. Neben den Geisteskranken selbst waren es ihre Angehörigen, die der NS-Euthanasie in vielen Fällen, oft hartnäckig und unerschrocken, Widerstand leisteten.[31] Unzählige Belege weisen auf das Leid und die Empörung von Angehörigen hin, nachdem sie von der „Verlegung" und dem raschen Tod erfahren hatten. Vielfach wurden den Anstaltsleitungen und Ärzten schwere Vorwürfe gemacht; Beschimpfungen und Auseinandersetzungen werden berichtet.[32] Dass es auch bei nationalsozialistischen Familien, die von der Euthanasie betroffen waren, für diese dem Kern der NS-Ideologie entspringende Maßnahme kaum Zustimmung gab, ist verständlich.[33] Einen relativ objektiven Indikator der Haltung der Bevölkerung stellte die „Scheu vor der Anstaltsaufnahme" dar, die offenbar unter dem Einfluss von Gerüchten zunahm und sich in sinkenden Aufnahmezahlen der psychiatrischen Anstalten niederschlug. Die „Reichsarbeitsgemeinschaft Heil- und Pflegeanstalten", die zentrale Einrichtung der „T4"-Organisation, die sich des Zusammenhangs von „Verlegungen" und sinkenden Aufnahmezahlen bewusst war, hat diesen Sachverhalt Anfang 1942 genau erhoben und in einem „Zusammenfassenden Bericht" am 11. Juli 1942 festgehalten.[34]

Der bedeutendste Widerstand gegen die NS-Euthanasie im gesamten Deutschen Reich wurde von den Kirchen bzw. von Christen geleistet. Die mutigen Predigten des Bischofs von Münster Clemens August Graf von Galen, die auch in Österreich von katholischen Widerstandsgruppen verbreitet wurden, sind wohl am bekanntesten geworden und haben zum Abbruch

---

[30] Siehe dazu etwa den im Bundesarchiv aufbewahrten NS-Propagandafilm „Erbkrank"
[31] Beispielhaft dafür die Wiener Krankenschwester Anna Wödl, siehe dazu: Neues Österreich, 24.7.1947, 3
[32] Siehe dazu etwa die Zeugenaussagen vor der Bundespolizeidirektion Salzburg im Verfahren gegen Dr. Leo Wolfer, Sicherheitsdirektion für das Bundesland Salzburg, GZ. 7201/SD/46 (DÖW E 21 169)
[33] So erklärte z. B. Dr. Josef Papesch, der Leiter der Kulturabteilung des Reichsstatthalters der Steiermark, seinen Austritt aus der SS, nachdem seine schwer behinderte 20jährige Tochter Grete im Jänner 1941 der Euthanasie zum Opfer gefallen war. Stefan Karner, Die Steiermark im Dritten Reich 1938-1945. Aspekte ihrer politischen, wirtschaftlich-sozialen und kulturellen Entwicklung, Graz – Wien 1986, 179; Johannes Neuhauser – Michaela Pfaffenwimmer (Hg.), Hartheim. Wohin unbekannt. Briefe & Dokumente, Weitra o. J. (1992), 83 ff.
[34] Bundesarchiv, AllProz 7/112, FC 1807

der „T4"-Aktion durch Hitler im August 1941 zumindest beigetragen.³⁵ Ausgehend vom fünften Gebot „Du sollst nicht töten!" hatten die christlichen Kirchen den Schutz des Lebens – des geborenen wie des ungeborenen – zu einem ihrer wichtigsten Anliegen erhoben und leiteten daraus ihre entschiedene Ablehnung der Vernichtung „lebensunwerten Lebens" ab.³⁶ In Österreich waren es vor allem die Visitatorin der Barmherzigen Schwestern in Salzburg Anna Berta von Königsegg³⁷, der Gurker Kapitelvikar (und spätere Fürsterzbischof von Salzburg) Dr. Andreas Rohracher und der St. Pöltner Diözesanbischof Michael Memelauer, die die NS-Euthanasie offen ablehnten.

Abb. 8: Bischof August Graf von Galen – Foto: DÖW

Auch die KPÖ hatte in einem Flugblatt, das die Grazer Gruppe um den später hingerichteten Architekten Herbert Eichholzer im Herbst 1940 herausgab, die Euthanasie als Mord angeprangert.³⁸

Der Abbruch der „T4"-Aktion 1941 und die Weiterführung der Euthanasiemorde

Die massive Ablehnung in weiten Teilen der Bevölkerung trug entscheidend zu Hitlers Euthanasiestopp bei und zeigt, dass auch unter den Bedin-

---

³⁵ Siehe dazu ausführlich: Joachim Kuropka (Hg.), Clemens August Graf von Galen. Menschenrechte – Widerstand – Euthanasie – Neubeginn, Münster 1998
³⁶ Siehe dazu vor allem: Kurt Nowak, „Euthanasie" und Sterilisierung im „Dritten Reich". Die Konfrontation der evangelischen und katholischen Kirche mit dem „Gesetz zur Verhütung erbkranken Nachwuchses" und der „Euthanasie"-Aktion, 3. Aufl., Göttingen 1984; Ingrid Richter, Katholizismus und Eugenik in der Weimarer Republik und im Dritten Reich, Paderborn et al. 2001
³⁷ Siehe dazu den Beitrag von Bettina Ruttensteiner in diesem Band
³⁸ DÖW Bibliothek 4074/52. Das Originalflugblatt lag der Anklage des Oberreichsanwaltes beim VGH 7 J 276/42 gegen Gertrude Heinzel aus Graz vom 25. 8. 1942 bei (DÖW 3222).

Abb. 9: Franz Stangl – Foto: DÖW

gungen einer terroristischen Diktatur beträchtliche Handlungsspielräume gegeben waren. Am 24. August 1941 befahl Adolf Hitler – auf mündlichem Wege über Dr. Karl Brandt und Philipp Bouhler[39] – die Einstellung der Euthanasieaktion; genauer gesagt: der Abtransport von PatientInnen zur Vergasung in Euthanasieanstalten wurde eingestellt. Über die Motive dieses Euthanasiestopps gehen die Meinungen in der Forschung allerdings weit auseinander. Von manchen Forschern wie Götz Aly wird ein eher planmäßiges Auslaufen, die Erreichung des angestrebten Zieles der Freimachung von mehr als 70.000 Betten, angenommen. Klee, Nowak, Schmuhl, Friedlander u. a. führen beide Faktoren – Widerstand und Bevölkerungsbeunruhigung sowie planmäßiges Auslaufen und Umstrukturierung – als Gründe für den Abbruch der Aktion „T4" an[40].

Jedenfalls kam mit dem „T4"-Stopp die NS-Euthanasie keineswegs zum Erliegen. Der „T4"-Apparat, die Zentraldienststelle und die oben angeführten Tarnorganisationen, sowie die Tötungsanstalt Hartheim blieben bestehen. Die Kindereuthanasie wurde bis 1945 weitergeführt, in den Euthanasietötungsanstalten vergaste das „T4"-Personal Häftlinge aus Konzentrationslagern (Aktion „14f13"), und in den Heil- und Pflegeanstalten wurde dezentral weitergemordet („wilde Euthanasie").

Die Aktion „T4" wurde in organisatorischer, personeller und technologischer Hinsicht zu einer wichtigen Vorstufe für den Holocaust. Nach dem Abbruch der „T4"-Aktion erfolgte eine Versetzung eines Teils des Personals der Tötungsanstalten zu der von dem Kärntner Nationalsozialisten Odilo Globocnik geleiteten „Aktion Reinhard", der Ermordung der Juden im Generalgouvernement. Der aus Österreich stammende Dr. Irmfried

---

[39] Friedlander, Der Weg zum NS-Genozid, S 191; Schmuhl, Rassenhygiene, 210
[40] Götz Aly, Die wissenschaftliche Abstraktion des Menschen, in: Was ist der Mensch heute wert? Bad Boll 1983, 93 ff.; Klee, a. a. O., 333 ff.; Nowak, „Euthanasie" und Sterilisierung, 249f.; Schmuhl, Rassenhygiene, 210 ff.; Friedlander, Der Weg zum NS-Genozid, 286

Eberl brachte es vom Direktor der Euthanasieanstalten Brandenburg/Havel und Bernburg/Saale zum ersten Kommandanten des Vernichtungslagers Treblinka, wo er allerdings bald von einem effizienteren Täter, dem vormals in Hartheim tätigen Oberösterreicher Franz Stangl, abgelöst wurde. Tötungsmethoden und -system, insbesondere die Anwendung von Giftgas, die Errichtung stationärer Gaskammern und die Deportationstransporte in einige wenige Vernichtungsstätten, wurden in modifizierter Weise übernommen. Schließlich hatte der systematische Massenmord an Menschen, die nach NS-Auffassungen zwar „minderwertig" waren, aber zum „deutschen Volk" und zur „arischen Rasse" gehörten, allenfalls noch vorhandene moralische oder psychologische Barrieren auf dem Weg zum Genozid an den als „fremdvölkisch" und „fremdrassig" qualifizierten Juden und Roma aus dem Wege geräumt.[41] Die Euthanasie, der arbeitsteilig organisierte staatliche Massenmord an geistig und körperlich behinderten Menschen, war der Beginn des ‚Zivilisationsbruches' (Dan Diner)[42], des Absturzes der modernen, zivilisierten Gesellschaft, dessen Wahrnehmung zur universellen Durchsetzung der Menschenrechte nach 1945 entscheidend beigetragen hatte.

---

[41] Siehe dazu u. a.: Michael Burleigh, Death and Deliverance. „Euthanasia" in Germany, Cambridge 1994; Ernst Klee, Von der „T4" zur Judenvernichtung. Die „Aktion Reinhard" in den Vernichtungslagern Belzec, Sobibor und Treblinka, in: Aly, Aktion T4, 147 ff.; Friedlander, Der Weg zum NS-Genozid

[42] Dan Diner (Hg.), Zivilisationsbruch. Denken nach Auschwitz, Frankfurt a. M. 1988

Die „Hartheimer Statistik"
„Bis zum 1. September 1941 wurden desinfiziert: Personen: 70.273 ..."

Andrea Kammerhofer

Die Frage nach der genauen Zahl jener Menschen, die in Hartheim zwischen 1940 und 1945 ermordet wurden, ist sicher nicht die wichtigste im Kontext der Gedenkstätte. Dennoch stellt sie sich immer wieder, sei es, um die Dimension der Euthanasieverbrechen zu verdeutlichen, oder sei es, um Versuchen der Leugnung oder Verharmlosung entgegen zu treten. Wegen der systematischen Vernichtung aller Unterlagen anlässlich der Auflösung der Anstalt im Jänner 1945 konnte die Frage bisher nicht mit Sicherheit beantwortet werden.[1] Die einzigen authentisch erscheinenden Zahlen – wenn auch nur für die Jahre 1940 und 1941 bis zum Euthanasiestop – enthält ein 39seitiges Heft, das als „Hartheimer Statistik" bekannt wurde. Diese Zahlen wurden von der einschlägigen Forschung dankbar übernommen, doch noch selten wurde das Dokument als solches genauer behandelt und kritisch bewertet.[2] Der Beitrag versucht, dies auf der Basis des aktuellen Forschungsstand nachzuholen.

Der Fund

Obwohl den Alliierten die Existenz des nationalsozialistischen Euthanasieprogrammes bekannt war, sah man bis Kriegsende wenig Grund und auch keine rechtliche Handhabe, sich mit dieser „innerdeutschen Angelegen-

---

[1] Die Zahlenangaben aus Literatur und Quellen bewegen sich zwischen etwa 12.000 bis 100.000 Opfer; vgl. Florian Zehethofer, Das Euthanasieproblem im Dritten Reich am Beispiel Schloß Hartheim (1938-1945), in: Oberösterreichische Heimatblätter 32, 1978, Heft 1 und 2, 46-62; hier: 61 f. (die entsprechenden weiterführenden Angaben ebendort)

[2] Henry Friedlander, Der Weg zum NS-Genozid. Von der Euthanasie zur Endlösung, Berlin 1997; Ernst Klee, „Euthanasie" im NS-Staat, Frankfurt am Main 2001; Ernst Klee (Hg.), Dokumente zur „Euthanasie, Frankfurt am Main 1997; Karl Heinz Roth (Hg.), Erfassung zur Vernichtung. Von der Sozialhygiene zum „Gesetz über Sterbehilfe", Berlin 1984; Eugen Kogon – Hermann Langbein – Adalbert Rückerl u.a., Nationalsozialistische Massentötungen durch Giftgas, Frankfurt am Main 1983; Friedrich Karl Kaul, Die Psychiatrie im Strudel der „Euthanasie". Ein Bericht über die erste industriemäßig durchgeführte Mordaktion des Naziregimes, Frankfurt am Main 1979; Wolfgang Neugebauer, Zwangssterilisierung und „Euthanasie" in Österreich 1940-1945. In: Zeitgeschichte 19, Jänner/Februar 2002, Heft 1 und 2, 17-28; Claudia Lehner, „Euthanasie" im Nationalsozialismus unter Berücksichtigung der „Euthanasie"-Anstalt Hartheim, Ungedr. Diplomarb. Linz 2001, 88 f.

heit" genauer zu befassen. Erst als sich herausstellte, dass es enge Verflechtungen zwischen dem System der Konzentrationslager und dem Euthanasieprogramm gab, wurde auch dieses Thema in die Voruntersuchungen eventueller Kriegsverbrechen mit einbezogen. Am 31. Mai 1945 erging aus dem Hauptquartier des 12. US-Armeekorps der formelle Auftrag, auch die Vorgänge in Hartheim näher zu untersuchen, und auf mündliche Anordnung des Kommandierenden Generals der 3. US-Armee, George S. Patton, wurde die Sache dem „War Crimes Investigating Team" Nr. 6824 übertragen, das schon seit Mitte Mai im Linzer Raum unterwegs war.

Chef dieses Untersuchungsteams war Major Charles Haywood Dameron. Dameron, 1914 in Louisiana geboren, hatte sich 1940 freiwillig gemeldet und war während des Krieges als Armeejurist mit Polizeiaufgaben in Louisiana beschäftigt. Anfang 1945 kam er schließlich nach Europa zur 3. Armee General George Pattons, die Oberösterreich und Salzburg besetzt hatte. Als Dameron dem Team zugeteilt wurde, bestand es aus 13 Mann, darunter fünf Offiziere. Gegenstand der Untersuchung waren die Verbrechen in Hartheim.[3]

Im Lauf der Erhebungen stieß Dameron am 27. Juni 1945 im Schloss Hartheim unter anderen Büchern und Schriften auf einen gebundenen statistischen Bericht im Umfang von 39 Seiten, der in einem Metallschrank verwahrt war. Dieses Heft wurde später als die „Hartheimer Statistik" bekannt. Das Original befindet sich heute im National Archives and Records Administration II in College Park, Maryland[4], in der Dokumentationsstelle Hartheim ist eine vollständige Reproduktion des Dokuments vorhanden.

Äußere Beschreibung

Das Original der Statistik hat das Format A4 quer. Es ist in einen ockergelben, glasierten Leineneinband gebunden und weist am Buchrücken brüchige Stellen auf. In Anbetracht der schlechten Papierqualität dieser Zeit ist das Original noch recht gut erhalten, obgleich die Heftklammern bereits

---

[3] NARA II, RG 549, Records of Headquarters, U.S. Army Europe (USAREUR), War Crimes Branch, War Crimes Case files („Cases not tried"), 1944-1948, Report of Investigation des War Crimes Investigating Team Nr. 6824 vom 17. Juli 1945, Box 490, Case 000-12-463 Hartheim (P), Vol I/A

[4] NARA II, RG 549, Records of Headquarters, U.S. Army Europe (USAREUR), War Crimes Branch, War Crimes Case files („Cases not tried"), 1944-1948, Exhibit 39, Box 491, Case 000-12-463

leichte Rostspuren aufweisen. An manchen Stellen ist das Papier eingerissen.
An der Vorderseite des Einbandes befinden sich zwei Stempel mit dem Vermerk in englischer Sprache, dass die Aktensperre aufgehoben wurde. Wegen der schlechten Qualität des Stempelaufdruckes ist es nicht möglich fest zu stellen, durch wen und wann dies geschah. Oben in der Mitte steht „Exhibit 39". Am unteren Rand wurde mit blauer Tinte der Vermerk „Report of Investigation Dated 17 July 1945 bz WCIT No. 6824" angebracht. Die Innenseite des vorderen Buchdeckels enthält eine eidesstattliche Erklärung von Charles H. Dameron über Ort, Datum und Umfang seines Fundes. Diese Erklärung wurde am 17. Juli 1945 handschriftlich mit blauer Tinte eingetragen und sowohl von Dameron als auch vom Bevollmächtigten Arthur B. Knight unterzeichnet. In der linken unteren Ecke findet sich ein schwarzer Stempelaufdruck: „Received Date: 18-9-45 File No.: 35[unleserlich] No.: 76 1-7". Die Zahlen sind handschriftlich eingefügt.
Die ersten fünf Blätter sind unpaginiert. Anschließend folgen 39 durchnummerierte Blätter, ein letztes Blatt ist weder paginiert noch beschrieben. Für das Inhaltsverzeichnis, die verschiedenen Tabellen und die dazugehörigen Erläuterungen wurde cremeweißes Papier ohne Wasserzeichen verwendet. Der Text ist maschinschriftlich mit schwarzem und rotem Farbband geschrieben, wobei in roter Farbe die Überschriften des Inhaltsverzeichnisses und die Endsummen der Berechnung und Tabellen hervorgehoben sind.
Mehrere Diagramme sind entweder direkt neben den zugehörigen Tabellen oder auf einer anschließenden a-Seite eingefügt, wobei als Beschreibmaterial braunes Millimeterpapier diente. Bis auf zwei Punkt-Linien-Diagramme griff der Autor auf die Darstellungsform von Säulendiagrammen zurück. Die Säulen sind mit verschiedenen Farbstiften koloriert (z. B. gelb, rot, rosa, lila, hellgrün, dunkelgrün, blau, ocker, orange u.a.). Die dazugehörigen Legenden sind auf der Schreibmaschine mit schwarzem Farbband erstellt und meist neben dem Diagramm angebracht worden. Diagramme und Tabellen, die Überformate erforderten, sind auf A4-Format zusammengefaltet und eingeklebt.
Sowohl das erste unpaginierte Blatt wie auch die Blätter des ersten Kapitels übersetzte Henry Halpern, ein beeideter Übersetzer, von der deutschen in die englische Sprache. Diese Übersetzungen wurden mit Heft-

klammern auf der Versoseite angebracht und von Henry Halpern und Charles H. Dameron eigenhändig unterzeichnet.

Inhalt

Der anschließende Hauptteil ist in sechs Kapitel unterteilt. Das erste Kapitel listet die Opferzahlen auf, Kapitel 2 berechnet die Einsparungen durch die erfolgten „Desinfektionen" in Reichsmark, in Kapitel 3 werden Komponenten und Gesamtsumme der Einsparungen erläutert. Die Kapitel 4 und 5 rechnen die Ersparnisse an verschiedenen Lebensmitteln vor, und das letzte Kapitel stellt schließlich dar, wie viel die Getöteten tatsächlich an Lebensmittel erhalten haben.

```
Bis zum 1. September 1941 wurden desinfiziert: Personen: 70.273
Diese Zahl
    1. verteilt auf die einzelnen Anstalten für die Jahre 1940 und 1941 ergibt
    folgende Aufstellung:
```

Anstalt	1940	1941	Sa.
A	9.839	--	9.839
B	9.772	--	9.772
Be	--	8.601	8.601
C	9.670	8.599	18.269
D	5.943	7.777	13.720
E	--	10.072	10.072
A-E:	35.224	35.049	70.273

Anmerkung: Die Arbeit der Anstalt Brandenburg ist bei dieser Aufstellung besonders berücksichtigt worden.

Abb. 1: Hartheimer Statistik, Seite 1, Opferzahlen der Anstalten - Foto: Josef Hirner

Die ersten Seiten der Statistik verzeichnen die genauen Opferzahlen in den Tötungsanstalten. Es ist nicht von Töten und Getöteten oder gar Ermordeten die Rede; die verwendeten Chiffren „Desinfektionen" und „Desinfi-

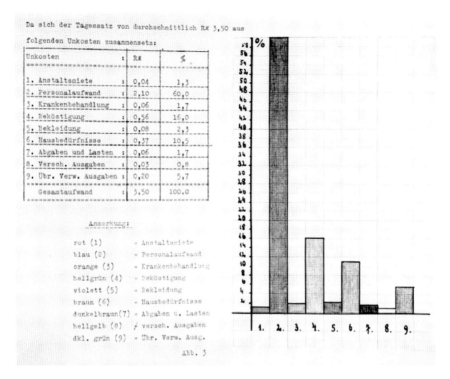

Abb. 2: Hartheimer Statistik, Seite 5, Zusammensetzung des Tagessatzes – Foto Josef Hirner

zierte" zeigen, dass jeder Hinweis auf den illegalen Grundcharakter der Aktion vermieden werden sollte. So beginnt die Statistik mit der bürokratischen und sprachlich hässlichen Feststellung: „Bis zum 1. September 1941 wurden desinfiziert: Personen: 70.273". Die einmalige Erwähnung „des von uns bestimmten Todestages" der ‚Desinfizierten' fällt auf (S. 29).
Auf den beiden folgenden Seiten sind die Opferzahlen der Anstalten (A = Grafeneck, B = Brandenburg, Be = Bernburg, C= Hartheim, D = Sonnenstein, E= Hadamar) auf die Monate der Jahre 1940 und 1941 verteilt tabellarisch aufgelistet.
Im Anschluss folgt die Berechnung der täglichen und jährlichen Ersparnisse durch die „Desinfektion" von 70.273 Personen sowie die Hochrechnung auf zehn Jahre bis zum September 1951. Das ergibt auf der Grundlage eines Tagessatzes von 3,50 RM über zehn Jahre eine Einsparung von 885,439.800 RM.

- 34 -

Da der Kranke die ihm monatlich zugeteilten Lebensmitteln zu einem gewissen Teil nicht erhält, so ergibt sich folgende Aufstellung über den wirklichen Verbrauch:

Lebensmittelart:	Soll	Haben	d.h.	i.% erh.	d.% nicht	% mehr erh.	Anmerkungen
Brot	7.000 g	9.000 g	+ 2.000 g	128,6 %	----	+ 28,6 %	daher weniger Mehl!
Marmelade	700 g	450 g	- 250 g	64,3 %	35,7 %	-,---	
Margarine	450 g	329 g	- 121 g	73,1 %	26,9 %	-,---	
Butterschmalz	50 g	10 g	- 40 g	20,0 %	80,0 %	-,---	
Kaffee-Ersatz	400 g	150 g	- 250 g	37,5 %	62,5 %	-,---	
Zucker	900 g	350 g	- 550 g	38,9 %	61,1 %	-,---	
Mehl	1.500 g	295 g	- 1.205 g	19,7 %	80,3 %	-,---	
Fleisch-u.Wurstw.	1.600 g	1.230 g	- 370 g	76,9 %	23,1 %	-,---	
Kartoffeln	22.500 g	37.200 g	+14.750 g	165,3 %	-,---	+ 65,3 %	gr. Teil Sellstvers.
Butter	500 g	95 g	- 405 g	19,0 %	81,0 %	-,---	
Nährmittel, Hülsenfr.	750 g	1.590 g	+ 840 g	212,0 %	-,---	+ 112,0 %	incl. Maggisuppen!
Teigwaren (Nudeln)	175 g	220 g	+ 45 g	125,7 %	-,---	+ 25,7 %	daher weniger Mehl!
Speck	63 g	60 g	- 3 g	95,2 %	4,8 %	-,---	
Gemüse (ab Feld!)	10.500 g	12.150 g	+ 1.650 g	115,7 %	-,---	+ 15,7 %	gr. Teil Landwirtsch.
Salz, Gewürze	125 g	100 g	- 25 g	80,0 %	20,0 %	-,---	
Quark	125 g	125 g	-- g	100,0 %	-,---	-,---	
Käse	125 g	125 g	-- g	100,0 %	-,---	-,---	
Eiern	4 St.	4 St.	-- -	100,0 %	-,---	-,---	in Mahlzeiten verw.
Summa:	47.463 g	63.479 g	----	----	----	----	----

Abb. 3: Hartheimer Statistik, Seite 34, Tatsächlicher Verbrauch von Lebensmitteln - Foto: Josef Hirner

Auf den Seiten fünf und sechs wird die Zusammensetzung des Tagessatzes von 3,50 RM veranschaulicht, Seite sieben weist die monatliche Zuteilung der verschiedenen Lebensmittel und deren Preis pro Kilogramm aus.

Auf den nächsten 20 Seiten wird schließlich detailliert auf jeweils zehn Jahre ausgerechnet, welche Mengen an Kartoffeln, Fleisch- und Wurstwaren, Brot, Mehl, Butter, Butterschmalz, Margarine, Speck, Quark, Käse, Nährmitteln, Teigwaren, Sago, Kaffee-Ersatz, Marmelade, Zucker, Eier, Gemüse, Hülsenfrüchten sowie Salz und Pfeffer eingespart wurden und wie hoch der Gegenwert in Reichsmark ist.

Seite 28 der Statistik zeigt nochmals eine zusammenfassende Tabelle, in der alle Lebensmittel und die Ersparnisse in Kilogramm (mit dem Gegenwert in Reichsmark) angeführt sind, mit dem Hinweis, dass eine gleichbleibende Ernährung der Anstaltspfleglinge auch nach Ende des Krieges angenommen wurde.

In Kapitel 6 werden noch einmal die in den Jahren 1940 und 1941 tatsächlich verabreichten Lebensmittelrationen pro Monat und Pflegling aufgelistet (Seite 34 bis 39) und die Einsparungen in Kilogramm je Lebensmittelart angegeben. Zur Unterstreichung des eigentlichen Zweckes dieser umfänglichen Listen wurde eine Soll-Haben-Darstellung gewählt, die für bestimmte Lebensmittel die Normalverbraucherwerte den tatsächlichen verbrauchten bzw. verabreichten Mengen gegenübergestellt.

Hintergründe

Die Idee, in wirtschaftlich schwierigen Zeiten vor allem bei den „weniger nützlichen" Mitmenschen zu sparen, war nicht erst den Gehirnen fanatischer Nationalsozialisten entsprungen. Schon als gegen Ende des Ersten Weltkrieges wegen der verfehlten Ernährungspolitik allgemeine Hungersnot herrschte, stieg die Sterberate in den Pflegeanstalten signifikant an. Das Problem wurde in den ersten Nachkriegsjahren durch Kohlemangel und daraus resultierende unzureichende Beheizung im Pflegeanstaltsbereich noch verstärkt. Erst zwischen 1925 und 1930 ging die Sterblichkeitsrate zurück.[5]

Die Verbesserung der Sozialgesetzgebung hatte seit der Jahrhundertwende zu einem Anstieg der Anstaltsbelegung geführt, der sich in erhöhten Staatsausgaben niederschlug. Aus diesem Grund setzte schon vor der Weltwirtschaftskrise eine Spardiskussion ein, die meist zur Kürzung von Personal und Sachmitteln führte. Schon in diesem Zusammenhang tauchten erstmals Vorschläge auf, sich der „Ballastexistenzen" überhaupt zu entledigen. Der Machtübernahme durch die Nationalsozialisten folgten weitere, lokal unterschiedlich ausgeprägte Einsparungsmaßnahmen in der Geisteskrankenfürsorge, die von den nach Kriegsausbruch verfügten Einsparungen weiter verschärft wurde; ein allgemeiner Anstieg der Sterblichkeitsrate war die Folge. Es ist umstritten und wohl von Anstalt zu Anstalt verschieden zu beurteilen, ob dieses „Hungersterben" eine unvermeidliche, geduldete oder bewusst geförderte Erscheinung war. Fasst man jedoch letztere Variante ins Auge, so wird eine wesentliche Entwicklungslinie vom Beginn des 20. Jahrhunderts bis zu den nationalsozialistischen Euthanasie-Aktionen erkennbar. Der organisierte Massenmord an kranken

---

[5] Armin Trus, „....vom Leid erlösen". Zur Geschichte der nationalsozialistischen „Euthanasie"-Verbrechen, Frankfurt am Main 1995, 35-40; Hans Ludwig Siemen, Menschen blieben auf der Strecke... Psychiatrie zwischen Reform und Nationalsozialismus, Gütersloh 1987, 30 f.; Hans Ludwig Siemen, Das Grauen ist vorprogrammiert. Psychiatrie zwischen Faschismus und Atomkrieg, Giessen 1982, 32; Faulstich, Hungersterben, 67 f.

Menschen stellt sich in diesem Zusammenhang nur als augenfälligste Ausprägung einer umfassenden Vernichtungsstrategie dar.[6]

Motive

Bei der Frage nach den Motiven für die Erstellung der Hartheimer Statistik ist unter Anderem zu berücksichtigen, dass statistische Methoden seit dem Ende des 19. Jahrhunderts sich gerade in Deutschland großer Beliebtheit erfreuten.[7] Statistische Erhebungen des Nahrungsmittelbedarfes und -verbrauches waren schon um die Jahrhundertwende verbreitet und wurden in den wirtschaftlich schlechten Nachkriegsjahren besonders relevant. Zahlreiche statistische Berichte über Pflege- und Kostensätze aus verschiedenen Provinzen des Deutschen Reiches finden sich etwa in der Korrespondenz des Leiters der medizinischen Hauptabteilung und Obergutachters von T4, Prof. Dr. Paul Nitsche, den sogenannten „Heidelberger Dokumenten".[8]

Dazu kommt, dass die Nationalsozialisten statistischen Erfassungen auch im Rahmen ihrer rassischen Ziele einen hohen Stellenwert einräumten. Bereits Ende der 1920er Jahre gab es Ansätze namhafter Anthropologen und Mediziner für eine „erbbiologische Bestandsaufnahme". Mit dem „Gesetz über die Vereinheitlichung des Gesundheitswesens" vom 3. Juli 1934 nahm das Reichsinnenministerium diese Ideen auf und fasste sie als Kompetenz der neu geschaffenen Gesundheitsämter zusammen. Eine weitere große, rassenpolitisch motivierte Erfassungswelle ging von den Heil- und Pflegeanstalten aus, die Ende 1934 eine „Landeszentrale zur erbbiologischen Bestandsaufnahme in den Heil- und Pflegeanstalten" gründeten.[9]

Vor diesem Hintergrund scheint es also durchaus plausibel, dass es der eigentliche Zweck der Hartheimer Statistik war, nach dem Euthanasiestopp

---

[6] Faulstich, Hungersterben, 99, 228-237, 659; Siemen, Menschen bleiben auf der Strecke, 103-106

[7] Derartige statistische Auswertungen bedurften auch technischer Unterstützung. Die von Hermann Hollerith Ende des 19. Jahrhunderts entwickelte Zählmaschine konnte Lochkarten auf elektromagnetischem Weg identifizieren. Mit dieser Technik war es möglich, in beeindruckender Geschwindigkeit verschiedentliche Zählungen vor zu genehmen (z. B. Volkszählungen). Ende der 1920er Jahre modifizierten International Business Machines (IBM) und die Deutsche Hollerith Maschinen Gesellschaft (Dehomag) dieses System. Vgl. dazu Edwin Black, IBM und der Holocaust. Die Verstrickung des Weltkonzerns in die Verbrechen der Nazis, München/Berlin 2001, 9-11

[8] NARA II, RG 338, JAG Div, War Crimes Branch, Records Relating to Medical Experiments, 1933-1947, Box 3, 5

[9] Roth, Erfassung zur Vernichtung, 57-73, 100; Aly – Roth, Die restlose Erfassung, 39-61, 101 f.; Friedlander, NS-Genozid, 77, 408-411

mit wissenschaftlichen Mitteln den hohen wirtschaftlichen Nutzen der Aktion „T4" nachzuweisen und auf diese Weise die Weiterführung der Aktion zu fördern – ein Ziel, das Paul Nitsche mit den Resten der „T4"-Organisation beharrlich fast bis zum Kriegsende verfolgte. Es passt gut in dieses Bild, dass 1943 gerade die Zentralverrechnungsstelle der ausgebombten „T4"-Zentrale in Hartheim untergebracht war. Auch Götz Aly und Karl Heinz Roth vertreten diese Ansicht und stützen sie mit der Beobachtung, Nitsche habe schon zu Beginn der 1930er Jahre eine Schwäche für Zahlen und Genauigkeit gezeigt[10].

Damerons Untersuchungsbericht hält zur Frage nach dem Autor fest: „[...] compiled by one E. Brant [...] It is true that E. Brant has not been identified nor has his work been otherwise connected with the case except it's presence among the other books and records found in the castle". Edmund Brandt, Verwaltungsangestellter im Reichsministerium des Inneren, hatte vom „Reichskommissariat für Gesundheits- und Sanitätswesen" den Auftrag erhalten, auf der Basis des Zahlenmaterials, das ihm von der Zentraldienststelle von „T4" zur Verfügung gestellt wurde, eine Statistik anzufertigen. Brandt erklärte bei seiner Zeugenaussage im Zuge des sogenannten Renno-Prozesses am 5.11.1969: „Ich habe die Aufstellung so gemacht, wie ich die Unterlagen bekommen habe. Der Begriff ´desinfiziert´ ist mir nicht erklärt worden. (...) Ich bekam lediglich das Zahlenmaterial und sonst nichts. Ich habe auch mit niemandem darüber gesprochen. Ich hatte mir gedacht, dass ´desinfiziert´ Beseitigung bedeutet. (....) Die Arbeit gab ich in der Dienststelle von Prof. Brandt ab."[11]

Kritik und Beurteilung

Die „Hartheimer Statistik" ist nicht der Niederschlag einer Art Buch- oder Haushaltsführung der „T4"-Organisation. Ihr Hauptteil ist zu charakterisieren als ein Wust von stark formalisierten, weitgehend inhaltsleeren Berechnungen auf Grundschulniveau. Vieles erinnert an sattsam bekannte „Rechenaufgaben im neuen Geiste" aus nationalsozialistischen Schulbüchern: „Von den Geisteskranken sind 868 mindestens 10 Jahre, 260 minde-

---
[10] Götz Aly – Karl Heinz Roth, Die restlose Erfassung. Volkszählungen, Identifizieren, Aussondern im Nationalsozialismus. Berlin 1984, 94 f.
[11] Hessisches Hauptstaatsarchiv, Abt. 631a/818, Ks 1/69, Anlagen zu den Protokollen der Hauptverhandlung, Aussage Edmund Brandt, 5.11.1969

stens 20 Jahre ... eingeschlossen. Wieviel Reichsmark haben diese Geisteskranken ... mindestens gekostet, wenn man für jeden mindestens 18 RM täglich ausgeben muss?" Sie lässt beim Autor keinerlei statistische, finanztechnische oder wirtschaftswissenschaftliche Kenntnisse erkennen. Offensichtlich hatte er von Kapitalisierung oder Verzinsung keine Ahnung: wäre ihm bewusst gewesen, dass das Ergebnis jährlicher Einsparungen wegen der Verzinsung am Ende wesentlich höher als die Summe der Einzelbeträge angesetzt werden kann bzw. muss, so hätte er diese Methode sicher auch angewandt, um noch „schönere" Summen vorweisen zu können.

Der Tagespflegesatz von 3,50 RM ist wohl exemplarisch zu verstehen, konnte er doch unmöglich im ganzen Reich einheitlich sein; die Höhe hatte sich nach den örtlichen Gegebenheiten zu richten, weshalb die Festsetzung letztlich bei den Anstaltsleitungen lag. Bezeichnender Weise war eine der ersten Verwaltungsmaßnahmen des neuen Direktors Dr. Lonauer in der Heil- und Pflegeanstalt Niedernhart eine drastische Reduzierung der Pflegesätze gewesen, deren er sich bei verschiedenen Gelegenheiten rühmte.[12]

Die Hartheimer Statistik weist verschiedene Komponenten des Pflegesatzes aus: Personal (60 %), Beköstigung (16 %) und Hausbedürfnisse (10,5 %) sind die mit Abstand größten Posten. Wollte man tatsächlich eine Effizienz der Euthanasie-Aktion in Geldwert vor Augen führen, so wäre es naheliegend, den größten Einzelposten, also die Personalkosten heranzuziehen. Aber an diesem Punkt entlarvt sich die Hartheimer Statistik als Propaganda-Machwerk: mit Personaleinsparungen ist bei den „Normalverbrauchern" nicht zu punkten, Lebensmittel dagegen waren in Zeiten strenger Rationierung ein handfesterer Wert als Geld. Und so müht sich der Autor viele Seiten lang mit simplen Berechnungen von eingesparter Marmelade, Zucker, Speck, Kaffeeersatz, Eiern etc. Er rechnet die Mengen auch pro forma – Preise sind in Zeiten der Bewirtschaftung ein sekundärer Faktor – in Reichsmark um, denn eingesparte Millionen lasen und lesen sich zu allen Zeiten gut. Diese Beobachtung macht auch die Zielgruppe des Pamphlets sichtbar: nicht Entscheidungsträger, Wirtschaftsplaner oder Staatslenker sollten beeindruckt werden, sondern jene breite Öffentlichkeit, die sich nach mehr als zwei Kriegsjahren wieder nach Normalisierung der Lebensverhältnisse sehnte. Die unterschwellige Botschaft dieser Broschüre lautet: Machen wir doch (endlich) weiter mit dieser Aktion, dann

---

[12] Freundlicher Hinweis von Dr. Gerhart Marckhgott

können wir uns viel früher wieder eine normale Lebensmittelversorgung leisten.

Eine seltsame Logik liegt den Rechenübungen zu Grunde. Von Seite 4 bis Seite 33 werden die Einsparungen auf der Basis ermittelt, dass „der Anstaltsinsasse dieselben monatlichen Rationen an Lebensmitteln erhält wie der Normalverbraucher" (S. 7). Erst im Kapitel 6 (S. 34) wird zugegeben, dass „der Kranke die ihm zugeteilten Lebensmitteln (!) zu einem gewissen Teil nicht erhält": jene Lebensmittelkategorien, die nicht selbst erzeugt wurden und relativ teuer waren, wurden in Rationen unter dem „Normalverbraucherwert" ausgegeben (z. B. Marmelade, Fleisch- und Wurstwaren), kompensiert wurde dies durch Mehrausgabe billiger Produkte (z. B. Kartoffeln, Brot), die zudem bei vielen Anstalten in Eigenbetrieben hergestellt werden konnten. Auch diese Tatsache einer billigeren und minderwertigeren Anstaltskost wird propagandistisch zurechtgebogen, indem vorgerechnet wird, dass „der Kranke somit monatlich ca 16.000 gr = 16 kg mehr an Nahrungsmitteln [erhält], als ihm eigentlich anhand der Karten zusteht [...]" Die haarsträubende Dummheit, etwa 37.200 g Kartoffeln und 10 g Butterschmalz zu 37.210 g Lebensmitteln zu addieren, spricht für sich – und passt ins Bild.

Schließlich ist aber auch ein inhaltlicher Aspekt zu würdigen, der in gewissem Gegensatz zu den bisherigen Beobachtungen steht. Es ist nämlich nicht zu leugnen, dass der Autor über ausgesprochenes „Insiderwissen" der Aktion „T4" verfügte, das in dieser aggregierten Form sicher nicht ohne Weiteres verfügbar oder gar öffentlich zugänglich war. Obwohl einiger Schriftverkehr der „Reichsarbeitsgemeinschaft" erhalten ist, finden sich nirgends Hinweise auf die Veröffentlichung und Verbreitung genauer „Erfolgszahlen", nicht einmal im inneren Kreis der „bevollmächtigten Ärzte" und Organisatoren. Die der Statistik zu Grunde gelegte Tötungsbilanz bis zum August 1941 war zweifellos geheim – mit ein Grund, dass es der Zeitgeschichtsforschung bis heute nicht möglich war und ist, die hier genannten Zahlen durch Vergleichsmaterial zu verifizieren; wir sind auf die Einschätzung der Plausibilität angewiesen.

Diese Einschätzung der Qualität des Zahlenmaterials wird auch gestützt durch folgende Beobachtung: Ein Vergleich der Betten- und Fragebogenzahlen im Vorspann der Statistik zeigt annähernd gleiche, aber nicht identische Zahlen mit der bekannten Anstaltenliste vom 31. August 1941. Dies ist insofern bemerkenswert, als die übrigen Berechnungen vom Stichtag 1.

September 1941 ausgehen. Es scheint also, dass der Autor auf aktuellstes Zahlenmaterial nach August 1941 zurückgreifen konnte.[13]

Schluss

Der Autor der „Hartheimer Statistik" war ein nachgeordneter Mitarbeiter im Stab der „T4"-Organisation, dem internes Zahlenmaterial zur Verfügung gestellt wurde mit dem Auftrag, daraus eine Art Werbeschrift für die Euthanasie-Aktion zu produzieren. Obwohl ihm genügend Zeit zur Verfügung stand, kam lediglich ein Machwerk zustande, das nicht zu Unrecht in einem Metallschrank in Vergessenheit geriet.
Der Bedeutung für die Forschung tut dies allerdings keinen Abbruch. Nichts spricht gegen, einiges jedoch für die Echtheit der zu Grunde liegenden Opferzahlen. Somit kann die Hartheimer Statistik weiterhin als herausragendes Beispiel für die primitive Menschenverachtung der nationalsozialistischen Ideologie und für die schrecklichen Folgen ihrer Umsetzung im Dritten Reich gelten.

Literatur

Götz Aly – Karl Heinz Roth, Die restlose Erfassung. Volkszählungen, Identifizieren, Aussondern im Nationalsozialismus, Berlin 1984
Edwin Black, IBM und der Holocaust. Die Verstrickung des Weltkonzerns in die Verbrechen der Nazis, München – Berlin 2001
Pierre Serge Choumoff, Nationalsozialistische Massentötungen durch Giftgas auf österreichischem Gebiet 1940-1945. (= Mauthausen-Studien. Schriftenreihe der KZ-Gedenkstätte 1a, Paris 2000)
Heinz Faulstich, Hungersterben in der Psychiatrie 1914-1919. Mit einer Topographie der NS-Psychiatrie, Freiburg im Breisgau 1998
Henry Friedlander, Der Weg zum NS-Genozid. Von der Euthanasie zur Endlösung, Berlin 1997
Friedrich Karl Kaul, Die Psychiatrie im Strudel der „Euthanasie". Ein Bericht über die erste industriemäßig durchgeführte Mordaktion des Naziregimes, Frankfurt am Main 1979

---

[13] NARA II, RG 549, Records of Headquarters, U.S. Army Europe (USAREUR), War Crimes Branch, War Crimes Case files („Cases not tried"), 1944-1948, Exhibit 39, Box 491, Case 000-12-463

Ernst Klee (Hg.), Dokumente zur „Euthanasie", Frankfurt am Main 1997
Ernst Klee, „Euthanasie" im NS-Staat, Frankfurt am Main 2001
Eugen Kogan – Hermann Langbein – Adalbert Rückerl u.a., Nationalsozialistische Massentötungen durch Giftgas, Frankfurt am Main 1983
Walter Kohl, Die Pyramiden von Hartheim. „Euthanasie" in Oberösterreich 1940-1945, Grünbach 1997
Claudia Lehner, „Euthanasie" im Nationalsozialismus unter Berücksichtigung der „Euthanasie"-Anstalt Hartheim, Ungedr. Diplomarb. Linz 2001
Wolfgang Neugebauer, Zwangssterilisierung und „Euthansie" in Österreich 1940-1945. In: Zeitgeschichte 19, Jänner/Februar 2002, Heft 1 und 2, 17-28
Karl Heinz Roth (Hg.), Erfassung zur Vernichtung. Von der Sozialhygiene zum „Gesetz über Sterbehilfe", Berlin 1984
Hans-Walter Schmuhl, Rassenhygiene, Nationalsozialismus, Euthanasie. Von der Verhütung zur Vernichtung „lebensunwerten Lebens", 1890-1945 (= Kritische Studien zur Geschichtswissenschaft 75, Göttingen ^{2}1992)
Hans Ludwig Siemen, Das Grauen ist vorprogrammiert. Psychiatrie zwischen Faschismus und Atomkrieg, Giessen 1982
Hans Ludwig Siemen, Menschen blieben auf der Strecke... Psychiatrie zwischen Reform und Nationalsozialismus, Gütersloh 1987
Armin Trus, „...vom Leid erlösen". Zur Geschichte der nationalsozialistischen „Euthanasie"-Verbrechen, Frankfurt am Main 1995
Florian Zehethofer, Das Euthanasieproblem im Dritten Reich am Beispiel Schloß Hartheim (1938-1945). In: Oberösterreichische Heimatblätter 32, 1978, Heft 1 und 2, 46-62

Die Tötungsanstalt Hartheim 1940-1945
Brigitte Kepplinger

Schloss Hartheim, ein Renaissancebau aus dem 17. Jahrhundert, kam Ende des 18. Jahrhunderts in den Besitz der Familie Starhemberg. 1896 wurde das Anwesen von Camillo Fürst Starhemberg dem 1892 gegründeten Oberösterreichischen Landes-Wohltätigkeitsverein als Schenkung übereignet. 1898, zum 50-jährigen Regierungsjubiläum von Kaiser Franz Josef I., begann der Landes-Wohltätigkeitsverein im Schloss mit der Errichtung eines Heimes für die „Schwach- und Blödsinnigen, Cretinösen und Idioten". Die Betreuung der behinderten Menschen wurde Barmherzigen Schwestern vom Hl. Vinzenz von Paul übertragen. Im Wirtschaftshof übernahm ein Verwalter den Gutsbetrieb; man versuchte, durch die Einrichtung einer funktionierenden Landwirtschaft eine Selbstversorgung der

Abb. 1: Hartheimer Pfleglinge mit ihren Betreuerinnen. Um 1910 – Foto: Archiv der GSI

Institution mit Lebensmitteln zu erreichen.

Bis in die dreißiger Jahre des 20. Jahrhunderts entwickelte sich hier ein nach zeitgenössischen Maßstäben fortschrittliches Modell der Behindertenbetreuung. Ungefähr 200 geistig und mehrfach behinderte Menschen aus dem Raum Oberösterreich lebten hier. Die Kosten für einen Teil der Pfleglinge wurden von den Angehörigen getragen: eine übliche Vorgangsweise war, einen behinderten Angehörigen in eine Anstalt „einzukaufen", das heißt, sich vertraglich zu verpflichten, für die Kosten des Pflegeplatzes dauerhaft aufzukommen. Der größere Teil der Pfleglinge aber waren Armenpfleglinge, für deren Unterhalt die Heimatgemeinde im Rahmen ihrer Fürsorgepflicht aufzukommen hatte.

Während die Verantwortlichen der „Schwachsinnigenanstalt Hartheim" Mitte der dreißiger Jahre der weiteren Entwicklung ihrer Institution optimistisch entgegenblickten, vollzog sich im benachbarten Deutschen Reich eine grundlegende Wende in der Sozialpolitik. Bald nach der nationalsozialistischen Machtübernahme 1933 begann hier die Zurückdrängung und Ausschaltung der konfessionellen Wohlfahrtspflege: der „völkische Wohlfahrtsstaat" des Nationalsozialismus beanspruchte die ausschließliche Kontrolle über die Gesamtheit der sozialpolitischen Maßnahmen, war doch diese Kontrolle eine zentrale Voraussetzung für die Realisierung seiner gesellschaftspolitischen Utopie von der Errichtung einer erbgesunden und arischen Volksgemeinschaft. Vor allem die positiven Bereiche Säuglings- und Kleinkinderfürsorge, Jugendpflege, Mutterberatung und Kindergartenwesen befanden sich im Blickfeld nationalsozialistischer Übernahmebestrebungen. Konfessionelle und andere nichtstaatliche Institutionen, die hier tätig waren, wurden sukzessive aufgelöst und enteignet. Konfessionelle Wohlfahrtspflege wurde auf Behindertenfürsorge und Altenpflege beschränkt, aber auch hier war die Verdrängung der privaten Träger geplant.

1938 wurde diese nationalsozialistische Politik auch in Österreich wirksam. Konfessionelle Institutionen der freien Wohlfahrtspflege wurden in ihrer Arbeit eingegrenzt, ihre Einrichtungen beschlagnahmt und zugunsten staatlicher Institutionen bzw. der NSV enteignet. Auch der Oberösterreichische Landes-Wohltätigkeitsvereins war als Träger der „Schwachsinnigenanstalt Hartheim" Ziel einschlägiger Maßnahmen. Mit Wirkung vom 10.12.1938 wurde der Oberösterreichische Landes-Wohltätigkeitsverein unter Bezugnahme auf das „Gesetz über die Überleitung und Eingliederung der Vereine, Organisationen und Verbände vom 17. Mai 1938" aufgelöst.[1] Der Stillhaltekommissar ernannte den bisherigen Vereinsvorsitzenden Dr. Rudolf Lampl zum kommissarischen Leiter des OÖLWV, der die

---

[1] Schreiben des Reichskommissärs für die Wiedervereinigung Österreichs mit dem Deutschen Reich vom 19.11.1938. Archiv der Gesellschaft für Soziale Initiativen (GSI)

Die Tötungsanstalt Hartheim 1940-1945

Abb. 2: Personal der Anstalt Hartheim. Um 1930 – Foto: ORF (Tom Matzek)

Abwicklung des Vereinsvermögens in die Wege leitete.² Mit 17.2.1939 wurde das Vermögen des Oberösterreichischen Landeswohltätigkeitsvereins – Schloss Hartheim und Gutshof samt Inventar sowie Barvermögen – gemäß der Einweisungsverfügung des Stillhaltekommissars für Vereine, Organisationen und Verbände dem Reichsgau Oberdonau/Gauselbstverwaltung übertragen.³

Der Leiter der Anstalt, Direktor Karl Mittermayer, wurde vorerst in seiner Funktion belassen. Allerdings wurde von dem zuständigen Beamten der Fürsorgeabteilung des Landes, Hermann Haider, klargestellt, dass die Übernahme der Anstalt durch das Landesfürsorgeamt lediglich eine Frage der Zeit sei. Es wurde auch darauf hingewiesen, dass im Rahmen der Umstrukturierung des Fürsorgewesens eine Schließung der Anstalt Hartheim geplant sei, aber für eine Unterbringung der Pfleglinge beste Vorsorge getroffen werde. Schloss Hartheim sollte für das Taubstummen-Institut in Linz freigemacht werden.⁴

---

[2] Wie sich herausstellte, war Dr. Lampl schon im Mai 1938 der NSDAP beigetreten.
[3] O.Ö.LWV: Anmeldung entzogener Vermögen nach der Vermögensentziehungs-Anmeldungsverordnung, 1.11.1946. Archiv GSI, Institut Hartheim
[4] Siehe Sr. Ehrentrud Dirngrabner, Die Kreuzschwestern Oberösterreichs im Dritten Reich. Linz 2002, 75

Mit 1. März 1939 endete Mittermayers Funktion als Direktor der „Anstalt für Schwachsinnige" in Hartheim. Die von ihm erstellte Liste der Pfleglinge nennt mit Stichtag 28.2.1939 191 Personen, die von 17 Barmherzigen Schwestern betreut wurden.[5] Die Leitung der Anstalt lag nunmehr bei der Fürsorgeabteilung der Gauselbstverwaltung.

Tatsächlich wurde 1939 mit dem Umbau von Schloss Haus bei Pregarten begonnen, das für die Unterbringung der Hartheimer Pfleglinge adaptiert werden sollte. Karl Mittermayer wurde als Sachverständiger zu den Planungsarbeiten beigezogen; seine Freude war groß, als auch die von ihm gewünschte Kapelle in großzügiger Form realisiert wurde.[6] Die Übersiedlung der Pfleglinge wurde in Etappen organisiert. Am 12.4.1939 wurde ein Teil der Möbel unter der Aufsicht des Verwalters Raimund nach Schloss Haus gebracht. Zwei Tage später kamen 20 männliche Pfleglinge, die in der Bürstenbinderei beschäftigt gewesen waren, mit ihrem Werkmeister Rechberger in das Stift Schlierbach.[7] Dort hatte das Gaufürsorgeamt mit Wirkung vom 1.3.1939 Räume beschlagnahmt, in denen ein Fürsorgeheim eingerichtet werden sollte, und die nun für die Pfleglinge aus Hartheim zur Verfügung gestellt wurden.[8] Nach der Renovierung von Schloss Haus sollten aber alle Hartheimer Pfleglinge gemeinsam dort untergebracht werden.

Inzwischen erfolgte am 1. August 1939 der Räumungsbefehl für das Taubstummen-Institut. Das gesamte Mobiliar wurde nach Schloss Hartheim gebracht, musste aber auf dem Dachboden und in einer Scheune gelagert werden, da die Übersiedlung der Hartheimer Pfleglinge nach Schloss Haus nicht weiter geführt worden war.

Die Umstrukturierungen im Fürsorgewesen von Oberösterreich überschnitten sich nämlich mit den organisatorischen Vorbereitungen zur Ermordung „geistig und körperlich Minderwertiger" im Rahmen der Aktion „T4". In dem mit 1.9.1939 datierten sogenannten „Gnadentoderlass" gab Hitler de facto das Signal zum Beginn der „Aktion"[9], die nach den Plänen der beteiligten Experten einen wesentlichen Beitrag zur Errichtung einer idealen,

---

[5] Archiv des GSI, Institut Hartheim
[6] Bericht von Karl Mittermayer bei der Vorstandssitzung des OÖLWV vom 24.4. 1947. Archiv GSI, Institut Hartheim
[7] Ebd.
[8] Bezirksgericht Kirchdorf/Krems: zeugenschaftliche Vernehmung von Pater Jakob Mühlböck/Stift Schlierbach, 24.3.1947, OÖLA, Vg 8 Vr 2407/46
[9] In den erhaltenen zeitgenössischen Quellen zur NS-Euthanasie, wie etwa in den Heidelberger Dokumenten, findet sich die Kürzel Aktion „T4" nicht. Die Verantwortlichen sprechen entweder von der „Aktion" oder von „Eu bzw E-Aktion", nicht aber von Aktion „T4".

gesunden und überlegenen Gesellschaft darstellen sollte, wie Klaus Dörner es formulierte: Es ist „die entscheidende Absicht der Nazis gewesen, der Welt am Beispiel Deutschlands zu beweisen, dass eine Gesellschaft, die sich systematisch und absolut jedes sozialen Ballasts entledigt, wirtschaftlich, militärisch und wissenschaftlich unschlagbar sei..."[10]

Schon im September 1939 wurde auf Basis eines Runderlasses des Reichsministeriums des Inneren damit begonnen, an alle Heil- und Pflegeanstalten, psychiatrischen Kliniken, Alten- und Siechenheime Meldebogen der „Reichsarbeitsgemeinschaft Heil- und Pflegeanstalten" zur Erfassung und Klassifizierung der Patienten zu versenden. Die so gesammelten Daten bildeten die Grundlage für die Auswahl der Opfer. Gleichzeitig wurde an der Logistik des Massenmords gearbeitet: Auswahl der im Sinne der Täter effizientesten Tötungsmethode – man entschied sich für Vergasung durch Kohlenmonoxyd in eigenen Tötungsanstalten – Durchführung eines Probebetriebes im ehemaligen Zuchthaus in Brandenburg/Havel im Winter 1939/40, dann die sukzessive Einrichtung von sechs Tötungsanstalten: Brandenburg an der Havel (Winter 1939/40 bis September 1940), Grafeneck bei Münsingen auf der Schwäbischen Alb in Württemberg (Jänner bis Dezember 1940), Hartheim bei Linz in Österreich (Mai 1940 bis Dezember 1944), Sonnenstein in Pirna, Sachsen (Juni 1940 bis Sommer 1942), Bernburg an der Saale, Provinz Sachsen (September 1940 bis August 1943) und Hadamar in Hessen (Jänner 1941 bis August 1941; August 1942-1945).

Wie die Entscheidung zustande kam, das Mordzentrum für die „Ostmark", für Bayern und die Untersteiermark in Schloss Hartheim einzurichten, kann nach der derzeitigen Quellenlage nicht mit letzter Sicherheit beantwortet werden. Die Entscheidung selbst jedenfalls lag bei Viktor Brack, dem Organisator der Kinder- und Erwachseneneuthanasie. Franz Stangl, Büroleiter der Euthanasieanstalt nach Christian Wirth, behauptete, Schloss Hartheim sei von dem „T4"-Beauftragten Gustav Adolf Kaufmann vorgeschlagen worden, was dieser vehement bestritt. In den Gerichtsakten finden sich aber noch andere Hinweise, die Stangls Behauptung stützen. Rudolf Lonauer, der ärztliche Leiter von Hartheim, war ebenfalls ein persönlicher Freund von Viktor Brack und dürfte auch in die Entscheidungsfindung eingebunden gewesen sein. Lonauer war seit 1938 „Landesobmann für die erbbiologische Bestandsaufnahme" in Oberdonau und gehörte als

---

[10] Klaus Dörner, Tödliches Mitleid. Gütersloh 1993, 10

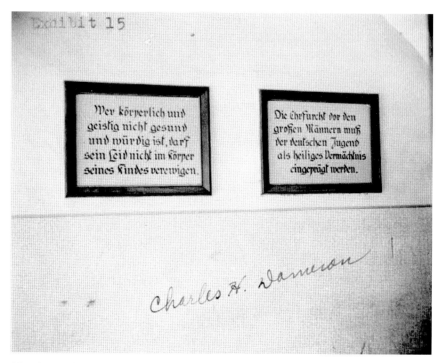

Abb. 3: NS-Sinnsprüche im Torbogen des Schlosses – Foto: NARA II, RG 549, Records of HQ, USAREUR, War Crimes Branch, War Crimes Case Files („Cases not tried"), Box 490, Case 000-12-463 Hartheim

solcher zum Kreis jener Ärzte, die später den Kern der „T4"-Gutachter bilden sollten.[11]

Die „Landesanstalt Hartheim", so die neue, offizielle Bezeichnung, trat nach außen als Institution der Gau-Fürsorgeverwaltung auf; es kann aber angenommen werden, dass Schloss Hartheim – analog zu den anderen Euthanasie-Anstalten – durch einen Pacht – oder Mietvertrag an die „Gemeinnützige Stiftung für Anstaltspflege", eine der Tarnorganisationen für die Durchführung der Euthanasiemorde, abgetreten wurde. Ein Hinweis darauf findet sich in einer Zeugenaussage der Hartheimer Chefsekretärin Helene Hintersteiner: „Im April 1940 wurde das Schloss Hartheim im voll-

---

[11] Siehe Karl-Heinz Roth, „Erbbiologische Bestandsaufnahme" – Ein Aspekt „ausmerzender" Erfassung vor der Entfesselung des Zweiten Weltkriegs, in: Ders. (Hg), Erfassung zur Vernichtung. Berlin 1984, 57-101, hier: 80

kommen leeren, geräumten Zustand durch die Gemeinnützige Stiftung für Anstaltspflege Berlin übernommen."[12]

Karl Mittermayer, der letzte Direktor der „Schwachsinnigenanstalt" vor der Übernahme durch die Gau-Fürsorgeverwaltung, versuchte im Frühling 1940 vergeblich, „seine" Pfleglinge in Niedernhart zu besuchen und Auskunft über ihr Schicksal zu erhalten. Bei der ersten Sitzung des neu gegründeten Landes – Wohltätigkeitsvereins im Frühling 1947 machte er sich wegen seiner Leichtgläubigkeit bittere Vorwürfe: „Ich gab mich wirklich der törichten Hoffnung hin, dass man in Oberdonau mit Rücksicht auf die Mentalität der streng christlichen Bevölkerung zu einer milderen Observanz hin neigen und ernstlich in diesem abgeschlossenen Winkel unsere Schwachsinnigen sozusagen den Augen der Welt entziehen wolle und deshalb das Schloss (Schloss Haus, BK) in diesem Sinn umgestalte. (...) Aber der Traum zerstob zu einer grausamen Wirklichkeit."[13]

Die Einrichtung der Tötungsanstalt

Im März 1940 wurden die Pfleglinge der Anstalt Hartheim weggebracht. Frauen und Mädchen kamen in das Gau-Fürsorgeheim Baumgartenberg, Männer und Buben in die Gau- Heil- und Pflegeanstalt Niedernhart. Die Barmherzigen Schwestern begleiteten ihre Schützlinge und betreuten sie in Niedernhart bzw. Baumgartenberg weiter. In Niedernhart war auf Veranlassung des ärztlichen Direktors, Rudolf Lonauer, die Männerabteilung VIII zur Unterbringung der Hartheimer Pfleglinge geräumt worden, um die 70-80 Personen aus Hartheim unterbringen zu können.[14]

Bei der nun folgenden Einrichtung der Tötungsanstalt kamen mehrere organisatorische Ebenen zum Tragen. In allen Euthanasieanstalten wurde eine ärztliche und eine verwaltungstechnische Leitung installiert. Im Fall von Hartheim wurde dem Linzer Psychiater Dr. Rudolf Lonauer mit 1.4.1940 die ärztliche Leitung der Anstalt übertragen. Sein Stellvertreter, Dr. Georg Renno, trat seinen Dienst mit 1.5.1940 an. Lonauer war seit Oktober 1938 auch ärztlicher Direktor der Gau- Heil- und Pflegeanstalt

---

[12] NARA II, RG 549, Records of HQ, USAREUR, War Crimes Branch, War Crimes Case Files („Cases not Tried"), Box 490, Case 000-12-463 Hartheim, Vernehmung Helene Hintersteiner, 29.6.1945
[13] Bericht von Karl Mittermayer an den Vorstand des OÖLWV vom ... 1947. Archiv des OÖLWV, Institut Hartheim
[14] OÖLA, Vg 8 Vr 2407/46, Vernehmung Johann Baumgartner, Oberpfleger in Niedernhart, am 10.7.1945

Abb. 4: Dr. Rudolf Lonauer – Foto: Privat

Niedernhart in Linz, die als Durchgangsanstalt für die Transporte nach Hartheim diente. Diese Personalunion war im Rahmen der Aktion „T4" einmalig. Der ärztliche Leiter stand formell an der Spitze der Hierarchie der Tötungsanstalt. In seine Kompetenz fiel die Tötung der Opfer – der Gashahn musste von einem Arzt bedient werden –, er bestimmte die offizielle Todesursache und war für die Führung der Krankenakten zuständig. Auch die Bezeichnung bestimmter Opfer für eine Obduktion, um spezifische Präparate zu erhalten, verbunden mit der Anordnung, diese Menschen vor ihrer Ermordung zu fotografieren, oblag dem Arzt. Außerdem stellte er fest, ob die zur Tötung geführten Menschen goldenen Zahnersatz hatten. Die Vertretung der „Landesanstalt Hartheim" nach außen gehörte ebenfalls zu seinen Obliegenheiten.[15]

Der große Bereich der Verwaltung des Massenmords wurde vom Büroleiter organisiert. Die Unverfänglichkeit des Begriffes „Büroleiter" verdeckt,

---

[15] Vgl. hierzu Henry Friedlander, Der Weg zum NS-Genozid. Von der Euthanasie zur Endlösung. Berlin 1998, 172 ff.; zur Anordnung bezügl. Fotografie: Aussagen Bruno Bruckner und Franz Wagner

dass diese Position für den Betrieb der Tötungsanstalt zentral war und seine Verantwortung für die Tötung der Opfer der des ärztlichen Leiters entsprach.

Die Bestellung des Büroleiters fiel in die Zuständigkeit der Büroabteilung von „T4". Meistens wurden Polizeibeamte für diese Funktion ausgewählt; im Fall von Hartheim war es Christian Wirth, ein Polizeioffizier aus Württemberg, der nach seiner Tätigkeit in den Euthanasieanstalten Grafeneck und Hadamar nach Hartheim kam. Die Aufgaben des Büroleiters waren mindestens ebenso umfangreich wie die des ärztlichen Leiters. Er war der Vorstand des Sonderstandesamtes, das den Tod der Opfer zu beurkunden hatte und zuständig für die Führung des Urnen-

Abb. 5: Dr. Georg Renno – Foto: NARA II, RG 549, Records of HQ, USAREUR, War Crimes Branch, War Crimes Case Files („Cases not tried"), Box 490, Case 000-12-463 Hartheim

buchs. Außerdem gehörten ortspolizeiliche Angelegenheiten zu seinem Arbeitsgebiet. Aus diesen Funktionen resultierte seine Verantwortung für die Abwicklung des Schriftverkehrs mit den Abgabeanstalten, mit den Angehörigen der Opfer, mit den Kostenträgern und allen zuständigen staatlichen Stellen. In seine Verantwortung fiel die Sicherstellung der Geheimhaltung der Vorgänge in der Euthanasieanstalt, die Organisation des Urnenversands sowie die Realisierung der diversen Verschleierungsmanöver, die von „T4" zur Irreführung der Angehörigen entwickelt wurden.

Die Einrichtung der jeweiligen Tötungsanstalt, die Organisation ihrer Ausstattung mit Personal und Sachmitteln, fiel in den Arbeitsbereich von Gustav Adolf Kaufmann. Kaufmann, nach eigener Aussage seitens der „T4" zuständig für „Herstellung von Verbindungen zwischen der KdF (Kanzlei des Führers, BK) und Parteidienststellen andererseits, alles in Zusammen-

Abb. 6: Büroleiter Christian Wirth (Pfeil) – Foto: NARA II, RG 549, Records of HQ, USAREUR, War Crimes Branch, War Crimes Case Files („Cases not tried"), Box 490, Case 000-12-463 Hartheim

hang mit der Aufgabe der Tötung von Geisteskranken"[16], engagierte in Zusammenarbeit mit den beiden Gauinspekteuren der NSDAP Oberdonau, Stefan Schachermayer und Franz Peterseil, das benötigte Personal für den Betrieb der Tötungsanstalt. Nach Auskunft des ersten Wirtschaftsleiters von Hartheim, Friedrich Vollmann, war „Gustl" Kaufmann zur Erfüllung dieser Aufgabe mit Sondervollmachten von Viktor Brack ausgestattet und sorgte allgemein dafür, „dass der Betrieb ins Laufen kam."[17]

Zuerst warb man vor Ort Hilfskräfte an. Die ersten Angestellten der Tötungsanstalt waren Matthias Buchberger aus Scharten, der im März 1940 für allgemeine handwerkliche Arbeiten eingestellt worden war (in etlichen Aussagen wird er als „Hauspatsch" oder „Hausl" bezeichnet), Josef Vallaster aus Vorarlberg, der später als Brenner arbeitete, und ein namentlich nicht bekannter Tischler aus Linz.[18] Im März 1940 begannen die Umbauarbeiten in Schloss Hartheim. Sie wurden von Erwin Lambert, Maurermeister in Diensten der „T4", geleitet, der in allen Euthanasieanstalten tätig war. Lambert, der seine spätere Frau in Hartheim kennen lernte, beschreibt seine Tätigkeit in Hartheim folgendermaßen: „Bei meinem ersten Einsatz in Hartheim musste in einem Raum ein Durchbruch gebrochen werden. Alsdann wurde eine

---

[16] HHStA Wiesbaden, Abt. 631a, Ks 1/69, Anlagen zu den Sitzungsprotokollen: Vernehmung des Zeugen Adolf Kaufmann vor dem Untersuchungsrichter V bei dem Landgericht Frankfurt/M vom 21.7.1965
[17] HHStA Wiesbaden, Abt. 631a/877, Einvernahme des Zeugen Fritz Vollmann vom 9.5.1965
[18] OÖLA, Vg 8 Vr 2407/46, Vernehmungsniederschrift Matthias Buchberger am 22.12.1947

Tür angebracht, die für Luftschutzräume Verwendung fand. In diesem Raum war, (...), bereits eine normale Tür. Diese wurde beseitigt und durch eine weitere Luftschutztür ersetzt. Das war der Raum, der dann in Hartheim als Vergasungsraum benutzt worden ist. Mit dem Krematoriumsbau in Hartheim hatte ich nichts zu tun. Das war Sache der Firma Kori aus Berlin. (...) An dem Vergasungsraum in Hartheim ist auch ein Guckloch angebracht worden. Vom Hof her war eine alte Tür vorhanden. Diese wurde nicht beseitigt, sondern es wurde nur die innere Türlaibung zugemauert. Es blieb allerdings Raum für ein kleines Guckfenster in Kopfhöhe... Man konnte also die alte Tür vom Hof aus öffnen, stand dann vor der zugemauerten inneren Türlaibung und konnte durch das Guckfenster in den Vergasungsraum sehen."[19] Auch wurde von dem Raum, der zur Gaskammer bestimmt war, durch eine neu errichtete Wand ein kleiner, schmaler Raum abgetrennt, der als Technikraum fungierte. Hier waren die Gasflaschen gelagert, von hier aus wurde der Gashahn betätigt.

Die Umbauarbeiten dauerten Lambert zufolge vier bis fünf Wochen und beinhalteten zunächst nur die unbedingt nötigen Adaptierungen. In dem Raum, der der Gaskammer vorgelagert war, dem sogenannten Aufnahmeraum, wurde eine abgetrennte Fotoecke eingerichtet. In der Gaskammer blieb der alte Holzbohlenboden erhalten; das Fenster wurde mit einem Scherengitter versehen und zusätzlich von innen mit einem hölzernen Fensterladen gesichert. Die Fenster der Euthanasieräume wurden von außen mit Fensterläden oder Brettern abgedeckt, um Einblicke zu verhindern.

Auch im Leichenraum wurde der alte Fußboden zunächst belassen. Der Krematoriumsraum erhielt einen Verbrennungsofen, Lamberts Aussagen zufolge von der Firma Kori in Berlin, der an den schon vorhandenen Hauskamin angeschlossen wurde.

Während des Umbaus trafen weitere MitarbeiterInnen der Tötungsanstalt ein, die zum Teil direkt aus der Belegschaft der „T4"-Zentrale in Berlin stammten. Wirtschaftsleiter Friedrich Vollmann aus Berlin, der diese Funktion bis Dezember 1940 bekleidete, gehörte zu den ersten Verwaltungskräften. Der Wirtschaftsleiter war zuständig für die Beschaffung sämtlicher benötigter Sachmittel – vom Bürobedarf über Koks für den Krematoriumsofen bis zu den Lebensmitteln für die Belegschaft. Büroleiter Christian Wirth trat seinen Dienst im April 1940 an, zusammen mit seiner Sekretärin Irmgard Ladwig, die aus der „T4"-Zentrale in Berlin kam.

---

[19] HHStA Wiesbaden, Abt. 631a/877,Ks 1/69, Zeugeneinvernahme Erwin Lambert 15.9.1965

Sie war mit einer anderen Schreibkraft aus Berlin, Irmgard Schwab, für den Schriftverkehr mit den Angehörigen der Opfer zuständig. Ab April bzw. Mai 1940 begannen die von den Gauinspekteuren Peterseil und Schachermayer in Oberösterreich angeworbenen Bürokräfte ihre Arbeit: Siegfriede Muckenhuber, Karoline Burner, Gertraud Dirnberger, Helene Hintersteiner, Annemarie Gruber, Maria Hirsch, Margit Troller, Elisabeth Lego und Marianne Kuttelwascher, die in Hartheim ihren Ehemann, den Wirtschaftsleiter Hans-Heinrich Lenz, kennen lernen sollte. Als Koch arbeitete Hans Wieser oder Wiesner aus Linz, Küchenhilfe war Aloisia Ehrengruber aus Hartheim, deren Mann im Gutshof („Landesgut Hartheim") beschäftigt war.

Das erste Mitglied und spätere Chefin des Pflegepersonals war Oberschwester Gertrude Blanke aus Berlin, die bis Ende 1944 in Hartheim bzw. in Niedernhart tätig war. Auch Hermann Wentzel aus der Nervenklinik Berlin-Buch, Pfleger und Pathologie-Gehilfe, war von April 1940 an in Hartheim, während die nächste Gruppe von PflegerInnen erst im Lauf des Mai 1940 eintraf.

Zum Personal jeder Tötungsanstalt, also auch der „Landesanstalt Hartheim" gehörten Autobuschauffeure, die mit ihren Bussen der Anstalt zugeteilt waren und im Schloss wohnten. Alle Hartheimer Chauffeure stammten aus Oberösterreich: Franz Hödl, Johann Lothaller, Anton Getzinger, Franz Mayrhuber und Johann Anzinger. Sie transportierten die Opfer von den Abgabeanstalten, aus der Heil- und Pflegeanstalt Niedernhart oder direkt aus den Zügen vom Hauptbahnhof Linz aus in die Tötungsanstalt. In Hartheim waren drei Autobusse stationiert, dazu ein Lieferwagen, der für tägliche Besorgungen verwendet wurde.

Abb. 7: Paul Grath (Mitte) mit Kollegen vor dem Schloss – Foto: NARA II, RG 549, Records of HQ, USAREUR, War Crimes Branch, War Crimes Case Files („Cases not tried"), Box 490, Case 000-12-463 Hartheim

Die Aufgabe der Brenner war die Verbrennung der Toten im Krematorium der Anstalt. Sie arbeiteten in Dreier-Gruppen in Zwölf-Stunden-Schichten. Waren viele Leichname zu verbrennen – und während der Dauer der Aktion „T4" waren es nie weniger als 600 im Monat – brannte das Feuer im Krematoriumsofen Tag und Nacht.

Josef Vallaster aus Vorarlberg war der erste der Brenner, der in Hartheim eintraf, fast zeitgleich mit Vinzenz Nohel, der am 2.4.1940 nach Hartheim kam. Sie leisteten während der ersten Wochen Hilfsarbeiten beim Umbau. Zusammen mit Matthias Buchberger hatten sie den Schmutz, den die verschiedenen Handwerker hinterlassen hatten, zu beseitigen und allgemein das Schloss bewohnbar zu machen. Vallaster und Nohel waren die einzigen Österreicher unter den Brennern. Otto Schmidtgen aus Berlin, der Anfang Juni 1940 nach Hartheim kam, Kurt Bolender, der aus Hamburg stammte und ebenfalls von der „T4"-Zentrale in Berlin nach Hartheim gesandt wurde, Hubert Gomerski, Paul Grath und Paul Bredow stammten alle aus dem „Altreich". Während die anderen Brenner nach dem Ende der Aktion „T4" aus Hartheim abgezogen wurden, blieben Vinzenz Nohel und Otto Schmidtgen bis zur Auflösung der Tötungsanstalt Ende 1944 im Schloss.

Zum Personal gehörten auch Fotografen, die von bestimmten Opfern vor deren Ermordung Aufnahmen anzufertigen hatten. In Hartheim war zuerst Franz Wagner aus Krummau in diesem Bereich tätig; sein Nachfolger war Bruno Bruckner aus Linz.

Abb. 8: Franz Wagner, Fotograf – Foto: NARA II, RG 549, Records of HQ, USAREUR, War Crimes Branch, War Crimes Case Files („Cases not tried"), Box 490, Case 000-12-463 Hartheim

Das Schloss war nicht durch eine größere eigene Wachmannschaft oder gar SS gesichert, auch wenn solche Aussagen in der Literatur über die Euthanasieanstalt Hartheim immer wieder auftauchen. Eigentlich gab es erstaunlich wenige Sicherheitsvorkehrungen. Büroleiter Wirth war Polizeioffizier, trug auch Polizeiuniform und war bewaffnet; ansonsten gab es nur ein bis zwei Mann, die in der ehemaligen Pforte des Pflegeheims, rechts vom Haupteingang des Schlosses, Wach- und Telefondienst versahen. Die Tordurchfahrt durch den Wirtschaftstrakt war nicht eigens bewacht. In den ersten Monaten der Aktion „T4", als die Busse noch durch dieses Tor zum Schloss fuhren, musste erst jemand aus dem Schloss zur Öffnung des Tores geholt werden, indem eine Glocke geläutet wurde. Der östliche, dem Dorf zugewandte Schlossgarten war von einer ungefähr drei Meter hohen Mauer umgeben, die an den Wirtschaftstrakt anschloss. Der Wirtschaftstrakt riegelte das Schlossgelände nach Osten und Süden ab, von Westen her verhinderten der Baumbestand des Wirtschaftshofs und die verschiedenen Hütten und Schuppen eine freie Sicht auf das Schloss. Lediglich der Busschuppen an der Westseite war von der Straße her sichtbar.

Das Morden beginnt: „T4" in Hartheim

Der Ablauf der „Aktion" war von der Zentraldienststelle in Berlin festgelegt: „Die Fotokopien der für die Aktion bestimmten Geisteskranken und Idioten kamen von Berlin in die Anstalt Hartheim. Auf Grund dieser Fotokopien wurden die Transporte hier zusammengestellt und entweder mit Auto oder per Bahn abgeholt."[20] In der ersten Maihälfte 1940 traf der erste Transport in Hartheim ein. Es handelte sich um PatientInnen der Heil- und Pflegeanstalt Niedernhart, unter ihnen auch ehemalige Pfleglinge aus Hartheim. Als Transportbegleiter fungierten in der ersten Betriebsphase der Euthanasieanstalt Pfleger aus Niedernhart: Karl Harrer und Kurt Steubl. Karl Harrer, rechte Hand von Rudolf Lonauer in Niedernhart, der später in der Anstalt Niedernhart auf Anordnung Lonauers an der Tötung von Patienten mitwirkte, avancierte bald zum Transportleiter. In dieser Funktion war er verantwortlich für die Übernahme der PatientInnen in den Abgabeanstalten und ihre Übergabe in Hartheim. „Die büromäßige Abwicklung

---

[20] NARA II, RG 549, Records of HQ, UAREUR, War Crimes Branch, War Crimes case Files („Cases not Tried"), Box 490, Case 000-12-463 Hartheim, Niederschrift Helene Hintersteiner vom 29.6.1945

Abb. 9: Hans Lothaller, Chauffeur – Foto: NARA II, RG 549, Records of HQ, USAREUR, War Crimes Branch, War Crimes Case Files („Cases not tried"), Box 490, Case 000-12-463 Hartheim

der Transporte erfolgte durch den Transportleiter. Er erhielt praktisch in den Abholanstalten die Akten der Kranken ausgehändigt."[21]
Die Busse fuhren in der ersten Zeit durch das Tor des Schlosses in den Arkadenhof. Der Fahrer Johann Lothaller: „Wir bekamen aber nach einer gewissen Zeit neue Omnibusse, diese waren so groß, dass sie die Toreinfahrt nicht passieren konnten."[22] Die alten Busse wurden nach einigen Monaten durch drei Mercedes-Omnibusse der Reichspost ersetzt, die das Reichspost-Kennzeichen beibehielten. Zusätzlich erhielt die Anstalt einen Mercedes-PKW zugeteilt, der für die Fahrten Lonauers und Rennos verwendet wurde.[23]

---

[21] HHStA Wiesbaden, Abt. 631a/877, Ks 1/69, Zeugeneinvernahme Maria Lambert 17.9.1964
[22] HHStA Wiesbaden, Abt. 631a/882, Ks 1/69, Vernehmung Johann Lothaller, 19.11.1964
[23] HHStA Wiesbaden, Abt. 631a/876b, Ks 1/69, Vernehmung Franz Mayrhuber, 25.9.1969

Abb. 10: Tötungsanstalt Hartheim – Foto: Karl Schuhmann

Abb. 11: Franz Hödl, Chauffeur – Foto: NARA II, RG 549, Records of HQ, USAREUR, War Crimes Branch, War Crimes Files („Cases not tried"), Box 490, Case 000-12-463 Hartheim

Die neuen Busse gaben den Anstoß für eine Veränderung im Ablauf des Tötungsprozesses. An der Westseite des Schlosses wurde ein Holzschuppen errichtet, in den die Busse einfuhren. Die Opfer betraten das Schloss durch einen Seiteneingang. Die Transportbegleiter, unterstützt von den Bürokräften, führten sie dann durch den abgeplankten Arkadengang zum Entkleiden. Diese Veränderung beseitigte auch Irritationen bei der Belegschaft des Schlosses, da die Opfer nun aus dem direkten Blickfeld verschwanden. Vorher, so eine Zeugin, hatte das Entladen der Opfer im Schlosshof immer für eine gewisse Unruhe gesorgt.
Im Entkleidungsraum, der im Nordflügel des Schlosses lag, wurden die Opfer ausgezogen. Die Kleider eines jeden Opfers wurden „auf einen Pack zusammengetan", mit einer Nummer versehen und aufbewahrt, ebenso persönliche Gegenstände und Schmuck. Das Entkleiden und die Registrie-

rung der Besitztümer wurde von den PflegerInnen besorgt. In den ersten Monaten wurden auch die Bürokräfte zu diesen Arbeiten herangezogen, da zu wenige PflegerInnen vorhanden waren. Zur Arbeit des Pflegepersonals gehörte es auch, nach der Abfertigung eines Transportes die Autobusse sowie den Entkleidungs- wie auch den Aufnahmeraum zu putzen. Auch zu diesen Arbeiten wurden anfangs die Bürokräfte mit herangezogen. Im Oktober 1940 wurden elf PflegerInnen aus dem Personalstand der Heil- und Pflegeanstalt des Reichsgaues Wien in Ybbs nach Hartheim dienstverpflichtet, nämlich Franz Gindl, Hermine Gruber, Margarethe Haider, Anna Grießenberger, Maria Hammelsböck, Maria Brandstätter (sie sollte in Hartheim Erwin Lambert kennen lernen und heiraten), Hermann Merta, Maria Raab, Anton Schrottmayr, Marie Wittmann und Franz Sitter.[24] Franz Sitter blieb nur zehn Tage in Hartheim, er „verlangte um sofortige Enthebung von der Dienstverpflichtung, als er Einblick gewonnen hatte, um was es eigentlich ging. Er erklärte dem Leiter der Anstalt Niedernhart gegenüber, er wolle lieber sofort einrücken. Tatsächlich wurde Sitter nach ganz kurzer Zeit .... wieder zur Anstalt zurückversetzt und ist am 6.2.41 eingerückt."[25] Franz Sitter sollte aber das einzige Mitglied der Belegschaft bleiben, das mit dieser Konsequenz auf die Situation in Hartheim reagierte.

Ab diesem Zeitpunkt wurde die Mithilfe des Büropersonals bei der Vorbereitung der Opfer für die Vergasung nur mehr in Ausnahmefällen benötigt. Die PflegerInnen führten die nackten Menschen in den sogenannten Aufnahmeraum in der Nordostecke des Erdgeschoßes. Hier wartete der Arzt, um anhand der Krankenakten und der Transportlisten die Identität der Opfer zu überprüfen. Nicht alle Opfer wurden aus den Abgabeanstalten direkt nach Hartheim gebracht. Zur Überbrückung von Kapazitätsengpässen in der Tötungsanstalt wurde oft ein Teil der Opfer für einige Tage in Niedernhart untergebracht. „Bei dieser Gelegenheit wurden die Geisteskranken am Arm mittels Blaustift nach einer Liste nummeriert. Dies geschah um Verwechslungen vorzubeugen, weil viele der Geisteskranken ihren Namen nicht sagen konnten."[26] In Hartheim entschied dann der Arzt – Dr. Lonauer oder Dr. Renno – bei der letzten Begutachtung, ob der Mensch vor ihm als besonderer medizinischer Fall anzusehen war, dessen Organe, vor allem das Gehirn, nach seiner Ermordung für die Forschung präpariert

---

[24] OÖLA, Vg 2407/46 Beantwortung der Anfrage der Direktion der LHPA Niedernhart an die Wiener Städtische HPA Ybbs vom 21.5.1946
[25] Ebd.
[26] OÖLA, Vg 2407/46, Vernehmung Leopold Lang, Pfleger in Niedernhart, 20.7.1945

Abb. 12: Bruno Bruckner, Fotograf – Foto: NARA II, RG 549, Records of HQ, USAREUR, War Crimes Branch, War Crimes Case Files („Cases not tried"), Box 490, Case 000-12-463 Hartheim

werden sollten. Diese Opfer wurden besonders gekennzeichnet, ebenso jene, die goldenen Zahnersatz besaßen. Der Arzt diktierte diese Erkenntnisse einer Sekretärin, die sie in einer Liste zusammenfasste.

Die als „medizinisch interessant" gekennzeichneten Opfer wurden anschließend in der Fotozelle fotografiert. Die Fotozelle war im Erker des Aufnahmeraums untergebracht und war durch eine Bretterwand abgetrennt.[27] Der Fotograf fertigte jeweils drei Bilder an: eines von vorne, eine Profilaufnahme und eine Ganzkörperaufnahme.[28] Die PatientInnen wurden dabei von zwei Pflegern gestützt bzw. festgehalten. Bruno Bruckner, der als Fotograf in der Nachfolge von Franz Wagner von April 1940 – Oktober 1942 in Hartheim tätig war, gab an, täglich 30-35 Opfer fotografiert zu haben;[29] sein Vorgänger, Franz Wagner, spricht von einem Anteil von 60-80 %, die er zu fotografieren hatte.[30]

Wenn die Opfer diese Prozeduren durchlaufen hatten, brachten die PflegerInnen sie in die Gaskammer. Die Gaskammer, ein Raum von ca. 25 m², war wie ein Brausebad eingerichtet. Sechs Brauseköpfe, in der ersten Zeit auch Lattenroste und hölzerne Sitzbänke, sollten diese Illusion hervorrufen. Maria Hammelsbeck, eine der Pflegerinnen aus Ybbs, schildert die Täuschung der Opfer: „Wenn sie ansprechbar waren, sagte man ihnen, sie

---

[27] NARA II, RG 549, Records of HQ, USAREUR, War Crimes Branch, War Crimes Case Files („Cases not Tried"), Box 490, Case 000-12-463 Hartheim, Vernehmung Helene Hintersteiner, 6.7.1945
[28] Ebd., Vernehmung Franz Wagner, 14.7.1945
[29] Bundesministerium des Inneren, Abt. 2 C, I-P 91.133-2C/1/64: Befragung Bruno Bruckner 24.5.1962. DÖW E 20.712/8
[30] NARA II, RG 549, Records of HQ, USAREUR, War Crimes Branch, War Crimes Case Files („Cases not Tried"), Box 490, Case 000-12-463 Hartheim, Vernehmung Franz Wagner, 14.5.1945

würden gebadet. Viele freuten sich auf das Baden, auch wenn sie sonst nichts erfassten. Manche wollten sich nicht waschen lassen, man musste sie ins Bad zerren. Das war auch allgemein schon so in Ybbs. Allgemein freuen sich Kranke, wenn sie gebadet werden."[31] Dr. Renno, bemüht, den Opfern jegliche Wahrnehmungsfähigkeit ihrer Umgebung abzusprechen, meinte später vor Gericht: „Ich weiß nicht, wer den Unsinn der Tarnung des Duschraums angeordnet hat. Ein geistig Toter kümmert sich nicht um seine Umgebung."[32]

In der Regel waren es 30-60 Menschen, die in die Gaskammer gebracht wurden; bei größeren Transporten wurden allerdings noch mehr in den kleinen Raum gepfercht. Das Täuschungsmanöver mit dem Bad wurde in allen Euthanasieanstalten angewendet. Wenn die luftdichten Türen verschlossen waren, ließen Dr. Lonauer oder Dr. Renno das Gas einströmen, indem sie vom Nebenraum aus den Gashahn öffneten. Die Gasleitung verlief am Boden der Gaskammer entlang der Wände; das verwendete Gas war Kohlenmonoxyd, das in Stahlflaschen von der Firma IG Farben in Ludwigshafen geliefert wurde. Die Tötungsmethode mittels Kohlenmonoxyd wurde von dem Chemiker Albert Widmann entwickelt, der beim Kriminaltechnischen Institut in Berlin beschäftigt war. „Zuerst erfolgte die Beschaffung von Stahlflaschen und anschließend die laufende Beschaffung von CO. Es waren ca. 50 Flaschen im Umlauf. Diese wurden, so schätze ich, jedes Vierteljahr einmal nachgefüllt. Die Bestellungen richteten sich nach dem Bedarf."[33]

Die Vorschrift der Zentrale besagte, dass nur Ärzte den Gashahn bedienen durften. In der Praxis delegierten die Ärzte allerdings diese Aufgabe des öfteren an die Brenner. In Hartheim waren es die Oberbrenner Schmidtgen und Vallaster, die fallweise das Gas einströmen ließen. Nach 10-15 Minuten Gaszufuhr waren die Menschen in der Gaskammer tot. Die Brenner warteten noch ungefähr eine Stunde, bis sie die Gaskammer entlüfteten und die Türen öffneten.

Nun begann die eigentliche Arbeit der Brenner. Sie transportierten die Toten in den anliegenden Totenraum und separierten die gekennzeichneten Leichname. Vinzenz Nohel, der von April 1940 bis Dezember 1944 in der Tötungsanstalt arbeitete, gab bei seiner Vernehmung an: „Das Wegbringen

---

[31] HHStA Wiesbaden, Abt. 631a/876a, Ks 1/69, Vernehmung Maria Hammelsbeck, 24.9.1969
[32] HHStA Wiesbaden, Abt. 631a/876b, Ks 1/69, Einlassung des Angeklagten Dr. Renno (28.8.1969 und 3.9.1969)
[33] HHStA Wiesbaden, Abt. 631a/819, Ks 1/69, Vernehmung Dr. Ing. Albert Widmann, 26.11.1969

Abb. 13: Hermann Wentzel, Pfleger – Foto: NARA II, RG 549, Records of HQ, USAREUR, War Crimes Branch, War Crimes Case Files („Cases not tried"), Box 490, Case 000-12-463 Hartheim

der Toten vom Gasraum in den Totenraum war eine sehr schwierige und nervenzermürbende Arbeit. Es war nicht leicht, die ineinander verkrampften Leichen auseinander zu bringen und in den Totenraum zu schleifen. Diese Arbeit wurde anfänglich auch insofern erschwert, als der Boden holprig war und als man den Boden betonierte, rau gewesen ist. Durch diese Umstände war das Schleifen in den Totenraum beschwerlich. Später als der Boden befliest war, haben wir Wasser aufgeschüttet. Dadurch war die Beförderung der Toten bedeutend leichter."[34] Die Brenner brachen den Toten die Goldzähne aus und entfernten jeglichen goldenen Zahnersatz. Der Büroleiter sorgte für die Übersendung des Zahngoldes in die „T4"-Zentrale nach Berlin.

Die Toten, die zur Obduktion bestimmt worden waren, wurden in den entsprechenden Raum gebracht, der sich im Westflügel, gegenüber dem Totenraum, befand.[35] Der Pfleger und Pathologiegehilfe Hermann Wentzel aus der Nervenklinik Berlin-Buch[36] entnahm den Toten die Gehirne oder andere Organe und konservierte sie in Formalin. Ein Teil der Gehirne ging nach Wien[37]; welche Institutionen Abnehmer der Hartheimer Präparate waren, ist derzeit noch nicht bekannt. Des öfteren wurden von den Ärzten Spezialaufnahmen von einzelnen Präparaten angeordnet. Bruno Bruckner gibt an, er hätte auf Anweisung

---

[34] OÖLA, Vg 8 Vr 2407/46, Vernehmung Vinzenz Nohel, 4.9.1945
[35] NARA II, RG 549, Records of HQ, USAREUR, War Crimes Branch, War Crimes Case Files („Cases not Tried"), Box 490, Case 000-12-463 Hartheim, Niederschrift Helene Hintersteiner, 29.6.1945
[36] Ebd.
[37] Ebd.

der Ärzte unter anderem auch Großaufnahmen von Gehirnteilen angefertigt.[38]

Waren die Opfer buchstäblich bis zum letzten ausgenutzt, wurden sie verbrannt.

Im Krematoriumsraum, der an den Totenraum anschloss, befand sich ein Krematoriumsofen der Firma Kori, in dem zwei Leichname gleichzeitig verbrannt werden konnten. Vinzenz Nohel gab an, dass die Brenner – je nach Anzahl der zu verbrennenden Leichname – immer zwei bis acht Tote in den Ofen schoben. Der mit Koks beheizte Ofen war phasenweise praktisch ständig in Betrieb, nur so war die Verbrennung so vieler Toter überhaupt zu bewältigen. Allerdings befand sich die Verbrennungsanlage dadurch ständig an der Grenze ihrer Belastbarkeit. Der Hauskamin, an den der Verbrennungsofen angeschlossen war, war zwar von seinen Maßen her – er besaß an der Basis einen Grundriss von 1 x 1 Meter – grundsätzlich für die Funktion geeignet, jedoch führte die Dauerbelastung wenige Monate nach Inbetriebnahme zu einem Kaminbrand, „der beinahe das ganze Schloss eingeäschert hätte. Die Tötungen und Verbrennungen wurden etwa 3-4 Wochen unterbrochen und dann, nachdem ein neuer Kamin gebaut worden war, weiter fortgesetzt."[39] Dieser neue Kamin wurde Zeugenaussagen zufolge in der Südost-Ecke des Schlosshofs errichtet.

Waren die Körper nach der Verbrennung nicht vollständig zu Asche zerfallen, wurden die Knochen in einer elektrischen Knochenmühle zerkleinert, die in einer Ecke des Krematoriumsraumes stand. Ein Teil der Asche wurde dazu verwendet, die Urnen zu befüllen; eine Urne fasste ungefähr 3 kg Asche.[40] Die restliche Asche wurde von den Brennern in Säcke verpackt und in der ersten Zeit mit dem erwähnten „Packelwagen" (Lieferwagen) von den Chauffeuren zur Donau gefahren, die ungefähr 4 Kilometer vom Schloss entfernt ist. Johann Lothaller, Chauffeur in Hartheim von April 1940 bis November 1944: „Wir hatten den Auftrag, die Säcke wieder zurückzubringen, d.h. also die Asche aus den Säcken heraus in die Donau zu schütten. Getzinger, der mich begleitete, sagte aber: ′Die sollen uns gern haben′, und wir warfen einfach die Asche mit den Säcken in die Donau."[41] Die Methode erwies sich einerseits als aufwendig, andererseits war es nicht unwahrscheinlich, dass diese häufigen Fahrten den Argwohn

---

[38] BMI/Abt. 2 C/ I – P 91.133-2C/1/64, Befragung Bruno Bruckner, 24.5.1964. DÖW E 20.712/8
[39] BMI/Abt. 2 C/ I- P 2.000-2 C/5/63, Niederschrift mit Matthias Buchberger, aufgenommen am 24.2.1964. DÖW E 20.712/8
[40] OÖLA, Vg 8 Vr 2407/46, Vernehmung Vinzenz Nohel, 4.9.1945
[41] HHStA Wiesbaden, Abt. 631a/882, Ks 1/69, Einvernahme Johann Lothaller, 19.11.1964

der Bevölkerung verstärkten. Die Asche wurde also nach einiger Zeit im ehemaligen Schlossgarten an der Ostseite des Gebäudes vergraben. Helene Hintersteiner zufolge wurde Asche auch auf dem Dachboden des Schlosses gelagert.[42]

Die Opfer der „Aktion" in der „Anstalt C"

In Schloss Hartheim wurden von Mai 1940 bis August 1941 18.269 körperlich und geistig behinderte sowie psychisch kranke Menschen ermordet und verbrannt. In der nach ihrem Fundort so genannten „Hartheimer Statistik" wurden die in den sechs Euthanasieanstalten Getöteten zu Erfolgszahlen der „Zentraldienststelle". In Hartheim arbeiteten nach dem „Stopp" einige Bürokräfte an der statistischen Aufbereitung der gewonnenen Informationen. In Berlin verarbeitete dann der Statistiker Edmund Brandt die Daten weiter. Seine Rechtfertigung ist eines von vielen Beispielen, wie die Distanzierung der an der „Aktion" Beteiligten funktionierte: „Ich bekam lediglich das Zahlenmaterial und sonst nichts. Ich habe auch mit niemandem darüber gesprochen. Ich hatte mir gedacht, dass ´Desinfizierung´ Beseitigung bedeutet. das hatte mir aber keiner gesagt. Bei dieser Sache handelte es sich um einen Sonderauftrag. Die Arbeit gab ich in der Dienststelle von Professor Brandt ab. Der Auftrag kam von der T4."[43]

	Jan.	Feb.	März	April	Mai	Juni	Juli	Aug.	Sept.	Okt.	Nov.	Dez.	Summe
1940	-	-	-	-	633	982	1449	1740	1123	1400	1396	947	9670
1941	943	1178	974	1123	1106	1364	735	1176	-	-	-	-	8599

Die Bilanz der Aktion „T4" für die Anstalt „C" (Hartheim)[44]

Die Opfer von Hartheim kamen zu einem Großteil aus österreichischen Anstalten; an die 100 solcher Institutionen wurden im Rahmen der Fragebogenaktion der „Aktion" erfasst.
Die Logistik der Krankenmordaktion erforderte zunächst die Einrichtung einer Durchgangsstation in einer dafür bestimmten Anstalt, in der nach

---

[42] NARA II, Niederschrift Helene Hintersteiner, 29.6.1945 (wie Anm. 20)
[43] HHSta Wiesbaden, Abt. 631a/818, Ks 1/69, Vernehmung Edmund Brandt, 13.11.1969
[44] Hartheimer Statistik, NARA II (wie Anm. 42)

Maßgabe der Kapazitäten der Tötungseinrichtung die Opfer einige Zeit – meist nur wenige Tage – untergebracht werden konnten. Für Hartheim übernahm die Heil- und Pflegeanstalt Niedernhart diese Funktion. Rudolf Lonauer ließ zu diesem Zweck die Patienten der Abteilung VIII teils auf andere Abteilungen verteilen, teils nach Hartheim abtransportieren. Auf Abteilung VIII waren die ehemaligen Pfleglinge der „Schwachsinnigenanstalt Hartheim" untergebracht, die so zu den ersten Opfern der Tötungsanstalt wurden. Bis Ende Juni 1940 wurden ca. 500 PatientInnen der Heil- und Pflegeanstalt Niedernhart nach Hartheim gebracht und getötet,[45] das war ungefähr die Hälfte des regulären Patientenstandes.
Dieses Muster lässt sich auch bei Betrachtung der anderen großen Anstalten feststellen: in einem ersten Schritt wurde eine relativ große Anzahl von PatientInnen in die Tötungsanstalt abtransportiert, um für PatientInnen aus kleineren umliegenden Anstalten Platz zu machen. So bewegte sich die Tötungsmaschine in den folgenden Monaten sukzessive nach Osten. In Etappen wurden von Mitte Juni bis Mitte Juli 1940 ungefähr 600 PatientInnen der Heil- und Pflegeanstalt Mauer-Öhling bei Amstetten nach Hartheim gebracht.[46] Mauer-Öhling zählte mit 2000 Betten zu den größten psychiatrischen Anstalten in der „Ostmark".[47]
Wenig später – in der zweiten Augusthälfte 1940 – begannen die Transporte aus der Heil- und Pflegeanstalt der Stadt Wien in Ybbs an der Donau. Im Oktober 1940 war der Patientenstand dieser Anstalt, die 1650 Betten hatte, durch die Transporte nach Hartheim schon spürbar reduziert, so dass elf PflegerInnen zur Arbeit in Hartheim dienstverpflichtet werden konnten. Aus der Heilanstalt Gugging in Niederösterreich wurden die ersten Transporte im September 1940 nach Hartheim geführt; ebenso aus der Heil- und Pflegeanstalt „Am Steinhof" in Wien.[48] Aus bzw. über diese Anstalt, mit fast 4000 Betten die größte einschlägige Einrichtung der „Ostmark", wurden mehr als 3000 PatientInnen nach Hartheim gebracht und ermordet.
Die Anstalten im Süden der „Ostmark" wurden im Herbst 1940, nach einzelnen Transporten im Frühsommer zur Einrichtung von Durchgangs-

---

[45] OÖLA, Vg 8 Vr 2407/46, Zeugenaussage Anna Lindner (Schwester Godefrieda), 24.9.1947
[46] Abgabelisten in: Michaela Gaunerstorfer: Die psychiatrische Hail- und Pflegeanstalt Mauer-Öhling 1938-1945. Diplomarbeit an der Geisteswissenschaftlichen Fakultät der Universität Wien, Wien 1989, Anhang 12
[47] Hans Laehr, Die Anstalten für Geisteskranke, Nervenkranke, Schwachsinnige, Epileptische, Trunksüchtige usw. in Deutschland, Österreich und der Schweiz: einschließlich der psychiatrischen und neurologischen wissenschaftlichen Institute, Berlin 1937
[48] Hartmann Hinterhuber, Ermordet und vergessen. Nationalsozialistische Verbrechen an psychisch Kranken und Behinderten, Innsbruck – Wien 1995, 45 und 48

stationen, voll von der „Aktion" erfasst. Hier zeigt sich wiederum das bekannte Muster: aus der Landesheil- und Pflegeanstalt für Geisteskranke „Am Feldhof" in Graz (2100 Betten) wurden in zwei ersten Transporten am 27.4. und am 28.5.1940 rund 400 PatientInnen nach Hartheim gebracht und getötet, um in der Anstalt Raum für eine Durchgangsstation zu schaffen, in der PatientInnen aus kleineren Anstalten untergebracht werden konnten. Weitere Transporte nach Hartheim fanden wieder ab Mitte Oktober 1940 statt.[49] Ähnlich war die Situation in Klagenfurt; hier wurden, beginnend im November 1940, rund 600 PatientInnen von der Aktion „T4" erfasst.

Im Winter 1940 griff die „Aktion" auf die Anstalten in Tirol und Vorarlberg über. Die ersten Transporte gingen Anfang Dezember 1940 aus dem St. Josefsinstitut in Mils und der Landes- Heil- und Pflegeanstalt für Geistes- und Nervenkranke in Hall nach Hartheim ab, insgesamt rund 250 Personen.[50] Zwei Monate später, Anfang Februar 1941, wurden ca. 130 PatientInnen (von 200) der Landes- Heil- und Pflegeanstalt Valduna in Rankweil abtransportiert.[51] In Salzburg begannen die Transporte aus den konfessionellen Anstalten im Herbst 1940; die Anstalt Lehen wurde erst im April 1941 erfasst.[52]

Zum Einzugsbereich der Tötungsanstalt gehörte darüber hinaus Bayern. Aus den großen bayerischen Anstalten Eglfing-Haar bei München, Kutzenberg und Regensburg wurden beginnend mit Sommer 1940 PatientInnen nach Hartheim gebracht.[53]

Nach der Okkupation Jugoslawiens im Frühjahr 1941 wurden die Gutachterkommissionen von „T4" in der sogenannten Untersteiermark tätig und durchsuchten die Anstalten in und um Cilli (Celje) und Marburg (Maribor). Die zur Ermordung bestimmten PatientInnen wurden im Juni 1941 über die Anstalt Feldhof in Graz nach Hartheim transportiert.

Es gibt ferner Hinweise darauf, dass auch Teile des Sudetengebietes (zum „Protektorat Böhmen und Mähren" gehörend) zum Einzugsbereich von Hartheim zählten. Die Chauffeure Mayrhuber, Hödl und Lothaller, sowie

---

[49] Transportaufstellung bei Birgit Poier, Vergast im Schloß Hartheim – die „T4-PatientInnen" aus dem ‚Feldhof' 1940-1941, in: Wolfgang Friedl – Alois Kernbauer u.a. (Hg): Medizin und Nationalsozialismus in der Steiermark. Innsbruck 2001, 86-119, hier: 110, Hartmann Hinterhuber: Ermordet und vergessen, 42

[50] HHStA Wiesbaden, Abt. 631a/850, Js 18/61, Bericht der Bundespol.Dion Innsbruck vom 21.8.1946

[51] Ebd.

[52] OÖLA, Vg 8 Vr 2407/46: Bundespol.Dion Salzburg 31.8.1946: Dr Wolfer Heinrich und Genossen

[53] Forschungsprojekt Norbert Aas, unveröff. Manuskript

die PflegerInnen Karl Harrer und Maria Lambert erwähnen in ihren Aussagen vor Gericht oder in den Einvernahmen durch die Polizei, dass sie auch PatientInnen aus der Heil- und Pflegeanstalt Wiesengrund in Pilsen nach Hartheim gefahren bzw. begleitet hätten; eine Verifizierung dieses Tatbestands fehlt bislang noch. Die Anstalt Wiesengrund war mit 2800 Betten eine der größten Anstalten im Sudetengau.

Eine genaue Analyse der Logistik der Transporte nach Hartheim steht noch aus, jedoch lassen sich einige strukturelle Merkmale des Ablaufs der Aktion „T4" in der „Ostmark" bestimmen. Nimmt man die Tötungsanstalt Hartheim als geographischen Bezugspunkt, so arbeitete sich die „Aktion" in einer ersten Phase nach Osten vor. Zunächst wurde in den großen Anstalten durch den Abtransport von einigen hundert PatientInnen Platz geschaffen zur Aufnahme der zur Tötung bestimmten Opfer aus anderen Institutionen. Patientenverlegungen waren ein wichtiges Element im Konzept von „T4". Zum einen dienten die Verlegungen dazu, Angehörige in die Irre zu führen und ihre Suche nach den PatientInnen zu erschweren, zum anderen überlebte ein Teil der vielfach durch Hunger geschwächten PatientInnen die Verlegungen nicht, was durchaus beabsichtigt war.

Vom Frühsommer 1940 bis August/September 1940 lag der Schwerpunkt der „Aktion" im Osten der „Ostmark", verlagerte sich im Oktober nach Süden (Kärnten und Steiermark) und im November und Dezember 1940 nach Westen (Salzburg und Tirol).

Die Transporte aus den großen Anstalten wurden zum überwiegenden Teil mit der Eisenbahn durchgeführt. Am Linzer Hauptbahnhof wurde der entsprechende Waggon abgehängt und die Umgebung von Polizei abgeriegelt.[54] Dr. Renno oder Dr. Lonauer nahmen die Opfer im Waggon in Augenschein und bestimmten diejenigen, die sofort nach Hartheim kommen sollten; die anderen wurden für eine kurze Zeit nach Niedernhart gebracht. Parallel zu den Bahntransporten wurden aber auch Transporte mit den Bussen durchgeführt, wie etwa aus Ybbs, Mauer-Öhling, Wien-Steinhof, Wiesengrund bei Pilsen, Salzburg, Hall/Tirol, Schwarzach-St. Veit, Wiener Neustadt und Gugging.[55] Die Busse wurden darüber hinaus dafür eingesetzt, PatientInnen kleinerer Anstalten nach Hartheim zu bringen. Lonauer und Renno suchten viele dieser kleineren Institutionen persönlich auf und stellten an Ort und Stelle auf der Basis der Gutachten

---

[54] HHStA Wiesbaden, Abt. 631a, Ks 1/69, Anlage 23 zu den Sitzungsprotokollen der Hauptverhandlung. Vernehmung des Zeugen Franz Hödl vor dem Bezirksgericht Linz, 18.11.1964
[55] OÖLA, Vg 8 Vr 2406/47, Vernehmung Mayrhuber Franz, 14.1.1947

die Transportlisten zusammen, eine im Rahmen der Aktion „T4" eher unübliche Vorgangsweise. Dieses Vorgehen ist belegt für die Fürsorgeanstalt im Stift Schlierbach sowie für Salzburger und Tiroler Anstalten.

„In Erfüllung einer traurigen Pflicht müssen wir Ihnen mitteilen..."
Die bürokratische Abwicklung des Massenmords

Von der massenhaften Ermordung der AnstaltspatientInnen sollte möglichst nichts an die Öffentlichkeit dringen. Vor allem mussten die Angehörigen über das Schicksal der Opfer getäuscht werden, um unliebsames Aufsehen zu vermeiden. Zu diesem Zweck wurden die Tötungsanstalten aus dem normalen staatlichen Verwaltungszusammenhang herausgelöst, indem ein eigens eingerichtetes Sonderstandesamt die Todesfälle beurkundete.

Die Angehörigen wurden zunächst von der Verlegung aus der Abgabeanstalt informiert; einige Tage später erfolgte dann die Verständigung, dass die betreffende Person in der „Landesanstalt Hartheim" eingetroffen sei. Zu diesem Zeitpunkt war das Opfer schon tot. Man ließ nun zehn bis zwanzig Tage verstreichen, bis die Todesnachricht an die Angehörigen abgesandt wurde. Ein solcher „Trostbrief" konnte folgendermaßen lauten:

„Sehr geehrte Frau K.! In Erfüllung einer traurigen Pflicht müssen wir Ihnen mitteilen, dass Ihre Tochter Rita K., die sich seit kurzem auf ministerielle Anordnung gemäß Weisung des Reichsverteidigungskommissars in unserer Anstalt befand, unerwartet am 18. Juni 1940 infolge Ohrspeicheldrüsenentzündung verstorben ist. Eine ärztliche Hilfe war leider nicht mehr möglich.

Da jedoch bei der Art und der Schwere des Leidens ihrer Tochter mit einer Besserung und damit auch mit einer Entlassung aus der Anstalt nicht mehr zu rechnen war, kann man ihren Tod, der sie von ihrem Leiden befreite und sie vor einer lebenslänglichen Anstaltspflege bewahrte, nur als Erlösung für sie ansehen; möge Ihnen diese Gewissheit zum Trost gereichen.

Um einer möglichen Seuchengefahr, die jetzt während des Krieges besonders groß ist, vorzubeugen, musste die Verstorbene auf polizeiliche Anordnung hin sofort eingeäschert werden.

Falls Sie die Urne mit den sterblichen Überresten Ihrer Tochter auf einem bestimmten Friedhof beisetzen lassen wollen – die Überführung der Urne

findet kostenlos statt – bitten wir Sie, unter Beifügung einer Einverständniserklärung der betreffenden Friedhofsverwaltung um Mitteilung."[56]
In diesem Brief werden die zentralen Täuschungsmanöver sichtbar. Zum einen wurde in den Verständigungen eine unverfängliche natürliche Todesursache angegeben, im obigen Fall „Ohrspeicheldrüsenentzündung". Die Ärzte der Tötungsanstalten waren angehalten, eine entsprechende Krankheit des Opfers zu konstruieren; die Begutachtung der Opfer vor ihrer Er-

Abb. 14: Urne eines Opfers – Foto: Archiv Gedenkstätte Grafeneck

mordung hatte auch den Zweck, die Plausibilität der in Aussicht genommenen fingierten Todesursache zu überprüfen. Es sollten nur Krankheiten gewählt werden, bei denen der Tod innerhalb von zwei Wochen eintreten konnte, und die keine weiter zurückreichende Anamnese erforderten wie „Herzmuskelentzündung", „Gehirnschwellung", „Sepsis", „Lungenentzündung", „Schlaganfall" und ähnliche. Die Sterbeurkunde wurde von der zuständigen Hartheimer Bürokraft mit einer fingierten Unterschrift gezeichnet. In der Urne, die den Angehörigen auf Wunsch zugesandt wurde, war keineswegs die Asche der jeweiligen Person enthalten, die Urnen wurden aus der gerade vorrätigen Asche befüllt. Die Plättchen, die auf dem Urnendeckel festgenietet wurden, enthielten den Namen des Opfers, Geburts- und Sterbedatum sowie das Datum der Einäscherung. Sterbedatum und Datum der Einäscherung waren fingiert. Darüber hinaus befand sich auf dem Plättchen eine Nummer. Es handelte sich hierbei um jene Nummer, die den Opfern in der Abgabeanstalt mit Tintenstift auf den Körper geschrieben worden war.[57] Die Daten auf den Namensplättchen wurden in Hartheim eingestanzt; diese Arbeit gehörte zum Aufgabenbereich eines der Handwerker, die in der Tötungsanstalt beschäftigt waren.

---

[56] HHStA Wiesbaden, Abt. 631a/820, Ks 1/69, Urkunden zu den Protokollen der Hauptverhandlung
[57] Thomas Stöckle: Grafeneck 1940. Die Euthanasieverbrechen in Südwestdeutschland, Tübingen 2002, 128

Um nicht durch eine Häufung von Todesmeldungen in einem Ort oder einer Region die Bevölkerung misstrauisch zu machen, wurde genau darauf geachtet, die Todesmeldungen nicht nur zeitlich, sondern auch räumlich zu verteilen. Es wurde ein System des Aktentausches zwischen den einzelnen Tötungsanstalten entwickelt, demzufolge z. B. die Todesnachrichten von Opfern aus der näheren Umgebung von Hartheim nicht in Hartheim verfertigt wurden, sondern in Bernburg, Sonnenstein oder Brandenburg. Zu diesem Zweck wurden sämtliche Akten dieser Opfer sowie die persönliche Hinterlassenschaft aus Hartheim in diese andere Anstalt gebracht; der ganze Schriftverkehr, der Urnenversand sowie der Versand der persönlichen Besitztümer wurde dann von dort aus durchgeführt. So erhielt Familie E. aus Attnang-Puchheim ein mit 28.4.1941 datiertes Schreiben aus der Heil- und Pflegeanstalt Bernburg: „Wir geben Ihnen davon Kenntnis, dass wir folgende Nachlaßsachen für Sie auf den Weg gebracht haben: 1 Hemd, 1 Jacke, 1 P. Hosenträger, 2 Unterhosen, 1 P. Strümpfe, 1 Hose, 1 P. Schuhe. Wir hoffen, dass diese Sachen inzwischen bei Ihnen eingelangt sind. Heil Hitler!"[58] Umgekehrt fungierte auch Hartheim als fiktiver Sterbeort für Opfer anderer Euthanasieanstalten.

Vor diesem Hintergrund verwundert es nicht, dass die Büroangestellten, die mit der Abwicklung der Verwaltung des Massenmords beschäftigt waren, die größte Gruppe der in Hartheim Beschäftigten darstellten. 20-25 Bürokräfte arbeiteten während der Zeit der „Aktion" in diesem Bereich, knapp die Hälfte von ihnen stammte aus der „Ostmark".

Die Aktion „14 f13" in Hartheim

Im Frühjahr 1941 erhielt „T4" eine zusätzliche Aufgabe. Aufgrund einer Vereinbarung zwischen Heinrich Himmler, Reichsführer SS, und Reichsleiter Philipp Bouhler suchten ab April 1941 Ärztekommissionen die Konzentrationslager auf, um kranke Häftlinge „auszumerzen". Diese Aktion erhielt das Aktenzeichen „14f13". Die Begutachtung der Häftlinge durch die Ärztekommissionen erfolgte auf der Basis des „T4"-Meldbogens; ihre Auswahl erfolgte durch die Lagerleitung.

Eine Ärztekommission, darunter die Hartheimer Ärzte Rudolf Lonauer und Georg Renno, begutachtete im Juni 1941 zahlreiche Häftlinge im Konzen-

---

[58] OÖLA, Beilage Akt Vg 8 Vr 2407/46

trationslager Mauthausen. Ab Juli 1941, jedenfalls aber noch vor dem Stopp der Aktion „T4", trafen Häftlingstransporte aus Mauthausen und Gusen in Hartheim ein.[59] Die Häftlinge wurden zum Teil mit Bussen aus dem Fuhrpark des Konzentrationslagers Mauthausen, begleitet von SS-Männern, nach Hartheim gebracht, zum Teil wurden auch Busse aus Hartheim, gefahren von den Hartheimer Chauffeuren, eingesetzt. Als die „Aktion" Ende August 1941 abgebrochen wurde, ging die Ermordung der Konzentrationslagerhäftlinge in Hartheim weiter. Im September 1941 begutachteten die T4-Ärzte, unter ihnen wieder Rudolf Lonauer, 2000 Häftlinge im Konzentrationslager Dachau; der T4-Gutachter Friedrich Mennecke schrieb darüber an seine Frau: „Heute früh um ¾ 8 h holte uns Dr. Lonauer mit seinem Olympia ab; in den 2 Autos fuhren wir gleich nach Dachau hinaus. Wir fingen heute aber noch nicht an zu arbeiten, da uns die SS-Männer erst die Köpfe der Meldebögen ausfüllen sollen. Dies ist heute begonnen, so dass wir morgen mit Untersuchungen anfangen können. Es sind nur 2000 Mann, die sehr bald fertig sein werden, da sie am laufenden Band nur angesehen werden."[60]

Die Aktion „14f13" beanspruchte lediglich die technische Infrastruktur der Tötungsanstalt. Die aktenmäßige Abwicklung der Häftlingsmorde erfolgte durch die Bürokratie der Konzentrationslager. Eine nochmalige Begutachtung der Opfer vor der Ermordung hatte nur den Zweck, goldenen Zahnersatz festzustellen und diese Personen zu kennzeichnen. Die Erstellung der Listen der Personen mit goldenem Zahnersatz sowie die Sammlung des Zahngoldes wurde von Hartheimer Personal durchgeführt. Auch das Pflegepersonal hatte bei der Tötung der Häftlinge keine Funktion. Als 1942 die erste Phase der Aktion „14f13" zu Ende ging, war der Personalstand der Tötungsanstalt schon sehr reduziert.

---

[59] NARA II, RG 549 (wie Anm. 27) Niederschrift Helene Hintersteiner, 29.6.1945
[60] Dok. 72: München, d. 3.9.1941. Friedrich Mennecke. Innenansichten eines medizinischen Täters im Nationalsozialismus. Eine Edition seiner Briefe 1935-1947, bearbeitet von Peter Chroust. Band 1, Hamburg 1988, 198-200, hier: 199

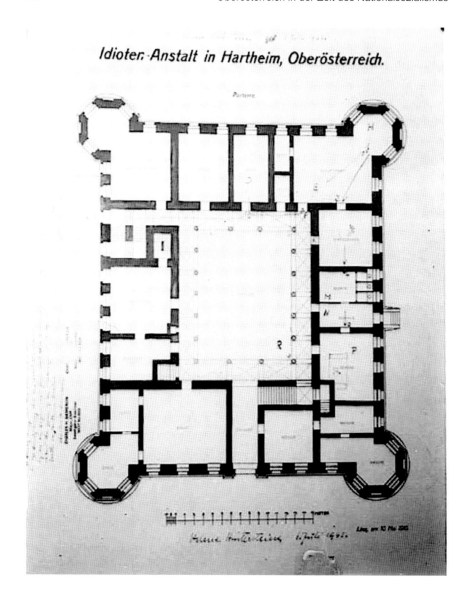

Abb. 15: Plan der „Idioten-Anstalt in Hartheim, Oberösterreich" – Foto: NARA II, RG 549, Records of HQ, USAREUR, War Crimes Branch, War Crimes Case Files („Case not tried"), Box 490, Case 000-12-463 Hartheim

Massenmord als Alltag

In Hartheim brauchte es 60-70 Personen für die Durchführung der „Aktion". Die meisten von ihnen wohnten auch im Schloss; man hatte die Räume im zweiten und dritten Obergeschoß als Wohnräume adaptiert. Rudolf Lonauer, der leitende Arzt, kam nahezu jeden Tag nach Schloss Hartheim, um Transporte abzufertigen, gab aber seine Wohnung in Linz nicht auf. Georg Renno hatte ein Zimmer im Schloss. Im ersten Obergeschoß befanden sich die Büroräume und der Speisesaal, im zweiten Obergeschoß wurden einige Räume als Magazin zur Lagerung der Habseligkeiten der Opfer genutzt.

Der Massenmord war wohl in keiner Tötungsanstalt so eng mit dem Alltagsleben des Personals verflochten wie in Hartheim. Allein aufgrund der räumlichen Gegebenheiten war Ausweichen oder Wegsehen unmöglich. Um den quadratischen Innenhof des Schlosses, der lediglich 20x25 Meter misst, gruppierten sich im Erdgeschoß die Tötungsräume: im Nord- und Ostflügel waren Auskleideraum, Aufnahmeraum, Gaskammer, Technikraum, Leichenraum und Krematoriumsraum untergebracht. Direkt anschließend an den Krematoriumsraum befand sich das Wachzimmer. Im Südflügel, ungefähr 15 Meter vom Krematoriumsraum entfernt, war die Küche untergebracht. Neben der Küche war die Abwaschkammer, die wiederum an den Sezierraum angrenzte. Der Kühlraum für Lebensmittel befand sich zwischen Auskleideraum und Aufnahmeraum, sodass der Koch oder die Küchenhilfen sich mehr als einmal durch eine Gruppe von Opfern drängen mussten, um die benötigten Lebensmittel aus dem Kühlraum zu holen. Die Bürokräfte waren ständig mit den Opfern konfrontiert. Zu ihren Aufgaben gehörte die Erstellung diverser Listen, die von Lonauer oder Renno im Aufnahmeraum diktiert wurden: Listen der Anzahl der Personen mit Goldzähnen pro Transport, Listen der „Forschungsfälle" und der zu fotografierenden Opfer, Listen der fingierten Todesursachen. „... und ich bin mit meinem Stenoblock hochgegangen, um die Liste zu schreiben,"[61] schilderte eine Bürokraft diese ihre Tätigkeit.

Die PflegerInnen hatten den intensivsten Kontakt mit den Opfern: sie holten sie aus den Abgabeanstalten ab, verfrachteten sie in den Zug oder in den Bus, halfen beim Aussteigen, begleiteten die Opfer in den Auskleideraum und zogen sie aus, um sie schließlich in die Gaskammer zu bringen.

---

[61] HHStA Wiesbaden, Abt. 631a/876a, Ks 1/69, Zeugenaussage Hedwig Hackel, 29.10.1969

Anschließend hatten sie Aufnahmeraum, Auskleideraum sowie die Busse zu putzen. Das Pflegepersonal ordnete auch die Kleider und persönlichen Habseligkeiten der Opfer und wurde des öfteren von Christian Wirth mit „Geschenken" aus diesem Fundus bedacht, deren Wert in den entsprechenden Aussagen der Nachkriegsprozesse zur Bedeutungslosigkeit heruntergespielt wurde. „Da wir keine Dienstkleidung hatten, hat mir Polizeihauptmann Wirth aus dem Nachlass von Patienten alte Schürzen und einmal Schuhe gegeben,"[62] berichtet Maria Wittmann, und auch Anna Griessenberger gibt an, ab und zu ein Paar Schuhe erhalten zu haben, „heimgebracht habe ich aber von solchen Sachen nichts."[63] Der Pfleger Hermann Merta: „Vom Hauptmann Wirth habe ich 2 Anzüge und einige Taschentücher aus dem Besitz der getöteten Patienten bekommen."[64] Auch Karl Harrer, Pfleger in Niedernhart und später Transportleiter, musste zugeben, dass er „einige Male von Hauptmann Wirth Effekten von den Beständen der Geisteskranken wie z. B. einen Mantel, einen Anzug und dergleichen"[65] erhalten hatte.

Die Belegschaft nahm die Mahlzeiten gemeinsam im Speisesaal im ersten Obergeschoß ein. Die Hausglocke rief zum Mittagessen. Die Plätze an der Stirnseite der U-förmigen Tafel waren für Wirth, Lonauer und Renno reserviert, auch Ehrengäste nahmen hier Platz. „Im Speisesaal gab es eine Sitzordnung. Wirth saß am Kopfende und erst wenn er kam, durften wir uns setzen,"[66] erinnerte sich Hubert Gomerski, Brenner in Hartheim.

Das massenhafte Töten ließ sich aber letztlich nicht in eine Konstruktion von Normalität integrieren, auch wenn dies durch eine Reihe von Maßnahmen versucht wurde. Eine solche Maßnahme war die freizügige Verteilung von Alkohol. Vor allem die Brenner erhielten eine tägliche Sonderration Schnaps, die so bemessen war, „dass sie aufmunternd wirkte, aber nicht zur Trunkenheit führte."[67] Abendliche Feste und gemeinsame Ausflüge sollten Ablenkung bieten. „Ab und zu, so etwa jeden zweiten Monat, machten wir zur Erholung und Ablenkung auf Kosten der Verwaltung kleine Ausflüge."[68] Man fuhr auch gemeinsam ins Kino nach Linz; für die

---

[62] Vernehmung Maria Wittmann, 15.3.1946. OÖLA, Vg 4c Vr 3188/45
[63] Vernehmung Anna Griessenberger, 31.5.1946. OÖLA, Vg 4c Vr 3188/45
[64] Vernehmung Hermann Merta 3.12.1945. OÖLA, Vg 4 Vr 3188/45
[65] Vernehmung Karl Harrer 6.3.1947. OÖLA, Vg 8 Vr 2407/46
[66] HHStA Wiesbaden, Abt. 631a, Ks 1/69, Zeugenaussage Hubert Gomerski 15.9.1969
[67] HHStA Wiesbaden, Abt. 631a/878, Js 18/61 sowie Js 20/61, Zeugeneinvernahme Arthur Walther, 11.3.1965
[68] HHStA Wiesbaden, Abt. 631a/878, Zeugeneinvernahme Heinrich Barbl vor dem Landesgericht Linz, 5.3.1968

Abb. 16: Personalausflug (Pfeil: Gertrude Blanke) – NARA II, RG 549, Records of HQ, USAREUR, War Crimes Branch, War Crimes Case Files („Cases not tried"), Box 490, Case 000-12-463 Hartheim

Ausflüge und Kinofahrten wurden dieselben Autobusse benutzt, in denen sonst die Opfer in die Tötungsanstalt transportiert wurden.
Für Erholungsaufenthalte der „T4"-Angestellten war 1940 ein Haus in Weißenbach am Attersee beschlagnahmt worden, die sogenannte „Villa Schoberstein".[69] Dort machte das Personal der Tötungsanstalten und der Zentraldienststelle Urlaub; das Haus war auch ein beliebtes Ausflugsziel der Belegschaft der „Landesanstalt Hartheim".

---

[69] OÖLA, Vg 8 Vr 2407/46, Erhebungen durch Gend.Insp. Heinrich Dorfinger, Weyregg/Attersee, 23.9.1954: Villen vom Gau Oberdonau beschlagnahmt

Das Ende der „Aktion" und das weitere Schicksal der „Landesanstalt"

Am 24. August 1941 erfolgte der Befehl Adolf Hitlers zum Stopp der „Aktion". Ein ganzes Bündel von Ursachen war für diese Entscheidung maßgeblich[70]. Am gewichtigsten war wohl die Predigt des Bischofs von Münster, Clemens August Graf von Galen, am 3. August 1941, deren Text sich in der Bevölkerung von Westfalen schnell verbreitete. Vor allem die in der Predigt aufgeworfene Frage, was wohl noch mit den anderen „Unproduktiven" geschehen werde, besonders mit den „Invaliden der Arbeit und des Krieges", führte zu großer Beunruhigung. Zudem wurde in den folgenden Wochen von britischen Flugzeugen eine Unmenge von Flugblättern über Deutschland abgeworfen, die den Text der Predigt enthielten und darüber hinaus die Frage des Bischofs nach dem Schicksal der „Unproduktiven" aufgriffen und kommentierten. Vor dem Hintergrund eines allgemeinen Stimmungstiefs in der Bevölkerung nach dem Beginn des Krieges mit der Sowjetunion fällte Hitler die Entscheidung zum Abbruch der „Aktion".

Der „Stopp" wurde den Leitern der Tötungsanstalten telefonisch mitgeteilt und kam absolut überraschend. Auch nach dem Abbruch gingen noch einzelne Transporte aus österreichischen Anstalten in Richtung Hartheim ab, wie z. B. aus der Tiroler Landes- Heil- und Pflegeanstalt in Hall, wo am 31.8.1941 ein Transport von 60 PatientInnen verzeichnet ist;[71] die in der Anstalt Niedernhart ermordet wurden. Lonauer schrieb darüber an Dr. Czermak in Innsbruck: „Mit den von Hall (Landes-Nervenklinik Hall bei Innsbruck, BK) nach Niedernhart übernommenen Patienten hatte ich keinerlei Schwierigkeiten und ist die Abwicklung völlig reibungslos verlaufen. (...) ich bin daher zu der Überzeugung gekommen, dass diese Behandlungsmethode praktischer und reibungsloser ist, als die frühere."[72]

Die Tötungsanstalt Hartheim wurde nach dem Abbruch der Aktion „T4" nicht geschlossen. Ihr Tätigkeitsbereich verlagerte sich nunmehr zur Ermordung von KZ-Häftlingen im Rahmen der Aktion „14f13". Das Hartheimer Büropersonal war jedoch nach wie vor mit der Abwicklung der Aktion „T4" beschäftigt; den Schwerpunkt der Arbeit bildete nunmehr die

---

[70] Siehe Walter Schmuhl, Rassenhygiene, Nationalsozialismus, Euthanasie. Göttingen 1992, 210
[71] OÖLA, Vg 8 Vr 2407/46, PolDion Innsbruck, Staatspolizeiliche Abteilung, 3816/6-45, 17.7.1946: Ermittlung gegen Czermak Hans u.a. wegen Mordes
[72] OÖLA, Vg 8 Vr 2407/46, Lonauer an Czermak, 5.11.1941

Bearbeitung des vorhandenen Aktenmaterials, wie etwa Erstellung bestimmter Statistiken, Beantwortung von Anfragen von Angehörigen und Ähnliches. Trotzdem waren die Schreibkräfte keineswegs ausgelastet. Gertraud Dirnberger aus Linz schilderte bei ihrer Einvernahme diese Situation folgendermaßen: „Vom Anfang 1942 bis zu meinem Austritt im Juli 1943 hatte ich und auch die anderen Angestellten fast nichts zu tun. Wir saßen den ganzen Tag beschäftigungslos im Büro. Ich habe deswegen ... Dr. Lonauer um Zuteilung einer anderen Arbeit gebeten. So kam ich ... ins Gauschatzamt nach Linz..., blieb aber noch immer Angestellte in Hartheim."[73]

Die Tätigkeitsbereiche der Büroleitung, der Brenner, der Fahrer und des Pflegepersonals waren durch den „Stopp" sogar noch einschneidender reduziert worden. Da man in der „T4"-Zentrale den „Stopp" nicht als endgültigen Abbruch, sondern nur als Unterbrechung der „Aktion" interpretierte, suchte man nach Möglichkeiten, das bewährte Personal zu halten. Ein weiterer Grund für dieses Bestreben war die Stellung dieser Beschäftigten als Geheimnisträger, die man nur ungern völlig aus dem Organisationszusammenhang entlassen wollte. So entwickelte sich folgende Vorgangsweise: wenn Angestellte der Tötungsanstalt eine Arbeitsstelle innerhalb des nationalsozialistischen Partei- und Staatsapparates annahmen, blieben sie dennoch für diese Zeit auf der Gehaltsliste der Zentraldienststelle von „T4".

Etliche Büroangestellte wechselten wie die oben zitierte Gertraud Dirnberger zu einer Dienststelle der Gauleitung, wie z. B. Karoline Burner, die beim Gauschatzamt unterkam, oder Maria Hirsch, die ab 1942 im Gaufürsorgeamt im Büro des Amtsleiters Hermann Haider arbeitete. Die meisten der Bürokräfte, die aus der „Zentraldienststelle" in Berlin nach Hartheim gekommen waren, kehrten nach dem „Stopp" nach Berlin zurück. Ab Sommer 1942 blieben nur mehr drei bis fünf Bürokräfte im Schloss, die nach wie vor mit der Abwicklung der „Anfragen aus dem alten Material" beschäftigt waren. Auch die Wirtschaftsleiter Hans-Heinrich Lenz und Arthur Walther waren noch anwesend sowie die Brenner Vinzenz Nohel und Otto Schmidtgen. An Hauspersonal blieben Matthias Buchberger, Aloisia Ehrengruber und Rosa Haas im Schloss. Die Funktionsfähigkeit der Tötungsanstalt blieb also grundsätzlich erhalten, auch wenn die personelle Infrastruktur sehr ausgedünnt war.

---

[73] OÖLA, Vg 8 Vr 2407/46 Bezirksgericht Gmunden, Zeugenvernehmung Gertraud Dirnberger, 13.3.1947

Einige PflegerInnen kehrten an ihre alte Arbeitsstelle zurück, wie etwa Anna Grießenberger und Margarethe Haider, die in die Heil- und Pflegeanstalt Ybbs zurückgingen, oder Karl Harrer und Karl Steubl, die wieder in Niedernhart arbeiteten und zu willigen Tötungsgehilfen von Rudolf Lonauer bei der Durchführung der Ermordung von AnstaltspatientInnen wurden. Anton Schrottmayr aus Ybbs wurde in die Außenstelle Gschwendt der Heil- und Pflegeanstalt Niedernhart versetzt und tötete hier im Auftrag von Rudolf Lonauer.

Zwei Pflegerinnen aus Hartheim, Maria Hammelsböck und Maria Lambert, meldeten sich im Dezember 1941 zu einem Einsatz der „Organisation Todt" im Osten, ebenso wie die Chauffeure Franz Mayrhuber und Johann Lothaller, die mit ihren Bussen über Berlin an den Einsatzort fuhren. Auch der Brenner Kurt Bolender nahm an diesem Einsatz teil. Maria Hammelsböck berichtete, sie und Marias Lambert seien im Dezember 1941 in Berlin als Schwestern der „Organisation Todt" eingekleidet worden.[74] Dieser „Sanitätseinsatz Ost" der „T4"-MitarbeiterInnen wurde von Viktor Brack, Oberdienstleiter in der „Kanzlei des Führers" und einer der Verantwortlichen für die Planung und Durchführung der verschiedenen Euthanasie-Maßnahmen, geleitet. Die katastrophale Situation an der Ostfront hatte Rüstungsminister Todt veranlasst, zur Bergung der Verwundeten die Unterstützung anderer Hilfsorganisationen zu organisieren. Viktor Brack sagte im Rahmen des Nürnberger Ärzteprozesses dazu aus: „Der Führer hat angeordnet, dass alle Sanitätseinrichtungen dabei behilflich sein sollten. Darunter fiel auch die Organisation Bouhler in der Tiergartenstrasse, die bislang für die Euthanasie verwendet worden war. Ich habe mir von Bouhler die Genehmigung erbeten, mit dem einsatzfähigen Teil des Pflegepersonals und etwa 150 Omnibussen im Rahmen der Organisation Todt mich hier an dieser Hilfsorganisation beteiligen zu dürfen. (...) Ich bin dann in der letzten Dezemberwoche 1941 mit einem Vorkommando nach dem Osten gegangen und im Januar 1942 ist dann das Hauptkommando nachgekommen."[75] Die „T4"-MitarbeiterInnen waren von Jänner bis März 1942 in den Gebieten um Minsk, Smolensk und am Peipussee tätig; ungeklärt ist noch, ob sie – neben der Unterstützung des deutschen Sanitäts-

---

[74] HHStA Wiesbaden, Abt. 631a/878, Js 16a/63, Zeugeneinvernahme Maria Hammelsböck, 7.9.1965

[75] Der Nürnberger Ärzteprozess 1946/47. Wortprotokolle, Anklage- und Verteidigungsmaterial. Hg. von Klaus Dörner – Angelika Ebbinghaus – Karsten Linne, München 1999, Wortprotokolle 7600 f.

dienstes – nicht auch „zur Tötung kranker oder schwerverletzter transportunfähiger Soldaten" eingesetzt wurden.[76]
Am bedeutendsten aber war der Personal- und Technologietransfer von „T4" zur „Aktion Reinhardt", dem Massenmord an der jüdischen Bevölkerung des Generalgouvernements.[77] Hier war eine relevante Anzahl von Beschäftigten aus Hartheim vertreten, unter ihnen Christian Wirth, der nach seinem Einsatz in Hartheim im November 1940 zum Generalinspekteur aller Tötungsanstalten von „T4" avancierte und sich ab November 1941 in Lublin aufhielt. Christian Wirth übernahm im März 1942 das Kommando über das neugeschaffene Vernichtungslager Belzec. Heinrich Barbl, Installateur und SS-Mann, der in Hartheim als Handwerker beschäftigt gewesen war, begleitete Wirth nach Lublin. Auch Wirths Nachfolger in Hartheim, Franz Stangl, ging diesen Weg; er wurde im Mai 1942 Kommandant von Sobibor und übernahm im September des gleichen Jahres die Leitung des Vernichtungslagers Treblinka. Franz Hödl, Chauffeur in Hartheim, ging im November 1942 nach Lublin und wurde persönlicher Fahrer von Franz Stangl. Stangls Stellvertreter in Hartheim, Franz Reichleitner, wurde im September 1942 Kommandant von Sobibor. Auch Gustav „Gustl" Wagner aus Wien, stellvertretender Kommandant von Sobibor, war vor seinem Einsatz im Vernichtungslager in Hartheim tätig gewesen. Ein weiterer Beschäftigter aus Hartheim, der Koch Kurt Franz, findet sich im April 1942 in Belzec und rückte anschließend zum stellvertretenden Kommandanten von Treblinka auf.
Die Hartheimer Brenner Hubert Gomerski und Josef Vallaster übten diese ihre Tätigkeit im Vernichtungslager Sobibor aus; Vallaster kam allerdings bei dem Häftlingsaufstand, der Anfang Oktober 1943 in Sobibor stattfand, ums Leben, ebenso wie der Hartheimer Chauffeur Anton Getzinger.
Das Know-how der Tötungsspezialisten von „T4" wurde zur Grundlage der Technik und Logistik des Massenmordes an den europäischen Juden. Im Rahmen der „Aktion Reinhardt" wurden in den drei Vernichtungslagern Belzec, Sobibor und Treblinka 1,75 Millionen Menschen ermordet und verbrannt, in Anwendung jener Technik, die in den Mordzentren von „T4" entwickelt worden war.

---

[76] Vgl. hierzu: Thomas Beddies, Der „Ost-Einsatz" von Mitarbeitern der „Aktion T4" im Winter 1941/42, in: Arbeitskreis zur Erforschung der nationalsozialistischen „Euthanasie" und Zwangssterilisation (Hg): Psychiatrie im Dritten Reich – Schwerpunkt Hessen, Ulm 2002, 25-35, hier: 25
[77] Siehe hierzu den Beitrag von Wolfgang Neugebauer in diesem Band

Die letzte Phase

1943 war es um die Tötungsanstalt Hartheim relativ still geworden. Die Aktion „14f13" ruhte; zumindest aus Mauthausen ist für dieses Jahr kein Transport nach Hartheim nachweisbar.[78] Die Arbeitskraft der KZ-Häftlinge wurde für die Kriegswirtschaft des Dritten Reiches notwendig gebraucht, daher wurden von höchster Stelle allzu exzessive „Ausmusterungen" strikt untersagt, wie es in einer Verfügung der zuständigen Stelle vom 27. April 1943 heißt. „Der Reichsführer-SS und Chef der Deutschen Polizei hat auf Vorlage entschieden, dass in Zukunft nur noch geisteskranke Häftlinge durch die hierfür bestimmten Ärztekommissionen für die Aktion „14f13" ausgemustert werden dürfen.
Alle übrigen arbeitsunfähigen Häftlinge (Tuberkulosekranke, bettlägerige Krüppel usw.) sind grundsätzlich von dieser Aktion auszunehmen. Bettlägerige Häftlinge sollen zu einer entsprechenden Arbeit, die sie auch im Bett verrichten können, herangezogen werden."[79]
Eine Wiederaufnahme der Aktion „T4" war nicht in Sicht, obwohl die Verantwortlichen in der Berliner Zentrale die Hoffnung nicht aufgaben. Die vorbereitenden Planungsarbeiten gingen weiter, auch wenn das Schwergewicht im Jahr 1942 und den Folgejahren auf der Tötung von AnstaltspatientInnen durch Hunger, Kälte und Medikamente in den Anstalten selbst lag. Die noch in Hartheim verbliebenen Bürokräfte arbeiteten 1942 unter anderem an der Erstellung von Statistiken und an der Auswertung verschiedener von der „Reichsarbeitsgemeinschaft Heil- und Pflegeanstalten" in Auftrag gegebener Studien. Vor allem ist hier die Studie über das Ausmaß der „Scheu vor Anstaltsaufnahme" im Gefolge der Aktion „T4" zu nennen, die am 11.4.1942 fertiggestellt wurde.[80] Die Berichte aus der „Ostmark" sprechen für Oberdonau, Salzburg, Tirol und Vorarlberg nur von „vereinzelten Fällen", in Kärnten allerdings ortet der Bericht „Angst vor Verlegungen, zumal in einzelnen Ortschaften 4-5 Todesfälle in einer Woche aus Niedernhart gemeldet waren."[81] Die Reaktionen der Empfänger

---

[78] Siehe hierzu den Beitrag von Andreas Baumgartner in diesem Band
[79] Wirtschafts-Verwaltungshauptamt, Amtsgruppenchef D – Konzentrationslager – Geheim Tgb.-Nr. 612/43, 27.4.1943. Abschrift in: HHStA Wiesbaden, Abt. 631a/816, Schwurgerichtsanklage ./. Dr. Renno u.a., Wesentliches Ergebnis der Ermittlungen, 51
[80] Reichsarbeitsgemeinschaft Heil- und Pflegeanstalten: Zusammenfassender Bericht über das Ergebnis der Berichte der Oberpräsidenten, Landesregierungen (...) zum Rundschreiben des Reichs-Innenministeriums vom 6.1.42: Heidelberger Dokumente, NARA, RG 338, JAG Div., War Crimes Branch, Records Relating to Medical Experiments, 1933-1944, 128 145-128 152
[81] Ebd.

der „Trostbriefe" auf den Tod des oder der Angehörigen wurde ebenfalls genau registriert und statistisch ausgewertet.

In der zweiten Jahreshälfte 1942 war der Personalstand in Hartheim auf weniger als zehn Personen gesunken und sollte fast ein Jahr lang auf diesem Niveau bleiben. Die ärztlichen Leiter, Rudolf Lonauer und Georg Renno, waren de facto nicht in Hartheim anwesend. Renno übernahm im Jänner 1942 die Kinderfachabteilung der Heil- und Pflegeanstalt Waldniel. Er kehrte erst im Frühling 1943, nach einem Krankenhausaufenthalt in Leipzig und einem mehrmonatigen Kuraufenthalt in der Schweiz, nach Hartheim zurück. Lonauer war zwar in Linz, kam aber Zeugenaussagen zufolge nur selten nach Hartheim. Er führte in „seiner" Anstalt Niedernhart die Patiententötungen weiter.

Im Sommer 1943 wurde das Haus Tiergartenstraße 4, Sitz der Zentraldienststelle in Berlin, durch einen Bombentreffer schwer beschädigt. Etliche Büros wurden daraufhin in einer im Garten aufgestellten Baracke untergebracht. Wenig später entschloss sich die Leitung der Zentraldienststelle zu einer teilweisen örtlichen Verlagerung des Betriebes, und zwar nach Schloss Hartheim bzw. Haus Schoberstein in Weissenbach am Attersee. Dem „Geschäftsverteilungsplan für die Zentraldienststelle und die Anstalt ‚C', gültig ab 8. August 1943" zufolge wurden in die „Dienststelle Attersee" die Verwaltung der Personalakten, die Hauptabteilung I (medizinische Hauptabteilung) unter der Leitung von Paul Nitsche mit den Bereichen „Erfassung, Begutachtung, Oberbegutachtung, Auswertung (Archiv, Propaganda), Forschung (Görden, Heidelberg, Wiesloch) und Medizinalwesen (inklusive Desinfektionen)" verlegt, sowie die technische Bearbeitung der Gutachten, die Kontrolle und die Z-Kartei.[82]

Anstalt „C" war der interne Code für die Tötungsanstalt Hartheim; in der sogenannten „Z-Kartei" der Zentraldienststelle waren alle jene PatientInnen von Heil- und Pflegeanstalten verzeichnet, die als „ungeklärte Fälle" bei einer Wiederaufnahme der „Aktion" nochmals überprüft werden sollten.[83] Die Auflistung zeigt, dass nahezu alle Arbeitsbereiche der Zentraldienststelle, die auf die Euthanasiemorde, die zentralen Forschungsprojekte und zukünftige Planungen Bezug nahmen, aus Berlin ausgelagert wurden.

---

[82] Geschäftsverteilungsplan für die Zentraldienststelle und die Anstalt „C". Gültig ab 8. August 1943. Heidelberger Dokumente, NARA (wie Anm. 80), 126 498-126 502
[83] Merkblatt für die Behandlung der Fotokopien bei der Überprüfungsarbeit unserer Ärzte (6.10.1942). Heidelberger Dokumente (wie Anm. 80), 127 425

Prof. Dr. Paul Nitsche, Leiter der medizinischen Hauptabteilung von „T4", betreute in Weißenbach die Forschungsprojekte von „T4" weiter, besonders das zentrale Projekt von Prof. Dr. Carl Schneider an der eigens eingerichteten Forschungsabteilung der Universitätsklinik Heidelberg. Er machte seinen ganzen Einfluss geltend, um die durch den Krieg verursachten Hindernisse zu beseitigen. So schreibt Schneider am 2.9.1944, es gebe große Probleme mit der Forschungsabteilung (Kinderfachabteilung) Eichberg. Eine Anzahl von Gehirnen sei verdorben, weil zu wenig Gefäße bzw. Formalin vorhanden seien, außerdem gebe es in Eichberg „keine rechten Sektionsmöglichkeiten", daher sei „ein Teil der Kinder nicht seziert."[84] Zwei Wochen später schreibt er an Nitsche, ob er Geldmittel zur Verfügung stellen könne, um die für die Forschung ausgewählten Kinder zur Anstalt Eichberg hin- und hertransportieren zu können, und fährt fort: „Die Zusendung von Gehirnen von anderen Anstalten haben wir z. Zt. ganz stark drosseln müssen wegen der ungeheuren Transportschwierigkeiten, die entstanden sind. Sie wissen, wie gerne ich weiter machte. (...) einige interessante Dinge sind schon herausgekommen, so die Bedeutung von forme fruste der Dysostis multiplex in der Idiotenfrage."[85]

Die Dienststelle Weißenbach war auch in die laufenden Planungen einbezogen. So etwa wurde von Karl Brandt überlegt, zur Gewinnung von Lazarettraum Erziehungsheime zu räumen. Brandt ließ bei Nitsche anfragen, ...ob es Ihnen möglich wäre, eine Aktivierung unserer spezifischen Therapie hierbei unauffällig in die Wege zu leiten. Es ist selbstverständlich, dass die ... Fälle zuerst von Ihnen begutachtet werden müssen..."[86] Nitsche verwaltete als Leiter der medizinischen Hauptabteilung die Scopolamin- und Morphinvorräte von „T4", die für die dezentrale Anstaltseuthanasie verwendet wurden. Bestellungen aus den Anstalten liefen über die Wirtschaftsabteilung von „T4" in Berlin, die die entsprechenden Mengen über Kurier in Weißenbach abholen ließ.[87] Außerdem waren die Personalakten der „T4"-MitarbeiterInnen nach Weißenbach gebracht worden, sodass die Lösung der Dienstverhältnisse, die im Herbst 1944 begann, auch von hier aus durchgeführt wurde.

---

[84] Carl Schneider an Paul Nitsche, 2.9.1944. Heidelberger Dokumente (wie Anm. 80), 127 903-127 904

[85] Carl Schneider an Paul Nitsche, 20.9.1944. Heidelberger Dokumente (wie Anm. 80), 127 896-127 897

[86] Curd Runckel an Paul Nitsche, 24.7.1944. Heidelberger Dokumente (wie Anm. 80), 127 916-127 918

[87] Siehe Anforderungen/Empfangsbestätigungen, August 1944, Heidelberger Dokumente (wie Anm. 80), 127 905-127 915

Die Dienststelle in der Anstalt Hartheim unter der Leitung von Hans-Joachim Becker umfasste die Zentralverrechnungsstelle, die „Irrenanstalt Cholm-Verrechnungsstelle Deutschland",[88] das Nachlasswesen, die Abwicklungsstellen für die Anstalten Bernburg, Brandenburg, Grafeneck, Hadamar, Sonnenstein und Cholm sowie die Fotoabteilung.[89]
In dem Geschäftsverteilungsplan wurden auch die Funktionen der Anstalt „C" festgelegt. Als Direktor wurde Rudolf Lonauer genannt, sein Stellvertreter war Georg Renno, Büroleiter Hans-Joachim Becker, Wirtschaftsleiter Arthur Walther. An Aufgabenbereichen der Anstalt wurden unter anderem angeführt: „Lichtbild; Bade- und Desinfektionswesen; Forschung und Obduktionen."[90] In der Einleitung heißt es unmissverständlich: „Anstalt ‚C' führt die Desinfektionen durch."[91]
Zur Unterbringung der Zentraldienststelle war jene Baracke, die im Garten der Tiergartenstraße 4 errichtet worden war, abgebaut, nach Hartheim transportiert und hier vor dem Schloss unter der Leitung von Erwin Lambert wieder aufgebaut worden. Die Anstalt wurde wieder aktiviert, nachdem der Betrieb fast ein Jahr lang de facto geruht hatte. Hans-Joachim Becker sagte vor Gericht über die Ankunft im Schloss aus: „Wir fanden Hartheim praktisch leer vor. Es war monatelang absolut ruhig."[92] Mit Becker kamen ungefähr zehn Bürokräfte aus Berlin, um in der Zentralverrechnungsstelle zu arbeiten. Auch einige der Beschäftigten aus der Zeit der „Aktion", wie z. B. Helene Hintersteiner, kehrten nach Hartheim zurück.
Die „Zentralverrechnungsstelle Heil- und Pflegeanstalten", wie die vollständige Bezeichnung lautete, war eine Schein-Organisation, die 1941 von Hans-Joachim Becker geschaffen worden war, um die Kostenabrechnung für die Euthanasieopfer durchzuführen. Die zuständigen Kostenträger – Sozialversicherungen, Fürsorgeverbände, Selbstzahler usw. – hatten ab dem Zeitpunkt des Abtransports der PatientInnen aus der Abgabeanstalt die Pflegesätze an die Zentralverrechnungsstelle zu entrichten. Da der offizielle Todeszeitpunkt aus Verschleierungsgründen um zehn bis zwanzig Tage nach hinten verlegt wurde, konnten die von den Kostenträgern für diese Zeitspanne überwiesenen Beträge zur Gänze von der Zentralverrechnungsstelle einbehalten werden; ein völlig risikoloser Betrug, der der Organisation Millionen Reichsmark einbrachte.

---

[88] Siehe hierzu den Beitrag von Wolfgang Neugebauer in diesem Band
[89] Geschäftsverteilungsplan (wie Anm. 82)
[90] Ebd.
[91] Ebd.
[92] HHStA Wiesbaden, Abt. 631a/ Ks 1/69, Schlusswort Hans-Joachim Becker 25.5.1970

Während die Angestellten der Zentralverrechnungsstelle ihre Akten bearbeiteten, führte der Fotograf Franz Wagner, der schon während der Aktion „T4" in Hartheim fotografiert und dann im Auftrag der Zentraldienststelle an der Dokumentation einschlägiger Forschungsprojekte von „T4" gearbeitet hatte, verschiedene Spezialaufträge aus. Er entwickelte und vergrößerte für Carl Schneider Aufnahmen aus der Forschungsabteilung der Universitätsklinik für Psychiatrie in Heidelberg.[93]

Jedoch war Hartheim nicht nur Sitz der Zentralverrechnungsstelle, sondern es wurden 1944 auch die Tötungseinrichtungen wieder in Betrieb genommen.

Im April 1944 wurde die Aktion „14f13" reaktiviert. Ende April 1944 begannen die Transporte aus dem Konzentrationslager Mauthausen nach Hartheim erneut. Bis zur Schließung der Tötungsanstalt gegen Jahresende 1944 wurden über 3000 Häftlinge aus dem Konzentrationslager Mauthausen in Hartheim ermordet, unter ihnen zahlreiche ungarische Juden und russische Kriegsgefangene.[94] Wie schon in der ersten Phase der Häftlingsmorde stellte die Tötungsanstalt Hartheim lediglich die materielle Infrastruktur zur Verfügung; die bürokratische Abwicklung dieser Todesfälle erfolgte durch das Konzentrationslager. Auch der Transport der Häftlinge wurde großteils durch das KZ Mauthausen organisiert. In Hartheim war zu diesem Zeitpunkt nur mehr der Chauffeur Johann Lothaller stationiert. Franz Hödl befand sich ab Anfang 1943 mit Franz Stangl und den anderen Mitarbeitern der „Aktion Reinhard" aus dem Generalgouvernement zur Partisanenbekämpfung in Triest, Franz Mayrhuber war am 25.3.1943 zur Wehrmacht eingerückt, Johann Getzinger war 1943 umgekommen.

Das Pflegepersonal besaß bei der Durchführung der Aktion „14f13" keine Funktion. Oberpflegerin Blanke hielt sich zwar noch in Hartheim auf, war aber Hans-Joachim Becker zufolge mit ihrer reduzierten Rolle keineswegs einverstanden: „... ich hatte den Eindruck, dass Frau Blanke mit der Art der Vergasungen, wie sie im Jahr 1944 durchgeführt wurden, im Vergleich zu den Tötungen in den vergangenen Jahren, gewissensmäßig nicht mehr zufrieden war. (...) Sie vermisste das ganze Zeremoniell was bei den Tötungen der Geisteskranken herrschte (sic). Das bezog sich sowohl auf die Rolle der Pflegerin, des Büros, als auch auf die des Arztes."[95] Es scheint,

---

[93] NARA II (wie Anm. 20), Vernehmung Franz Wagner, 14.5.1945, 5f.
[94] HHStA Wiesbaden, Abt. 631a/816, Wesentliches Ergebnis der Ermittlungen, 52
[95] HHStA Wiesbaden, Abt. 631a/828, Voruntersuchung gegen Hans-Joachim Becker wegen Mordes. Vernehmung des Beschuldigten, 7.6.1966

dass die Tötungsanstalt Hartheim in diesen letzten Monaten ihres Bestehens beinahe im Modus der Selbstbedienung funktionierte. Helene Hintersteiner gibt an, dass in dieser Zeit „Transporte aus dem KZ.Lager Mauthausen mit Leuten verschiedener Nationalität ohne Namensangabe gekommen sind."[96] SS-Männer aus Mauthausen brachten die Häftlinge ins Schloss und mit Unterstützung der Brenner in die Gaskammer, aßen und tranken in der Küche eine Kleinigkeit, bevor sie mit dem leeren Bus wieder nach Mauthausen zurück fuhren.[97] Die Brenner – Otto Schmidtgen und Vinzenz Nohel – erledigten ihre Arbeit; allerdings ist nicht völlig klar, wer die Tötungen beaufsichtigte bzw den Gashahn betätigte. Rudolf Lonauer hatte sich im September 1943 zur Waffen-SS gemeldet und sollte erst wieder im November 1944 zurückkommen. Georg Renno bestritt vehement, an der Tötung von KZ-Häftlingen beteiligt gewesen zu sein und beschuldigte Hans-Joachim Becker, der nach ihm als Büroleiter der Ranghöchste in der Hierarchie der „Anstalt ‚C'" war. Verschiedene Zeugenaussagen belasten Becker, aber auch den Brenner Otto Schmidtgen. Sicher ist lediglich, dass 1944 in Hartheim eine straffe Organisation mit eindeutigen Funktionszuweisungen wie in der Phase der Aktion „T4" nicht mehr existierte. Eine plausible Interpretation der verschiedenen Quellen wäre, dass die Tötung der Häftlinge von der jeweils verfügbaren, anwesenden Person durchgeführt wurde, sei es Becker, Renno, Schmidtgen oder Nohel.

Im Frühsommer 1944 geriet eine weitere Gruppe in den Sog der nationalsozialistischen „Ausmerze": sogenannte Ostarbeiter, die freiwillig oder auf Grund von Zwangsmaßnahmen in der deutschen Wirtschaft beschäftigt waren. Ein Runderlass des Reichsministers des Innern vom 6.9.1944 verfügte, dass arbeitsunfähige Ostarbeiter und Polen in bestimmten Sammelanstalten untergebracht werden sollten. Insgesamt gab es 11 solcher Sammelanstalten; für die „Alpen- und Donaugaue" wurde hierfür die Heil- und Pflegeanstalt Mauer-Öhling bestimmt, für Bayern die Heil- und Pflegeanstalt Kaufbeuren.[98] Die Einweisung in eine solche Sammelanstalt wurde von den Arbeitsämtern organisiert, ein Zusammenhang, der bislang – zumindest für Österreich – noch wenig erforscht ist. Konnte die Arbeitsfähigkeit nicht wieder hergestellt werden, bedeutete das für diese Menschen den Tod, sie wurden in einer Tötungsanstalt ermordet. Die Entscheidung,

---

[96] Niederschrift Helene Hintersteiner 29.6.1945. NARA (wie Anm. 20)
[97] HHStA Wiesbaden, Abt. 631a/876a, Richterliche Vernehmung von Erwin Gerbig, 14.11.1963
[98] HHStA Wiesbaden, Abt. 631a/816, Wesentliches Ergebnis der Ermittlungen, Runderlass des RMdI vom 6.9.1944

wie mit den in den Sammelanstalten untergebrachten Ostarbeitern weiter zu verfahren sei, lag beim Leiter der „Zentralverrechnungsstelle Heil- und Pflegeanstalten in Linz/Oberdonau, Postfach 324", also Hans Joachim Becker. In dem erwähnten Runderlass heißt es dazu: „Spätestens 4 Wochen nach Aufnahme in die Sammelanstalt ist dem Leiter der Zentralverrechnungsstelle ein kurzer Befundbericht zuzuleiten. (...) Es ist Aufgabe der Zentralverrechnungsstelle, den Abtransport aus den Sammelanstalten (...) vorzunehmen."[99] Vom 29.9.1944 bis 30.1.1945 wurden auf Grund des Erlasses vom 6.9.1944 124 OstarbeiterInnen in die Anstalt Mauer-Öhling aufgenommen; wie viele von ihnen nach Hartheim gebracht wurden, ist noch nicht bekannt.[100]

Das Ende

In der zweiten Jahreshälfte 1944 wurde mehr als deutlich, dass der Sieg der Alliierten nur mehr eine Frage der Zeit war. Im Oktober begann daher in der Tötungsanstalt noch einmal hektische Betriebsamkeit. Die Anstalt wurde aufgelöst. Einige „T4"-Angestellte wurden aus Berlin nach Hartheim versetzt, um bei der Beseitigung der Akten zu helfen. Ursula Kregelius, eine dieser Angestellten, gab an: „Meine Tätigkeit in Hartheim bestand lediglich darin, Akten zu vernichten. Ich weiß noch, dass die vernichteten Akten aus Fotografien und Krankengeschichten bestanden. (...) Man sagte uns, das Aktenmaterial sollte bei Beendigung des Krieges nicht aufgefunden werden."[101] Helene Hintersteiner: „Alle die hier eingelagerten Akten und Schriftstücke sind in der Zeit vom Oktober 1944 bis Dezember 1944 entweder zur Papiermühle gefahren und vernichtet worden und ein Teil in Waggons mit Einrichtungsgegenständen nach Bad Schönfließ in der Neumark, Gut Steineck versandt worden."[102] Auch die Baracke der Zentralverrechnungsstelle wurde abgebaut, zerlegt und nach Bad Schönfließ gebracht.[103] Mitte Jänner 1945 übersiedelte die Zentralverrechnungsstelle von Bad Schönfließ nach Mühlhausen in Thüringen.[104]

---

[99] Ebd.
[100] Siehe Michaela Gaunerstorfer, Mauer-Öhling, (wie Anm.46), Anhang 15
[101] HHStA Wiesbaden Abt. 631a/881 Zeugenaussage Ursula Kregelius, 7.9.1965
[102] NARA, Niederschrift Helene Hintersteiner (wie Anm. 20), 6
[103] Bad Schönfließ (Trzcinsko Zdroj) liegt in Ostbrandenburg, der sogenannten Neumark, ungefähr 70 km östlich von Berlin
[104] HHStA Wiesbaden, Abt. 631a, Ks 1/69, Vernehmung Hans Joachim Becker, 15.2.1965

In Schloss Hartheim kamen aber Helene Hintersteiner zufolge bis November 1944 Transporte mit Häftlingen und mit Ostarbeitern an, die hier getötet und verbrannt wurden.

Mitte Dezember verließen alle noch anwesenden Angestellten das Schloss. Zur gleichen Zeit wurde damit begonnen, auch die baulichen Spuren der Tötungseinrichtung zu beseitigen. Eine Gruppe von zwanzig Häftlingen aus Mauthausen war ab Mitte Dezember 1944 acht Tage lang damit beschäftigt, die nötigen Umbauten vorzunehmen.[105] In einem zweiten Durchgang arbeiteten die Häftlinge vom 2. bis zum 12. Jänner 1945. Sie brachen den Kamin ab, entfernten die Wandfliesen in der Gaskammer, vermauerten die 1940 eingebauten Türen und entfernten den Krematoriumsofen. Anschließend wurden die Wände teilweise neu verputzt und geweißt.[106] Die Arbeiten wurden von Otto Schmidtgen beaufsichtigt, der als Einziger von der Belegschaft noch anwesend war; er hatte auch die Schlüssel zum Schloss. Helene Hintersteiner zufolge kamen am 5. Jänner 1945 einige Angestellte wieder zurück, „um die letzten Sachen wegzuräumen. Hans Räder-Großmann, Friedrich W. Lorent, Karl Pelletier, Werner Becker, Hans Lothaler (sic), Vinzenz Nohel, Heinrich Barbel (sic), Linchen Hermann, Maria Klausecker."[107] Um die Tarnung zu vervollständigen, wurde im Schloss ein Kinderheim des Gau- Fürsorgeamtes eingerichtet. Dazu wurden Mitte Jänner 1945 aus dem Gaufürsorgeheim Baumgartenberg ungefähr 70 Kinder nach Hartheim gebracht, zusammen mit zehn geistlichen Schwestern und zwei Lehrkräften. Marianne Kaltenböck, die als Lehrerin hier arbeitete, bestätigte, dass die von Helene Hintersteiner genannten Personen noch einige Wochen im Schloss blieben; Friedrich Lorent kam sogar zu Ostern 1945 noch einmal zurück, um verschiedenen Filmstreifen und Schriftstücke zu verbrennen und den Rest der Möbel nach Mühlhausen zu bringen.[108]

Helene Hintersteiner wurde ab 1.1.1945 vom Gaufürsorgeamt als Verwalterin des Kinderheims in Schloss Hartheim angestellt, sie kam nach eigenen Angaben am 13. Jänner mit ihrem kleinen Sohn und ihrer Mutter ins Schloss zurück.[109] Der Schein von Normalität ließ sich nur einige Monate

---

[105] Die Aussage von Adam Golebski wird im Wortlaut von Andreas Baumgartner in seinem Beitrag zitiert.
[106] Concerning the secret of Castle Hartheim, Adam Golebski, liberated from the Concentration Camp of Mauthausen, states: THE SECRET OF CASTLE HARTHEIM. NARA, wie Anm. 20
[107] Niederschrift Helene Hintersteiner, 29.6.1945, 6. NARA II, wie Anm. 20
[108] Einvernahme Marianne Kaltenböck, 5.7.1945. NARA II, wie Anm. 20
[109] Niederschrift Helene Hintersteiner, 29.6.1945. NARA II, wie Anm. 20

Abb. 17: Helene Hintersteiner – Foto: NARA II, RG 549, Records of HQ, USAREUR, War Crimes Branch, War Crimes Case Files („Case not tried"), Box 490, Case 000-12-463 Hartheim

Abb. 18: Charles H. Dameron – Foto: Günther Bischof

aufrecht erhalten. Im Juni 1945 traf das War Crime Investigation Team No. 6824 der U.S. Army unter der Leitung von Major Charles H. Dameron in Schloss Hartheim ein und begann mit der Untersuchung der Euthanasiemorde.

Zwischen Anpassung und Widerstand: das Dorf Hartheim

Die Ortschaft Hartheim zählte 1939 22 Häuser mit 97 Einwohnern, die meisten von ihnen waren Bauern oder in der Landwirtschaft beschäftigt. Es gab eine Gemischtwarenhandlung, eine Bäckerei und ein Wirtshaus. Ungefähr zehn Mädchen und Frauen aus dem Ort arbeiteten in der „Schwachsinnigenanstalt" als Hilfen der Barmherzigen Schwestern, als Wäscherinnen und Putzfrauen. Ein Handwerksmeister leitete die arbeitsfähigen männlichen Patienten beim Korbflechten oder Bürstenbinden an. Im Wirtschaftshof arbeiteten und wohnten die Familie des Gutsverwalters und einige LandarbeiterInnen. Nicht wenige Gründe des Wirtschaftshofes waren an Bauern aus Hartheim bzw. aus Alkoven verpachtet.

Mit der Einrichtung der Tötungsanstalt veränderte sich das lokale

Beziehungsgefüge grundlegend. In den Zeugenaussagen der Ortsbewohner wird regelmäßig die 1940 erfolgte Abtrennung der Anstalt vom Dorfleben angesprochen. In der Erinnerung der Menschen erscheint die Versammlung der Ortsbewohner im Gasthof Trauner in Alkoven, die von Büroleiter Wirth einberufen worden war, als Höhepunkt dieses Prozesses. War vor 1939 eine relativ große Anzahl der Ortsbewohner durch ein Dienstverhältnis mit der „Schwachsinnigenanstalt" verbunden gewesen, reduzierte sich diese Anzahl 1940 auf zwei Personen: Rosa Haas behielt ihre Stelle als Gartenarbeiterin, und Aloisia Ehrengruber wurde Küchenhilfe in der Tötungsanstalt, wohnte aber nicht im Schloss.

Christian Wirth drohte bei der erwähnten Versammlung, dass eine Verletzung der Geheimhaltungspflicht die Haft in einem Konzentrationslager bedeutete. Dies trug zwar dazu bei, dass die Furcht vor den Konsequenzen die Menschen in ihren Gesprächen vorsichtig machte, bestätigte aber in Wirklichkeit die umlaufenden Gerüchte. Dazu kam der allgegenwärtige Verbrennungsgeruch, der bei entsprechenden Witterungsverhältnissen kilometerweit wahrnehmbar war.

Die Ortsbewohner wussten relativ genau, was in der Tötungsanstalt vor sich ging. Handwerker aus der Region, die zum Aufbau der Tötungsanlagen bzw. zu Reparaturarbeiten herangezogen worden waren, sprachen über ihre Beobachtungen. Jedoch wurde in der Phase von „T4" von Büroleiter Wirth darauf geachtet, dass sich die Verbindungen zur Bevölkerung auf ein Minimum beschränkten. Allerdings ließ es sich nicht vermeiden, dass Informationen über das Geschehen im Schloss durchsickerten. Die Lebensmittel zur Versorgung der Belegschaft der Tötungsanstalt wurden zum Teil über örtliche Lieferanten bezogen, wie Milch, Brot, Fleisch, Eier und Gemüse. Die Bäckersfrau Anna Derntl gab an, dass sie oder ihre Tochter täglich das Brot ins Schloss lieferten[110] und beim Küchenfenster hineinreichten. „Anfangs der Tätigkeit im Schlosse Hartheim, war noch kein Verschlag vorhanden. Als ich damals ... das Brot zum besagten Küchenfenster brachte, stand die Küchentüre in den Hof offen. Durch diese sah ich eine unbekannte Zahl entkleideter Leichen liegen." Die Angestellten erledigten kleinere Einkäufe in der Gemischtwarenhandlung Krautgartner. Im einzigen Hartheimer Gasthof, der von Juliane Königstorfer geführt wurde, waren häufig Angestellte der Tötungsanstalt zu Gast, etliche Angestellte wohnten auch hier, wie etwa der Linzer Fotograf Bruno Bruckner,

---

[110] OÖLA, Vg 8 Vr 2407/46 Erhebungsabteilung des Landesgendarmeriekommandos Linz, Erhebungsstation Hartheim: Vernehmungsniederschrift mit Anna Derntl, 18.12.1947

der die „Forschungsfälle" unter den Opfern zu fotografieren hatte, und zeitweilig auch Helene Hintersteiner. Andere Beschäftigte der Tötungsanstalt wohnten bei Bauern der Umgebung.

Mit dem Abbruch der Aktion „T4" und dem Auslaufen der ersten Phase von „14f13" wurde nicht mehr in der alten Striktheit auf die Distanz zum Ort geachtet, und auch als im Sommer 1943 die Zentralverrechnungsstelle in das Schloss einzog und 1944 die Aktion „14f13" fortgeführt wurde, wurden die Beziehungen zu den Ortsbewohnern nicht stillgelegt. Es scheint sogar, dass sich diese Beziehungen intensivierten.

Auf dem Bauernhof der Familie Ritzberger waren ab 1943 polnische Arbeiter beschäftigt, die nach dem Krieg aussagten, sie hätten des öfteren aus dem Schloss Schlacken und Asche geholt und damit die Güterwege ausgebessert. Die Familie Meindl lagerte ihr Fleisch im Kühlraum des Schlosses; Maria Meindl gab 1947 zu Protokoll: „Einmal habe ich mir das in einem Kühlschrank im Schloss Hartheim eingelagerte Fleisch geholt. Zur selben Zeit traf im Schloss Hartheim ein Transport mit alten Männern und jüngeren ein. Die Männer sahen sehr verwahrlost aus. Ich vermute, dass alle Männer verbrannt worden sind."[111] Es entwickelten sich Liebschaften. Hans Lothaller, der als einziger Chauffeur bis 1944 in Schloss Hartheim war, erledigte auf seinen Fahrten nach Linz Besorgungen für seine Bekannten. Mit Lothallers Bus fuhr die Belegschaft am Abend des Öfteren ins Kino nach Linz; die Hartheimer Bekannten kamen mit.[112]

Aber nicht alle Hartheimer arrangierten sich mit dem Geschehen im Schloss. Die Schuhmanns, deren Bauernhof direkt neben dem Schloss steht, nur durch eine schmale Straße von ihm getrennt, waren als Christlichsoziale Gegner des Nationalsozialismus. Einer der Söhne, Karl, fotografierte 1941 das Schloss mit rauchendem Schornstein. Sein Bild ist das einzige einschlägige Fotodokument. Karls Bruder Ignaz nahm 1943 Kontakt zu einem anderen Regimegegner auf, zu dem sozialdemokratischen Eisenbahner Leopold Hilgarth. In der Nacht des 16. Februar 1943 schrieben sie neben dem Eingangstor an die Wand des Wirtschaftstraktes: „Österreicher! Hitler hat den Krieg begonnen, Hitlers Sturz wird ihn beenden!"[113] Eine Woche darauf erschien auf einem Silo die Parole: „Nieder

---

[111] OÖLA, Vg 8 Vr 2407/46, Vernehmungsniederschrift Maria Meindl, 17.12.1947
[112] OÖLA, Vg 8 Vr 2407/46, Vernehmungsniederschrift Johanna Jungwirth, 18.12.1947
[113] Schlussbericht der Gestapo Linz vom 11.7.1944, BNr. IV a 2141/44, Privatbesitz Karl Hilgarth

Die Tötungsanstalt Hartheim 1940-1945

Abb. 19: Ignaz Schuhmann – Foto: Wolfgang Schuhmann

mit Hitler! Wir wollen einen Kaiser von Gottes Gnaden, aber keinen Mörder aus Berchtesgaden!"[114]
In einem nächsten Schritt verfertigten Schuhmann und Hilgarth Flugblätter, in denen sie die lokalen Nationalsozialisten als Handlanger der NS-Mörder bezeichneten. Hans Keppelmüller unterstützte die Gruppe bei der Beschaffung von Papier. Anfang 1944 beteiligte sich auch Karl Schuhmann an den Aktionen; die drei vervielfältigten Flugblätter und verteilten sie in Linz und Eferding. Ein Gestapo-Spitzel wurde der Gruppe zum Verhängnis. Im Juni 1944 wurden Ignaz Schuhmann, Hans Keppelmüller, Leopold Hilgarth, Karl Schuhmann und Ignaz Schuhmann senior verhaftet. Schuhmann senior wurde nach drei Monaten Untersuchungshaft freigelassen, den anderen wurde im Landesgericht Wien der Prozess gemacht. Am 3. November 1944 wurde das Urteil verkündet: Versetzung in eine Strafkompanie für Hans Keppelmüller, zehn Jahre schweren Kerkers für Karl Schuhmann. Leopold Hilgarth und Ignaz Schuhmann wurden zum Tod durch das Fallbeil verurteilt und am 9.1.1945 hingerichtet.

---

[114] Ebd.

Abb. 20: Leopold Hilgarth – Foto: Walter Hilgarth

Der Ort Hartheim wurde durch die Existenz der Tötungsanstalt tief geprägt. Nicht nur, dass nach 1945 die Angehörigen der Widerstandskämpfer zu Außenseitern gestempelt wurden, dass der Ort versuchte, so zu tun, als sei nichts gewesen. Noch heute ist in Gesprächen mit Ortsbewohnern, auch und gerade mit den Nachgeborenen, eine eigenartige Mischung aus Abwehr, Verharmlosung und Besitzanspruch auf die Geschichte des Schlosses zu verspüren. Die Renovierung des Schlosses und die Errichtung einer neuen Gedenkstätte wirkt in diesem Zusammenhang als tiefe Irritation, und die nächsten Jahre werden zeigen, ob und wie vom Ort selbst das Angebot zur Auseinandersetzung mit der Thematik aufgegriffen wird.

Abschließende Bemerkungen

Die Geschichte der Tötungsanstalt Hartheim ist bei weitem nicht vollständig erforscht. Das Aktenmaterial wurde vor Kriegsende großteils vernichtet. Dies betrifft nicht nur die in Hartheim gelagerten Krankenakten von „T4". Rudolf Lonauer, ärztlicher Leiter der Euthanasieanstalt und der Gau-Heil- und Pflegeanstalt Niedernhart, vernichtete im Frühling 1945 in Niedernhart und der Zweiganstalt Gschwendt alle Unterlagen, die in einem Zusammenhang mit den Krankenmordaktionen standen. Anschließend beging er am 5. Mai 1945 zusammen mit seiner Frau Selbstmord, nachdem das Ehepaar seine beiden Kinder getötet hatte. So ist die Quellenbasis –

besonders was Primärquellen anlangt – sehr schmal. Es bleibt also nur der Weg, über die Unterlagen der Abgabeanstalten zu einem Gesamtbild zu gelangen; dies wurde für Hartheim vor einigen Jahren begonnen.
Jedoch war nicht nur die Quellenlage für die zögerliche Erforschung der NS-Euthanasie in Österreich verantwortlich: die gesellschaftliche Amnesie war in diesem Bereich besonders tief, und die Interpretation der Krankenmorde als „reichsdeutsches" Verbrechen, von Berlin aus gesteuert, machte die unangenehme Frage nach personellen und strukturellen Kontinuitäten in der Sozial- und Gesundheitsbürokratie obsolet.
In den neunziger Jahren ist die österreichische Forschungslandschaft in diesem Bereich in Bewegung gekommen. Eine Vielzahl von Projekten widmet sich mittlerweile der Thematik der nationalsozialistischen Euthanasieverbrechen. Der vorliegende Beitrag versteht sich als Bestandteil dieses Prozesses und als Versuch einer wissenschaftlichen Annäherung an ein schwieriges Kapitel der österreichischen Geschichte.
Die Geschichte der Tötungsanstalt Hartheim ist bei weitem nicht vollständig erforscht. Das Aktenmaterial wurde vor Kriegsende großteils vernichtet. Dies betrifft nicht nur die in Hartheim gelagerten Krankenakten von „T4". Rudolf Lonauer, ärztlicher Leiter der Euthanasieanstalt und der Gau-Heil- und Pflegeanstalt Niedernhart, vernichtete im Frühling 1945 in Niedernhart und der Zweiganstalt Gschwendt alle Unterlagen, die in einem Zusammenhang mit den Krankenmordaktionen standen. So ist die Quellenbasis – besonders was Primärquellen der nationalsozialistischen Organisationen der Euthanasieverbrechen anlangt – sehr schmal. Es bleibt also nur der Weg, über die Unterlagen der Abgabeanstalten zu einem Gesamtbild zu gelangen; dies wurde für Hartheim vor einigen Jahren begonnen.
Jedoch war nicht allein die Quellenlage für die zögerliche Erforschung der NS-Euthanasie in Österreich verantwortlich. Zum einen es gab für diesen Bereich der NS-Geschichte Österreichs so etwas wie eine gesellschaftliche Amnesie, die die Krankenmorde als „reichsdeutsches" Verbrechen, von Berlin aus gesteuert, interpretierte und unangenehme Fragen nach personellen und strukturellen Kontinuitäten in der Sozial- und Gesundheitsbürokratie verdrängte. Zum anderen aber verwiesen die Morde an den behinderten Menschen auch auf den problematischen Umgang mit diesen Menschen und ihrer gegenwärtigen gesellschaftliche Stellung. In der Vernachlässigung und in der Missachtung der Rechte und Lebenswünsche behinderter Menschen und mancher Kontinuität der Sozial- und Gesundheitspraxis spiegelte sich auch nach 1945 die Menschenverachtung der Natio-

nalsozialisten wider. Erst in jüngerer Zeit hat sich hier ein Wandel der gesellschaftlichen Sichtweisen und Praxen eingestellt, nicht zuletzt auf Grund der Aktivitäten der Betroffenen. Ebenso ist die österreichische Forschungslandschaft seit den neunziger Jahren in diesem Bereich in Bewegung gekommen. Eine Vielzahl von Projekten widmet sich mittlerweile der Thematik der nationalsozialistischen Euthanasieverbrechen. Der vorliegende Beitrag versteht sich als Teil dieses Prozesses und als Versuch einer wissenschaftlichen Annäherung an ein schwieriges Kapitel der österreichischen Geschichte.

Quellen

Archiv der Gesellschaft für Soziale Initiativen (Archiv GSI), Institut Hartheim

Hessisches Hauptstaatsarchiv Wiesbaden (HHStA), Abt. 631a, Verfahren gegen Renno u.a., Landgericht Frankfurt/Main, Ks 1/69 (Generalstaatsanwaltschaft)

NARA II, RG 549, Records of Headquarters, U.S.Army Europe (USAREUR), War Crimes Branch, War Crimes Case Files („Cases not tried"), 1944-48

Box 490, Case 000-12-463 Hartheim (P) VOL I/A

NARA, RG 338, USAREUR, JAG.DIV. War Crimes Branch, Relating to Medical Experiments, 126 472 – 128 253, „Heidelberger Dokumente"

Oberösterreichisches Landesarchiv Linz (OÖLA), LG Linz, Sondergerichte: Politische Gerichtsakte 1946, Sch. 1014, Akt LG Linz Vg 8 Vr 2407/46

„DIE KRANKEN SIND DANN VERGAST WORDEN"
DIE ERMORDUNG VON KZ-HÄFTLINGEN IN HARTHEIM

Andreas Baumgartner

Vorgeschichte

Am 24. August 1941 gab Adolf Hitler den Befehl, die Euthanasieaktion „T4" vorläufig einzustellen; zu hartnäckig kursierten Gerüchte über die planmäßig organisierte Massentötung von Behinderten und Kranken in der Bevölkerung und sorgten zunehmend für massive Unruhe. Ungeachtet dieses Befehls wurden jedoch bis Kriegsende weiterhin Tausende Menschen als so genannte „Ballastexistenzen" in den Spitälern, psychiatrischen Kliniken und in Altersheimen ermordet. Diese Morde wurden jedoch nicht mehr im großen Maßstab in den „T4"-Zentren durch Giftgas durchgeführt, sondern wurden von Ärzten und Schwestern direkt vor Ort verübt, meist durch eine Überdosis Schmerz- oder Schlafmittel.

Die „T4"-Experten wie die begutachtenden Ärzte, die Vergasungsspezialisten und die Techniker für die Leichenverbrennung wären mit der Einstellung von „T4" nutzlos geworden. Die führenden Köpfe der „T4"-Aktion sowie der SS und der Partei hatten jedoch bereits im Frühjahr 1941 Gespräche darüber geführt, wie und ob diese Experten nach dem Ende dieser Aktion weiter zu verwenden wären.

Im Frühjahr 1941 waren die Massenvergasungen und die Vernichtungslager im Osten noch keine endgültig beschlossene Sache. Diese begannen nach umfangreichen Versuchen erst nach der Wannseekonferenz im Jänner 1942 unter maßgeblicher Anleitung der „T4"-Experten. Nahezu alle verantwortlichen und ausführenden Spezialisten des millionenfachen Massenmordes an Juden, Roma und Sinti und anderen Verfolgten kamen aus dem bereich von T4. Franz Stangl, der Leiter der „T4"-Tötungsanstalt Hartheim bis zum Oktober 1941, wurde später Kommandant der Vernichtungslager Sobibor und Treblinka – ein Beispiel unter vielen.

Bei den oben genannten Gesprächen im Frühjahr 1941 schloss der „Reichsführer SS" Heinrich Himmler mit dem „Chef der Kanzlei des Führers" Philip Bouhler ein Abkommen, dass an die „T4"-Zentrale folgendes Ansuchen zu richten sei: Begutachtende Ärzte wie Dr. Mennecke oder Dr. Lonauer aus der „T4"-Aktion sollten Konzentrationslager im gesamten Reichsgebiet besuchen und „Arbeitsunfähige und Körperschwache" aussuchen und deren Ermordung in den (bald zur Verfügung stehenden) „T4"-Anstalten vorbereiten.

Die Bedingungen in den KZ waren im Frühjahr und Sommer 1941 immer katastrophaler geworden. Das Reichssicherheitshauptamt (RSHA) überstellte immer größere Häftlingstransporte in die KZ und obwohl die Todesrate massiv anstieg, vergrößerte sich die Zahl der „Körperschwachen" sprunghaft. Allein in den Monaten Juni und Juli 1941 wurden Tausende Spanier und Polen ins größte Nebenlager des KZ Mauthausen, Gusen, überstellt, die wenigsten von diesen Häftlingen erlebten die Befreiung im Mai 1945. Der zu Beginn erfolgreich scheinende Russlandfeldzug, der im Juni 1941 begonnen wurde, versprach noch größere Mengen an Häftlingen für das System „Vernichtung durch Arbeit". Zehntausende sowjetische Kriegsgefangene wurden für das KZ Mauthausen erwartet, sogar ein eigenes Lager unterhalb des Stammlagers wurde für diese Häftlinge aus dem Boden gestampft.[1]

Diese enorme Zahl an neu eingewiesenen Häftlingen und die vielen „Körperschwachen", aber auch die Planungen für die Massenvergasungen in den Vernichtungslagern führten zur Anordnung, dass in jedem KZ mindestens 2000 Häftlinge für die Ermordung in den „T4"-Zentren vorzusehen wären, um Platz für die „arbeitsfähigen" Häftlinge zu schaffen. Diese Aktion erhielt den Codenamen Aktion „14f13".[2]

Selektion und die ersten Transporte

Der plötzliche Abtransport von 2000 Häftlingen aus den KZ hätte natürlich bei den übrigen Häftlingen massive Beunruhigung hervorgerufen. So entwickelte das RSHA den Plan, den selektierten Häftlingen den Transport in ein „Erholungsheim" oder in ein „Häftlingssanatorium Dachau" vorzutäu-

---

[1] Dieses ursprünglich als „Russenlager" bezeichnete Lager wurde, da sehr viel weniger sowjetische Kriegsgefangene als erwartet in Mauthausen ankamen, dann als „Sanitätslager" für die „Körperschwachen" genutzt. Wie wir noch sehen werden, erfüllte dieser Lagerteil eine sehr wichtige Funktion im Rahmen der Aktion „14f13".

[2] Dieser Tarnname wurde in Anlehnung an das bestehende Aktenzeichensystem in den KZ entwickelt. „14f" bedeutete immer den Tod des Häftlings. „14f2" – „Selbstmord oder Unfall", „14f3" – „auf der Flucht erschossen" und „14f13" – „Sonderbehandlung".

schen. Im Juni 1941 kam die erste medizinische Begutachtungskommission nach Mauthausen und Gusen, darunter die beiden „T4"-Ärzte aus Hartheim, Georg Renno und Rudolf Lonauer. Rund 1200 Häftlinge wurden von ihnen für die Ermordung in Hartheim selektiert, wofür die aus der „T4"-Aktion bekannten Erhebungs- und Meldebögen verwendet wurden. Einige Häftlinge meldeten sich sogar freiwillig für diese Transporte, da sie überzeugt waren, in Dachau etwas bessere Bedingungen vorzufinden als in Mauthausen oder Gusen. Um die geforderte Zahl von 2000 Menschen zu erreichen, wählten die SS-Ärzte aus Gusen und Mauthausen noch weitere 800 Häftlinge aus und ließen sie auf die Todeslisten setzen.
Einer dieser Ärzte war Dr. Friedrich Entress, vorher Arzt im KZ Auschwitz. Beim Mauthausen-Prozess gab er 1946 zu Protokoll:[3]
„Nachdem ich schon in Auschwitz Kranke ausgesucht hatte, die dann sofort in die Gaskammer gesteckt und dort getötet wurden, habe ich mein Möglichstes getan, nur diejenigen Kranken auszusuchen, bei denen klar war, dass sie bei den in Mauthausen herrschenden Zuständen ohnehin nicht mehr gesund werden würden [...] Diese Kranken [...] sind durch [die Lager-SS] nach Hartheim gebracht worden. [...] Die Kranken sind dann vergast worden."
Die 2000 Häftlinge wurden von den übrigen Häftlingen in abgesonderten Baracken isoliert und in mehreren Transporten nach Hartheim gebracht. Der erste Transport verließ am 11. August 1941 Mauthausen, also bereits vor der offiziellen Einstellung der „T4"-Aktion. 70 jüdische Häftlinge wurden mit Bussen nach Hartheim gebracht und dort innerhalb weniger Stunden in der Gaskammer des Schlosses ermordet und ihre Leichen im Krematorium verbrannt. Die erste Vergasung von Juden fand also bereits Monate vor der Inbetriebnahme der Gaskammern von Auschwitz statt, wo am 3. September 1941 die erste „Probevergasung" an 600 sowjetischen Kriegsgefangenen durchgeführt wurde und die Massenvergasungen im März 1942 begannen. Bereits am 12. August folgte der zweite Transport aus Mauthausen, diesmal waren es 80 Häftlinge, die nach Hartheim gebracht und dort vergast wurden.
Den Häftlingen wurde, wie später auch in den Vernichtungslagern, eine „Badeaktion" vorgetäuscht. Sie mussten sich entkleiden und wurden einer kurzen vorgeblichen medizinischen Untersuchung unterzogen, die jedoch nur den Zweck hatte, Häftlinge mit Goldzähnen zu kennzeichnen. Die Häftlinge wurden in die Gaskammer geführt, die als Baderaum getarnt

---

[3] NA, case n° 000-50-5, RG 338; box 349, Sworn Statement

war, und die Türen wurden verschlossen. In einem Nebenraum befanden sich Kohlenmonoxydflaschen, die an eine Rohrleitung angeschlossen waren. Die Ärzte von Hartheim, aber auch andere Personen, drehten nun den Gashahn auf und ließen das Giftgas in die Gaskammer einströmen. Nach ca. 90 Minuten wurde die Ventilation der Gaskammer in Betrieb gesetzt und die Heizer des Krematoriums brachten die Toten zum Verbrennungsofen. Den vorher gekennzeichneten Häftlingen wurden die Goldzähne gezogen und die Leichen anschließend verbrannt. Die Transporte wurden von SS-Fahrern aus Mauthausen durchgeführt und auch die SS-Wachmannschaften kamen aus Mauthausen. Wir verfügen daher heute über eine Reihe von Zeugenaussagen aus den Prozessen gegen diese SS-Männer, die die Transporte – aber auch die Vergasungen selbst – genau schildern.
Einer dieser Fahrer war SS-Unterscharführer Georg Blöser, der bei seiner Vernehmung nach dem Krieg zu Protokoll gab:[4]

„[...] Eines Tages erhielt ich dann Befehl, einen großen Mercedes-Autobus zu fahren. Dieser Wagen fasste ungefähr 46 Personen. Seine Fenster waren mit Farbe bestrichen, so dass man nicht hinein- und hinaussehen konnte. [...] Hinter dem Tor des Schutzhaftlagers waren dann meistens auf einem freien Platz die Häftlinge angetreten. SS-Angehörige sonderten eine Gruppe dieser Häftlinge aus, die dann den Omnibus besteigen mussten. [...] Bei jedem Transport wurde das Fahrzeug voll beladen [...] Die Häftlinge waren in einem erbarmungswürdigen Zustand [...] Bei der Ankunft in Hartheim fuhren wir zunächst durch ein großes Holztor in einen Bretterverschlag. Hier mussten die Häftlinge aussteigen und wurden von Personal aus Hartheim übernommen. [...] Nach Entladen des Busses fuhr ich aus dem Verschlag heraus und wartete vor dem Schloss. Verschiedentlich ging ich aber auch in einen kleinen Aufenthaltsraum, wo ich eine Tasse Kaffee serviert bekam. [...]"

Der Kommandoführer des Gusener Krematoriums, SS-Oberscharführer Karl Wassner, hat nur ein einziges Mal einen Häftlingstransport nach Hartheim begleitet, dürfte aber der einzige SS-Mann sein, der die Häftlinge auch in das Schlossinnere bis zur Gaskammer begleitete:[5]

„[...] Zum Eintreffen im Schloss Hartheim [haben] wir die Häftlinge in einen Raum geführt [...]. Dort [befahl] ein Zivilist, der in Schloss Hartheim beschäftigt war [...] den Häftlingen [...], sich ganz zu entkleiden und die Kleidung vor sich abzulegen. Er ermahnte noch die Häftlinge, sich ge-

---

[4] ZSL, 14419, AR 146/69 (24 Js 1/69 [Z]), 40 ff.
[5] ZSL, 14419, AR 146/69 (24 Js 1/69 [Z]), 95 ff.

nau zu merken, wo sie ihre Kleidung abgelegt hätten, damit sie diese nach dem Bad wieder auffänden. Anschließend befahl er den Häftlingen, den nebenan liegenden Raum zu betreten. Ich erinnere mich, dass die Eingangstür zu diesem Raum ziemlich dick war und von außen mit einer Hebelvorrichtung, ähnlich wie bei einer Kühlanlage, zu verschließen war. Ferner ist mir noch in Erinnerung, dass ein Häftling bei den abgelegten Kleidern zurückblieb und dort seine Brille suchte. Der Zivilist sagte sinngemäß zu ihm, beim Petrus brauchte er keine Brille mehr. Als nun alle Häftlinge in dem Raum verschwunden waren, blieben ich, der zweite Begleiter und der Kraftfahrer noch in dem Vorraum [...] [die] ungefähr nach drei Minuten zu der vorher beschriebenen Tür gingen und dort durch ein an der Tür angebrachtes Guckloch in den Raum, in welchen die Häftlinge gebracht wurden, hineinsahen. Als die beiden dann von der Tür weggingen, habe auch ich einen Blick durch das Guckloch geworfen. Ich konnte sehen, dass die Häftlinge bereits am Boden lagen [...] die Gaskammer innen beleuchtet war. Mir fiel auf, dass wesentlich mehr Menschen in der Gaskammer waren, als wir von Gusen nach Hartheim gebracht hatten. Ich konnte auch erkennen, dass sich Frauen unter den Vergasten befanden.[6] Bei einigen konnte man noch Lebenszeichen erkennen [...]."

Für die Jahre 1941 und 1942 sind zahlreiche Transporte aus Mauthausen und vor allem aus Gusen mit Listen dokumentiert, die Zahl der gesicherten Opfer aus beiden Lagern beträgt für diese beiden Jahre 1613 Menschen. Aus dem KZ Dachau wurden 1942 3075 Häftlinge nach Hartheim überstellt und ermordet. Damit beträgt die dokumentierte Opferzahl für die erste Phase der Aktion „14f13" in den Jahren 1941 und 1942 4688 Häftlinge. Es kann jedoch angenommen werden, dass es deutlich mehr Häftlinge waren, die in diesem Zeitraum in Hartheim vergast wurden. Die SS versuchte auch in der sonst so peniblen Lageradministration die Transporte nach Hartheim zu vertuschen oder die Dokumente verschwinden zu lassen. So sind z. B. für 1941 nur die zwei erwähnten Transporte aus dem Stammlager Mauthausen durch Überstellungslisten dokumentiert. Für weitere Transporte existieren lediglich Zeugenaussagen und verschleierte Hinweise, ohne dass daraus die genauen Opferzahlen erschlossen werden könnten. Die SS verzeichnete in den Häftlingskarteien zunächst die Überstellung nach Hartheim, als ob dort ein „normales" Nebenlager existiert

---

[6] Die Ermordung von männlichen Häftlingen aus den KZ Mauthausen und Dachau im Rahmen der Aktion „14f13" ist gesichert. Es ist jedoch sehr wahrscheinlich, dass auch „körperschwache Ostarbeiter" und auch Häftlinge aus anderen KZ in Hartheim ermordet wurden; daher spricht die Zeugenaussage auch von weiblichen Opfern.

hätte, obwohl Hartheim nie als Nebenlager von Mauthausen geführt wurde. Um die große Zahl an Toten zu verschleiern, wurden die Todesdaten gefälscht und die in Hartheim an einem Tag ermordeten Menschen in kleineren Grupen auf längere Zeiträume aufgeteilt.

Unterbrechung der Aktion „14f13"

Bereits im Jahr 1942 gingen die Transporte aus Mauthausen nach Hartheim zurück, lediglich sechs Transporte mit knapp 300 Häftlingen sind bekannt. Dafür wurden sämtliche Dachauer Hartheimopfer der ersten Phase in diesem Jahr nach Hartheim überstellt. Für 1943 ist kein einziger Transport aus einem Konzentrationslager in die Gaskammer nach Hartheim nachweisbar.

Warum wurde die Aktion plötzlich unterbrochen? Die Bedingungen in den Konzentrationslagern hatten sich in diesem Zeitraum kaum gebessert, nach wie vor gab es Hunderte „Körperschwache und Arbeitsunfähige", die nach der Logik der SS-Führung ermordet hätten werden müssen.

Eine Erklärung ist auf jeden Fall in der Installierung der Gaskammer im Stammlager Mauthausen zu finden. Nachdem bereits im März 1942 im Nebenlager Gusen 164 sowjetische Kriegsgefangene in der Baracke Nr. 16 unter Anleitung des Linzer Zyklon-B-Lieferanten Anton Slupetzky vergast worden waren, ging im Mai 1942 die Gaskammer in Mauthausen in Betrieb. Es bestand also für die SS keine zwingende Notwendigkeit mehr, die für die Ermordung durch Giftgas selektierten Häftlinge nach Hartheim zu transportieren. Die Gaskammer in Mauthausen war vom übrigen Lagerbereich abgeschirmt, die Häftlinge in den Baracken bekamen also von den Vorgängen kaum etwas mit.

Da die Anzahl der „Körperschwachen" jedoch weiter zunahm, wären die Massenvergasungen im Lager trotz aller Geheimhaltungsversuche kaum noch zu vertuschen gewesen. Daher wurden bereits ab Frühjahr 1942 mobile Gaskammern in Form von Gaswägen eingesetzt, also Lastwägen, in deren Laderaum Giftgas oder Auspuffgase geleitet werden konnten. Diese Gaswägen pendelten zwischen Gusen und Mauthausen und überstellten angeblich regulär Häftlinge zwischen den beiden KZ. Die Häftlinge im Laderaum wurden jedoch während der Fahrt ermordet. Trotz der Verschleierungsversuche der SS ahnten viele Häftlinge, was sich hinter den Transporten in das so genannte „Erholungsheim" oder hinter den „Überstellungsfahrten" zwischen Gusen und Mauthausen verbarg, zumal die Kleider und Brillen der Ermordeten nach wenigen Tagen wieder in das Konzentrationslager zurückgebracht wurden. Diese Vorgänge blieben aber auch der Lokalbevölkerung im Umkreis des KZ oder rund um Hartheim nicht verborgen. Eine Frau, die nahe dem KZ Gusen wohnte, erinnerte sich an die Gerüchte:[7]

„Da war die Frau B., die hat in Hartheim gearbeitet. Die hat hie und da was auslassen. Da hat's immer gesagt ‚Es ist so furchtbar, die ganzen Jungen, die da als Versuchskaninchen gehen müssen.' Das waren aber nicht die Behinderten, die haben's eh gleich am Anfang weggeräumt. Die haben ein Spritzerl gekriegt und weg waren's." „Da ist viel geredet worden. Wenn's wieder gestunken hat, wenn's wieder verbrennt haben. Oder über den Gaswagen. Zwischen Mauthausen und Langenstein ist der gefahren, gesagt wurde ‚Die führen's ins Bad.'"

Fortsetzung der Aktion „14f13"

1943 begann für das KZ Mauthausen ein Funktionswandel, der sich 1944 noch weiter fortsetzte: War das KZ bisher großteils für die Internierung und Disziplinierung der politischen Gegner unter dem Prinzip „Vernichtung durch Arbeit" in SS-eigenen Betrieben konzipiert, so wandelte sich das gesamte KZ-System sukzessive zu Arbeitskräftereservoire für die Rüstungsindustrie. Dies führte zu einer Reihe von Nebenlagergründungen an Industriestandorten und zum massiven Anwachsen der Häftlingspopulation. Ab Mai 1944 trafen die großen Transporte der ersten Evakuierungswelle aus Auschwitz und anderen KZ im besetzten Polen in Mauthausen ein und wurden auf die Nebenlager verteilt. Der Anstieg der Häftlingszahl, die katastrophalen Bedingungen in manchen Nebenlagern und der schlechte körperliche Zustand vieler dieser Neuzugänge ließ auch die Zahl der „Körperschwachen" weiter ansteigen. Das Stammlager Mauthausen diente in dieser Phase vor allem als „Verteilerzentrum" von Häftlingen in die Nebenlager und als Tötungsort für die „Arbeitsunfähigen". Aus vielen Nebenlagern wurden Häftlinge, die krank oder arbeitsunfähig geworden waren, nach Mauthausen gebracht und dort – isoliert von den übrigen Häftlingen – im „Sanitätslager" interniert. Da dieses „Sanitätslager" im Gegensatz

---

[7] Baumgartner – Kropf (2002), 59

zu seiner Bezeichnung keinerlei medizinische Betreuung für die kranken und erschöpften Häftlinge bot, verschlechterte sich ihr Zustand mit jedem Tag. Bereits im Frühling 1944 gab der Lagerkommandant von Mauthausen Franz Ziereis dem SS-Arzt Dr. Entress den Befehl, wieder mit den Selektionen für die Aktion „14f13" zu beginnen. Da Hartheim die einzige zu diesem Zeitpunkt noch existierende und funktionsfähige „T4"-Einrichtung war, begannen die Transporte auch wieder nach Hartheim zu rollen, obwohl die Gaskammer in Mauthausen noch bis zum 28. April 1945 in Betrieb bleiben sollte.

Über 3000 Häftlinge aus dem gesamten Mauthausensystem und 150 Häftlinge aus Dachau wurden 1944 in die Gaskammer von Hartheim gebracht und dort ermordet. Ungeklärt ist nach wie vor das Schicksal von über 1000 Häftlingen aus dem KZ Ravensbrück und aus dem KZ Buchenwald. Diese Transporte gingen nach Zeugenaussagen in Richtung Mauthausen bzw. Linz ab, kamen dort jedoch nie an. Es existieren keine Dokumente der SS über die Ermordung dieser Häftlinge in Hartheim, die Möglichkeit kann jedoch nicht ausgeschlossen werden. Die für Hartheim dokumentierte Opferzahl aus dem KZ Mauthausen und dem KZ Dachau beträgt für den gesamten Zeitraum 8066 Häftlinge, der Jüngste von ihnen war knapp 14 Jahre alt, der Älteste 72 Jahre.

Auch in der zweiten Phase versuchte die SS in den Aufzeichnungen der Lageradministration, die Vorgänge in Hartheim möglichst zu verschleiern. Vor allem die Todesdaten wurden wieder auf größere Zeiträume aufgeteilt, in den Registraturen der SS finden sich sogar noch 167 Hartheimopfer für den Jänner 1945.[8] Bei der Durchsicht der Häftlingszugangsbücher, in denen fast jeder Häftling verzeichnet wurde, fallen jedoch die Einträge der Hartheimopfer trotz aller Verschleierungsmaßnahmen sofort auf: Um die Arbeit für die Schreiber zu erleichtern, wurden Stempel angefertigt mit „Erholungsheim", einem Kreuz daneben und dem Todesdatum.

Das Ende der Aktion „14f13"

Anfang Dezember 1944 traf im KZ Mauthausen aus der „Kanzlei des Führers" in Berlin ein neuer Befehl ein. Es wurde angeordnet, dass der Betrieb der Tötungseinrichtungen und des Krematoriums in Hartheim unver-

---

[8] Zu diesem Zeitpunkt war Hartheim jedoch bereits rückgebaut und wieder als Kinderheim in Betrieb.

züglich einzustellen und alle dafür notwendigen technischen Einrichtungen zu entfernen seien. Am 11. Dezember 1944 wurde ein Kommando von 20 Häftlingen zusammengestellt und für die Demontagearbeiten nach Hartheim transportiert. Die Häftlinge hatten berechtigte Angst, als Augenzeugen der vorgefundenen Einrichtungen nach Beendigung der Arbeiten von der SS exekutiert zu werden. Ein spanischer Häftling schrieb daher seinen Namen und das Datum der Arbeiten auf einen Zettel, steckte diesen in eine Flasche und mauerte diese als Beweis für seine Anwesenheit in Hartheim im Bereich der ehemaligen Gaskammertür ein.[9] Das Demontagekommando wurde ein zweites Mal im Jänner 1945 nach Hartheim gebracht, um die Arbeiten zu beenden. Entgegen den Befürchtungen der Häftlinge überlebten die Mitglieder dieses Kommandos die Befreiung im Mai 1945 und konnten so tatsächlich ihre Wahrnehmungen in Hartheim zu Protokoll geben. Die wichtigste Aussage stammt vom polnischen Häftling Adam Golebski:[10]

„Am 13. Dezember 1944 fuhren wir mit einem Kraftwagen in Stärke von 20 Häftlingen nach dem Schloss Hartheim, 27 km westlich Linz. Dort fuhren wir in einen Schuppen aus Brettern, welcher von außen mit Dachpappe beschlagen war, fest verschlossen werden konnte und keine Fenster besaß. Aus diesem Schuppen ging es direkt in den Schlossflur und von hier auf den Hof. Das erste, was ins Auge fiel, war ein Fabrikschornstein von 26 m Höhe. Von außen war dieser Schornstein nicht zu sehen, weil ihn die drei Stock hohen Schlossmauern verdeckten. Auf dem Parterre rechts waren die Küche und Speisekammer. Links waren die Öfen der Zentralheizung, weiter eine Tischlerwerkstätte, ein Lager mit Alkoholgetränken, ein Kühlraum und ein Zimmer, wo wir uns eingerichtet haben. Aus diesem Zimmer führte eine Tür zum Schlossturm, wo ein Fotoatelier eingerichtet war. Aus diesem Zimmerchen führte eine Tür in einen anderen Raum, welcher den Eindruck eines kleinen Baderaumes machte. Der Eingang war sehr klein, die Tür aus Eisen mit Gummi verdichtet, der Verschluss von massiven Hebelriegeln, in der Tür ein kleiner runder Ausguck. Die Wände dieses Raumes waren bis zur Hälfte mit Fliesen ausgelegt, es waren sechs Brausen. Aus diesem Raum führte eine ähnliche Tür in ein kleines Zimmer, wo sich die Apparatur zum Vergasen befand, Gasflaschen und verschiedene Gasmesser (Uhren). Aus dieser Gaskammer führte eine Tür in einen größeren Raum, dessen Wände bis zur Hälfte mit Fliesen ausgelegt waren.

---

[9] Diese Flasche wurde 1968 bei Umbauarbeiten für die Gedenkstätte in Hartheim wieder entdeckt.
[10] IMT: D 626 (USA, Ex. 810), NA, case n° 000-50-5, RG 238

Hier stand ein Tisch und wir fanden ein Protokoll von einer Leichenuntersuchung. Aus diesem Raum führte eine Tür zum Krematorium. Dieses hatte zwei Öfen. Links von Eingang fanden wir einen Haufen Asche mit Teilen von Menschenknochen in einer Menge von ca. 60 unserer hiesigen Müllkübel. Dort war auch eine elektrische Knochenmühle, worauf die nach dem Verbrennen der Leichen im Krematorium verbliebenen Überreste der menschlichen Knochen gemahlen wurden. In der Schlossgarage fanden wir Kinderkleider, Frauenkleider und Männerkleider in einer Menge von vier einspännigen Wagen. Im Garten in einem Loch mit Schlacke fanden wir eine Menge Blechnummern von Häftlingen des KL Mauthausen sowie Überreste menschlicher Knochen. [...] Wir haben den Schornstein auseinander genommen, einen Teil der Schlacke haben wir unter die Bäume im Wirtschaftshof gefahren. Im Baderaum haben wir die Fliesen von den Wänden entfernt und alle Werkzeuge, welche zum Morden bestimmt waren. Unsere Arbeit dauerte 8 Tage. Die Maurer haben die Räume zum ehemaligen Stand gebracht, die Wände verputzt. Nach der Aussage des U-Scha [Unterscharführer] hat diese Instanz im Laufe von vier Jahren gearbeitet. [...] Das zweite Mal fuhren wir nach dort am 2. Januar 1945 für 10 Tage und arbeiteten weiter daran, diesem Schloss das ehemalige Aussehen wiederzugeben. Wir haben also eine Tür vermauert, eine andere in die Wand geschlagen usw. Nun hat man hier ein Kinderheim eingerichtet. Gegen Ende unseres Verweilens hat man hierher 35 Kinder, 6 Schwestern und 1 Lehrerin gebracht, Platz war hier für 400 Kinder. Wir befürchteten, dass die SS uns liquidieren werde, das heißt ermorden, um das Geheimnis zu wahren, desto mehr, da sie uns verboten haben, darüber zu sprechen, was wir gesehen und gemacht haben.
Außer mir gebe ich noch folgende Zeugen an: Ogorzelski Brunon [Nr. 104.859], Smulewicz Wladyslaw [Nr. 40.976], Smiglewski Brunon [Nr. 2.793], alles ehemalige Häftlinge des K.L.M., welche zusammen mit mir, wie oben angegeben, gearbeitet haben.
(-) Golebski [Golembski] Adam"

Aber auch nach der Einstellung der Vergasungen in Hartheim wurden weiterhin zahlreiche „körperschwache" Häftlinge in Mauthausen und Gusen vergast. Noch im Frühjahr 1945 wurden rund 1600 Häftlinge im „Sanitätslager" selektiert und für die Vergasung bestimmt. Aufgrund der Bemühungen des zu diesem Zeitpunkt bereits existierenden Häftlingswiderstandes im KZ Mauthausen konnten fast 1000 von ihnen gerettet werden, 600

Menschen fielen dieser Massenmordaktion jedoch noch wenige Wochen vor der Befreiung zum Opfer.

Schlussbemerkungen

Die Aktion „14f13" mag im Vergleich zu den mehr als 100.000 Todesopfern des KZ Mauthausen oder im Vergleich zu den Opferzahlen der Vernichtungslager für sich allein betrachtet nur als eine Randbemerkung der NS-Geschichte gesehen werden. Es ist jedoch unabdingbar, die Kontinuität von der „T4"-Aktion über die Aktion „14f13" zu den Massenvergasungen in den Vernichtungslagern hervorzuheben. Die Massenmorde in den Vernichtungslagern wären ohne die „T4"-Experten nicht oder nicht in dieser relativ kurzen Zeit möglich gewesen. Die Verschleierungsmethoden der SS und die Selektionen in den Konzentrationslagern wurden im Rahmen der Aktion „14f13" erprobt, bevor sie z. B. in Auschwitz-Birkenau zum Einsatz kamen.

Auch innerhalb des Mauthausensystems darf diese Aktion nicht gesondert betrachtet werden: Es muss hier der Gesamtkontext der Vergasungen in den Häftlingsbaracken in Gusen, der Vergasungen in den Gaskammern von Mauthausen und Hartheim sowie der Einsatz des Gaswagens gesehen werden. Auch wenn die Ermordung von KZ-Häftlingen durch Giftgas in Mauthausen nie die Bedeutung wie in Auschwitz hatte, so sind es doch rund 10.000 Häftlinge aus dem KZ Mauthausen (also 10 % der Gesamtopfer), die auf diese Weise umkamen.

Literatur

Andreas Baumgartner – Rudolf Kropf, „Man hat halt mit dem leben müssen", Nebenlager des KZ Mauthausen in der Wahrnehmung der Lokalbevölkerung, ungedruckter Projektbericht, Wien – Linz 2002

Andreas Baumgartner, Die vergessenen Frauen von Mauthausen, Wien 1997

Andreas Baumgartner, Sonderdatenbank 14f13, Projekt im Auftrag des BMI, Wien 1999

Pierre Serge Choumoff, Nationalsozialistische Massentötungen durch Giftgas auf österreichischem Gebiet 1940-1945, Wien 2000

Gordon Horwitz, In the Shadow of Death, NY 1990
Luise Jacobs, Mord im Schloss Hartheim, o. O. 1997
Hans Maršalek, Die Geschichte des Konzentrationslagers Mauthausen, Wien 1995
Archiv der Hauptkommission, Warschau
Archiv Museum Mauthausen, Wien
Internationaler Militärgerichtshof Nürnberg (IMT): 46 Bde.
National Archives (NA), College Park, Maryland USA
Zentrale Stelle der Landesjustizverwaltungen (ZSL), Ludwigsburg

WIEN – BUCHENWALD – HARTHEIM: BIOGRAPHISCHE SPUREN
Claudia Spring

Im Oktober 1942 wurden in der Tötungsanstalt Hartheim vier Männer, Moritz K., Wolf R., Josef S. und Ludwig Z., ermordet. Sie teilten spätestens seit September 1939 eine lange gemeinsame Verfolgungsgeschichte, die in Wien begann und deren Stationen hier aufgezeichnet werden sollen. Wenige Tage nach dem deutschen Überfall auf Polen, am 7. September 1939, ordnete der Chef der Sicherheitspolizei, Reinhard Heydrich, die Stapo(leit)stellen des deutschen Reiches an, alle Juden polnischer Staatsangehörigkeit festzunehmen und ihre Frauen und Kinder bis zum 16. Lebensjahr namentlich zu erfassen. Davon betroffen waren auch staatenlose Personen, die ihr Heimatrecht in Polen hatten.[1] In Wien wurden daraufhin mehr als 1000 Männer festgenommen, aufgrund überfüllter Gefängnisse ins Wiener Stadion (das heutige Praterstadion) überstellt und von dort am 30. September in das KZ Buchenwald deportiert.

Dass Moritz K., Wolf R., Josef S. und Ludwig Z. zu den Verhafteten zählten, ist vor allem aufgrund eines „Nebenaspekts" ihrer Verfolgung als staatenlose Juden bekannt: Sie wurden, gemeinsam mit 336 weiteren Männern im Alter von 16 bis 83 Jahren, von einer eigens dafür zusammengestellten Anthropologischen Kommission unter der Leitung von Dr. Josef Wastl, dem Direktor der anthropologischen Abteilung des Naturhistorischen Museums Wien, im Wiener Stadion vermessen. Im Bestand des Museums finden sich noch heute die Messblätter, Fotos und Kopfhaarproben, sowie die ihnen abgenommenen Gipsmasken.

Eine umfassende biographische Recherche zu den 440 vermessenen Männern und ihren Familien für ein Gedenkbuch, die Darstellung dieser Vermessung im Kontext der anderen Projekte der Anthropologischen Abteilung des Museums, die Erstellung einer Kollektivbiographie der Kommissionsmitglieder sowie die Verortung dieser frühen Deportation im Rahmen der systematischen Verfolgung und des Massenmordes an Jüdinnen und

---

[1] Vgl. Rundschreiben Heydrichs an alle Stapo(leit)stellen betreffend Festnahme polnischer Juden, 7. September 1939, zit. nach DÖW (Hg.), Widerstand und Verfolgung in Wien 1934-1945. Bd. 3, Wien 2/1984, 265

Juden sind die Ziele eines derzeit laufenden historisch-anthropologischen Forschungsprojektes am Naturhistorischen Museum Wien.[2]
Wien war seit dem Ende des 19. Jahrhunderts ein „Magnet" für Zuwandernde: Ort der Zuflucht vor Pogromen, der Hoffnung auf Arbeit und ein Leben außerhalb der als eng empfundenen Welt des „Schtetls". Vor 1914 lebten hier etwa 200.000 Jüdinnen und Juden, während des Krieges flohen annähernd ebenso viele Menschen aus allen Regionen der Monarchie nach Wien, von denen viele während des Krieges bereits wieder zurückkehrten. Etwa 30.000 jüdische Flüchtlinge, viele von ihnen aus Galizien, blieben jedoch auch nach dem Ende des Krieges in der Stadt. Die durch Krieg und Flucht vielfach völlig verarmten „Ostjuden" wurden in der antisemitischen Propaganda als „Schmarotzer" diffamiert, dementsprechend häuften sich in den wirtschaftlich schwierigen Zeiten nach dem Ende des Krieges die Forderungen nach ihrer Abschiebung.[3] Vor diesem Hintergrund fanden die Verhandlungen zum Vertrag von St. Germain statt, in dem die Staatszugehörigkeit von Personen, die in Österreich ihr Heimatrecht besaßen, aber außerhalb des Staatsgebietes lebten und von jenen, die zwar in Österreich lebten, aber nun z. B. in Polen oder der Tschechoslowakei heimatberechtigt waren, geregelt wurde. Anders als bei Personen mit Heimatrecht in der nunmehrigen Tschechoslowakei wurden nahezu alle Optionsanträge galizischer Jüdinnen und Juden abgelehnt, da sie, so die antisemitische Bestimmung im Vertrag, die Zugehörigkeit „nach Sprache und Rasse" nicht erfüllten. Da die, mit hohen Kosten verbundene, Verleihung der österreichischen Staatsbürgerschaft nur über das Heimatrecht möglich war, welches wiederum erst nach 10jährigem Aufenthalt in einer Gemeinde zuerkannt wurde, blieben viele der nach Wien zugewanderten oder geflüchteten Menschen staatenlos.
Die derzeit bekannten Quellen[4] erlauben nur biographische „Momentaufnahmen" zum Schicksal der vier Männer: Ludwig Z. wurde 1893 zwar in

---

[2] FWF-Projekt „Anthropologie im Nationalsozialismus". Projekte der Anthropologischen Abteilung des Naturhistorischen Museums in Wien 1938-1945. Projektleitung: Univ. Prof. Dr. Maria Teschler-Nicola, Univ. Prof. Dr. Karl Stuhlpfarrer. Projektmitarbeiterinnen: Dr. Margit Berner, Dr. Verena Pawlowsky, Mag.ª Claudia Spring. Weiters werden die umfangreichen Vermessungen an Kriegsgefangenen in den Lagern Kaisersteinbruch und Wolfsberg sowie die erb- und rassenbiologischen Gutachten untersucht. Vgl. auch die Beiträge der Projektleiterin und der Mitarbeiterinnen in: Eberhard Gabriel – Wolfgang Neugebauer (Hg.): Vorreiter der Vernichtung? Eugenik, Rassenhygiene und Euthanasie in der österreichischen Diskussion vor 1938. 3. Symposium zur Geschichte der NS-Euthanasie in Wien (im Druck)

[3] Vgl. Beatrix Hoffmann-Holter: „Abreisendmachung". Jüdische Kriegsflüchtlinge in Wien 1914-1923, Wien 1995

[4] Sie beruhen auf den anthropologischen Messblättern (NHM-AABA, Inv. 2537), den Recherchen der Gedenkstätte Buchenwald und der DÖW-Homepage zum Projekt „Namentliche Erfassung der österreichischen Opfer des Holocausts", (www.doew.at, März 2003). Die biographische Recherche

Wien geboren, hatte jedoch wie die anderen drei Männer, die aus kleinen galizischen Städten stammten, ebenfalls sein Heimatrecht in Galizien.[5] Wolf R. kam 1915, im Alter von 20 Jahren, als Kriegsflüchtling nach Wien. Josef S. war 37 Jahre, als er 1919 nach Wien zog, Moritz K. kam als 22jähriger ein Jahr später. Als Folge der Staatsneugründungen hatten Moritz K., Wolf R., Josef S. und Ludwig Z. – wie Zehntausende andere auch – ihr Heimatrecht nun nicht mehr in der österreichisch-ungarischen Provinz Galizien, sondern in Polen. Ob sie optierten bzw. einen Antrag auf die österreichische Staatsbürgerschaft stellten, kann bis dato nicht beantwortet werden, sicher ist jedoch, dass sie staatenlos blieben. Für die Zeit zwischen ihrer Ankunft in Wien und dem Jahr 1938 gibt es nur wenig Hinweise zu ihrem Leben. Moritz K. war ledig und arbeitete als Geschäftsdiener, über weitere Familienmitglieder geht aus den Akten nichts hervor. Wolf R. hatte gemeinsam mit seiner Ehefrau Charlotte seit 1929 eine Tochter namens Vera. Er war Kaufmann und handelte mit Strumpf- und Wirkwaren. Josef S. war mit einer Frau namens Sali verheiratet, er arbeitete als Tischler. Der Bankbeamte Ludwig Z. und seine Ehefrau Ludmilla waren seit 1919 Eltern eines Sohnes mit Namen Josef.

Innerhalb von nur wenigen Wochen und Monaten nach dem „Anschluss" im März 1938 war die seit 1933 im „Altreich" schrittweise erfolgte Ausgrenzung von Jüdinnen und Juden aus dem wirtschaftlichen, politischen, sozialen und kulturellen Leben in der „Ostmark" nachgeholt und der Auftakt zu ihrer Vertreibung gesetzt.[6] Ersten Abschiebungen von burgenländischen Jüdinnen und Juden nach Ungarn, Jugoslawien und die Tschechoslowakei folgten Ausweisungsbefehle für in Wien lebende ausländische Jüdinnen und Juden. Während die Folgen der Vertreibungspolitik zunehmend einer Massenflucht glichen, verstärkten viele Länder ihre Kontrollen an den Grenzen und wandten eine restriktive Einwanderungspolitik an.

---

wurde gemeinsam mit Dr. Margit Berner durchgeführt. Für die vielfältige Unterstützung danken wir Dr. Elisabeth Klamper und Stephan Roth vom DÖW sowie Dr. Harry Stein von der Gedenkstätte Buchenwald.

[5] Zu den sehr komplexen Hintergründen von Heimatrecht, Staatsvertrag von St. Germain, Option und Staatsbürgerschaft vgl. Historikerkommission (Hgin), Hannelore Burger – Harald Wendelin, Staatsbürgerschaft und Vertreibung. Vertreibung, Rückkehr und Staatsbürgerschaft. Die Praxis der Vollziehung des Staatsbürgerschaftsrechts an den österreichischen Juden. Wien 2002, Kap. 2 und Margarethe Grandner, Staatsbürger und Ausländer. Zum Umgang Österreichs mit den jüdischen Flüchtlingen nach 1918, in: Gernot Heiss – Oliver Rathkolb (Hg.), Asylland wider Willen. Flüchtlinge in Österreich im europäischen Kontext seit 1914, Wien 1995, 60-85

[6] Zu den folgenden Ausführungen vgl. Peter Longerich, Politik der Vernichtung. Eine Gesamtdarstellung der nationalsozialistischen Judenverfolgung. München 1998, Kap. 3

Wie allen staatenlosen Menschen in der „Ostmark" wurde auch Moritz K., Wolf R., Josef S., Ludwig Z. und ihren Familienangehörigen deutlich, dass die Staatenlosigkeit eine Auswanderung zusätzliche erschwerte: Da jede zwischenstaatliche Vereinbarung üblicherweise auf Gegenseitigkeit beruht, war es für staatenlose Menschen, deren Rechte von keinem Staat wahrgenommen wurden, nahezu aussichtslos, ein potentielles Gastland zu finden, weil – rein juristisch gesehen – keine Rückschiebung möglich gewesen wäre.[7] Das Schicksal der vier Männer und ihrer Familien in der Zeit zwischen dem „Anschluss" und dem September 1939 ist mangels konkreter Quellen nicht individuell, jedoch kollektiv beschreibbar: Zu den vielfältigen und umfassenden antijüdischen Maßnahmen zählten willkürliche körperliche Gewaltakte gegen Jüdinnen und Juden, wiederholte Plünderungen von Wohnungen und Geschäften, die Verpflichtung zur Zwangsarbeit ab Oktober 1938, die Schließung ihrer Geschäfte bis Ende 1938 und die Aufhebung des Kündigungsschutzes im Mai 1939. Ab diesem Monat wurde auch die gezielte Vertreibung von staatenlosen Menschen forciert: Unter Androhung der Einweisung in ein Konzentrationslager wurden jene, die nicht im Besitz von gültigen Papieren waren, zur Ausreise bis Ende Juli 1939 aufgefordert. 3000 Personen wurden mit dem Ziel, sie zu deportieren, inhaftiert. Aufgrund völlig überfüllter Gefängnisse wurden jedoch vor allem alte und kranke Menschen, Ehemänner von nichtjüdischen Frauen und jene, deren Ausreise innerhalb der nächsten sechs Monate bevorstand, mit der Auflage, sich täglich bei einer Polizeistation zu melden, entlassen.

Anfang September 1939 erfolgte der bereits erwähnte Erlass Reinhard Heydrichs. Moritz K., Wolf R., Josef S. und Ludwig Z. wurden am 9. bzw. 10. September gefangen genommen und nach drei Wochen Haft in verschiedenen Gefängnissen sowie im Wiener Stadion am 30. September mit mehr als 1.000 staatenlosen jüdischen Häftlingen in das KZ Buchenwald deportiert.[8] Drei ihrer Mithäftlinge verstarben bereits während des Transportes nach Weimar. Nach einem von schweren Misshandlungen durch das Aufsichtspersonal gekennzeichneten Marsch vom Bahnhof Weimar in das sieben Kilometer entfernte KZ Buchenwald wurden die vier Männer ge-

---

[7] Zu staatenlosen Personen, der „neueste[n] Menschengruppe der neueren Geschichte" vgl. Hannah Arendt, Elemente und Ursprünge totaler Herrschaft. Antisemitismus, Imperialismus, totale Herrschaft, München 5/1996, 564-601

[8] Zum Transport und zur Situation im KZ Buchenwald vgl. Harry Stein, „Polizeihäftlinge aus Wien", in: Gedenkstätte Buchenwald (Hgin), Juden in Buchenwald 1937-1942. Weimar 1992, 83-91 und die Autobiographie eines Überlebenden: Gershon Evan, Winds of Life. The destiny of a young Viennese Jew 1938-1945, Riverside 2000

meinsam mit den anderen Häftlingen des Transportes aus Wien in einem Sonderlager, dem „kleinen Polenlager", untergebracht: in Zelten und primitiven Holzbaracken mit völlig unzureichenden sanitären Anlagen. Bereits innerhalb weniger Wochen starben viele ihrer Mithäftlinge infolge von Entkräftung durch Hunger (wegen geringer Essensrationen und zahlreicher Tage ohne Essen als zusätzliche Schikane), durch körperliche Schwerstarbeit im Steinbruch, stundenlange Appelle und, ab Ende Oktober, aufgrund einer Ruhrepidemie. Im Jänner 1940 wurden die vier Männer gemeinsam mit den anderen Häftlingen vom Sonderlager ins Hauptlager transferiert und 16 der im Stadion vermessenen 440 Männer kurz darauf, im Februar 1940, entlassen. Im Sommer 1940 lebte nur noch ein Drittel der über 1000 aus Wien deportierten staatenlosen Juden.

Ab dem Frühjahr 1941 kamen die „T4"-Gutachter auch in das KZ Buchenwald und begannen mit ihren Selektionen im Rahmen der sogenannten Aktion „14f13".[9] Sieben der 440 vermessenen Häftlinge wurden im Juli 1941 gemeinsam mit 180 Häftlingen aus Buchenwald in der Tötungsanstalt Sonnenstein bei Pirna ermordet. Im März 1942 starben 19 der vermessenen Männer in der Tötungsanstalt Bernburg/Saale, wohin sie mit 365 weiteren jüdischen Häftlingen vom KZ Buchenwald deportiert worden waren.

Moritz K. und Wolf R. entgingen diesen Selektionen, sie wurden jedoch am 13. oder 14. März 1942 vom KZ Buchenwald in einem Transport mit zumindest 19 vermessenen Mithäftlingen in das Männerlager des KZ Ravensbrück überstellt.[10]

Entsprechend dem Auftrag Himmlers, die auf Reichsgebiet gelegenen Konzentrationslager „judenfrei" zu machen, wurden am 17. Oktober 1942 405 jüdische Häftlinge aus Buchenwald, darunter zumindest 25 der vermessenen Männer in das KZ Auschwitz deportiert, ihre Todesdaten sind unbekannt.

Josel S. und Ludwig Z. waren bereits am 7. Juli 1942 in das KZ Dachau gebracht und von dort, wie 3000 weitere Häftlinge nach Hartheim deportiert. Ob Moritz K. und Wolf R. von Ravensbrück zuerst in das KZ Dachau oder direkt in die Tötungsanstalt Hartheim deportiert wurden, ist aufgrund

---

[9] Insgesamt wurden zwischen 10.000 und 20.000 Menschen im Zuge der Aktion „14f13" ermordet. Vgl. Henry Friedlander: Der Weg zum NS-Genozid. Von der Euthanasie zur Endlösung. Berlin 1997, Kap. 7 und die Aufsätze von Wolfgang Neugebauer und Andreas Baumgartner in diesem Band

[10] Zur Mordaktion „14f13" im KZ Ravensbrück vgl. Bernhard Strebe, Das Männerlager im KZ Ravensbrück 1941-1945, in: Dachauer Hefte. Studien und Dokumente zur Geschichte der nationalsozialistischen Konzentrationslager, Jg. 14 (1998), Heft 14: Verfolgung als Gruppenschicksal, 141-174

der wenigen Quellen nicht rekonstruierbar. Bisherige Recherchen ergaben für Moritz K., Josel S. und Ludwig Z. dasselbe Todesdatum, nämlich den 7. Oktober 1942 und bei Wolf R. den 12. Oktober 1942.

Von möglichen Familienmitgliedern Moritz K.s ist nichts bekannt. Charlotte R. wurde wenige Wochen nach der Ermordung ihres Mannes mit ihrer Tochter Vera am 7. Jänner 1943 von Wien nach Theresienstadt deportiert, ihre Todesdaten sind unbekannt.

Die Familienmitglieder von Josel S., seine Frau Sali sowie Berthold S., der aufgrund des Geburtsdatums vermutlich sein Vater war, wurden am 5. März 1941 von Wien nach Modliborzyce deportiert, ihre Todesdaten sind ebenfalls unbekannt.

Ludwig Z.s Frau Ludmilla, eine Nichtjüdin, und ihr Sohn Josef überlebten in Wien.

Die vier Männer hatten neben ihrer Staatenlosigkeit, der darauf beruhenden gemeinsamen Verhaftung, der anthropologischen Vermessung, ihrer KZ-Haft und ihrem Todesort noch eine weitere Gemeinsamkeit: Die in Hartheim und anderen „Euthanasie"anstalten ermordeten Menschen waren bis 1995 (!) im sogenannten Opferfürsorgegesetz nicht als Opfer anerkannt. Die Behörden übernahmen in ihren ablehnenden Bescheiden vielfach die fingierten Todesursachen und gingen nicht von einer Verfolgung durch das NS-Regime aus. Dementsprechend waren die Hinterbliebenen der ermordeten Menschen 50 Jahre lang von den ohnedies geringen und unzureichenden Leistungen dieses Gesetzes ausgeschlossen.

Ludmilla Z. hatte diesbezüglich „Glück": Durch die Verschleierung der Morde in der Tötungsanstalt Hartheim war in der Todesurkunde ihres Mannes das KZ Dachau als Todesort angeführt, und sie erhielt eine bescheidene Opferfürsorgerente.[11] Wäre der tatsächliche Todesort von Ludwig Z. bekannt gewesen, hätte sie das Schicksal der Hinterbliebenen von in Hartheim, aber auch anderen Tötungsanstalten ermordeten Menschen geteilt.

---

[11] Zum Opferfürsorgegesetz vgl. Brigitte Bailer, Keine Wiedergutmachung. Österreich und die Opfer des Nationalsozialismus, Wien 1993 und Historikerkommission (Hgin), Karin Berger, Nikolaus Dimmel, David Forster, Claudia Spring, Heinrich Berger, Vollzugspraxis des Opferfürsorgesetzes. Analyse der praktischen Vollziehung des einschlägigen Sozialrechts. Wien 2002, www. historikerkommission.gv.at/projekte, März 2003. Der Bericht ist im Druck.

ORTE UND AKTIONEN DER NS-EUTHANASIE

Brigitte Kepplinger und Hartmut Reese

Die zentrale Utopie des Nationalsozialismus war die Umgestaltung der deutschen Gesellschaft in eine arisch rassereine und erbgesunde Volksgemeinschaft. Das Konzept der Volksgemeinschaft beinhaltete die Lösung sozialer und politischer Konflikte durch Beseitigung und Vernichtung oppositioneller Personen wie Organisationen ebenso wie die Herstellung einer ethnisch homogenen und krankheitsfreien Gesellschaft durch Ausgrenzung und Vernichtung „Fremdrassiger" und „Minderwertiger".

Die Ermordung hunderttausender kranker und behinderter Menschen war in diesem Zusammenhang der Höhepunkt eines Programms negativer Eugenik, das von nationalsozialistischen Wissenschaftlern und Politikern entwickelt worden war. Zwei Faktoren sind in diesem Zusammenhang von konstitutiver Bedeutung: zum einen, als unabdingbare Voraussetzung, die Beseitigung der demokratischen Verfasstheit des Staatswesens. Dadurch waren Information, Diskussion und demokratische Kontrolle staatlicher Maßnahmen verunmöglicht, somit konnten die verschiedenen Tötungsprogramme gemäß den politischen Vorgaben realisiert werden. Zum anderen ist die Intention der Geheimhaltung der Tötungsprogramme zu nennen. Während andere eugenische Maßnahmen, wie etwa die Zwangssterilisation „erblich belasteter" Individuen, in den Mainstream eugenisch motivierter Sozialpolitik eingebettet waren, der die ersten drei Jahrzehnte des 20. Jahrhunderts nicht nur in Deutschland kennzeichnet, bedeutet die Massentötung kranker und behinderter Menschen die Aufkündigung des Konsens der Menschenrechte, die demokratische Gesellschaften mit konstituiert.

Bei der NS-Euthanasie handelt es sich um einen komplexen Prozess mehrerer, z. T. parallel laufender „Aktionen" und Maßnahmen, die 1939, unmittelbar vor Kriegsbeginn, einsetzten und teilweise erst 1945, mit dem Ende des Dritten Reiches, endeten.[1] Hier soll vor allem auf die zentralen

---

[1] Basis der folgenden Ausführungen bilden folgende Quellenbestände: NARA, RG 338 USAEUR, JAG.DIV. War Crimes Branch, Relating to Medical Experiments 1933-47, 126 472-128 175 (Heidelberger Dokumente), sowie HHStA 631a, Verfahren gegen Renno u.a., Landgericht Frankfurt/Main Ks 1/69. sowie die Standardwerke: Ernst Klee, „Euthanasie" im NS-Staat. Die „Vernichtung lebensunwerten Lebens", Frankfurt/Main 1997; Henry Friedlander, Der Weg zum NS-Genozid. Von der Euthanasie zur Endlösung, Berlin 1997; Götz Aly (Hg), Aktion „T4" 1939-1945. Die „Euthanasie"-Zentrale in der

Maßnahmen eingegangen werden: die Ermordung von PatientInnen aus Heil- und Pflegeanstalten, die psychisch krank oder geistig und/oder körperlich behindert waren, die Sonderbehandlung „14f13" sowie die Ermordung „geisteskranker Ostarbeiter" in psychiatrischen Kliniken und der letzten sich in Betrieb befindenden Tötungsanstalt. Im Zentrum des Interesses steht hierbei die Betrachtung der Orte des Geschehens: die eigens für die NS-Euthanasie eingerichteten Tötungsanstalten.

Die Ermordung der AnstaltspatientInnen im Rahmen der Aktion „T4"

Die konkrete Entscheidung der NS-Führungsspitze für die Durchführung eines Tötungsprogramms für bestimmte AnstaltspatientInnen fiel im Sommer vor Kriegsbeginn. Im „Reichsausschuss für die wissenschaftliche Erforschung erb- und anlagebedingter schwerer Leiden", einem Gremium, das aus Erfassung und Tötung von Kindern mit bestimmten Krankheiten bzw. Behinderungen geschaffen worden war[2], wurde über die Organisation der Tötung von AnstaltspatientInnen und über adäquate Methoden diskutiert. Einige Mitglieder befürworteten die individuelle Ermordung der PatientInnen durch Medikamente bzw Gift in den Heil- und Pflegeanstalten selbst. Das Problem der Geheimhaltung und die große Anzahl potentieller Opfer – man ging von einem „Euthanasiefall" pro tausend Einwohner aus, was in Summe 65.000 bis 70.000 zu tötende Personen bedeutete[3] – ließ aber ein solches Vorgehen als nicht realisierbar erscheinen. Die Konsequenz war die Errichtung eigener Tötungsanstalten. In einem weiteren Schritt wurde die Tötungsmethode festgelegt. Die Erfahrungen in den besetzten polnischen Gebieten – dort hatte man AnstaltspatientInnen durch Massenerschießungen, aber auch durch Gas ermordet – führten zu der Entscheidung für den Einsatz von Gas, konkret von Kohlenmonoxyd.[4] Sanktioniert wurden die geplanten Massentötungen durch Adolf Hitler, der

---

Tiergartenstraße 4, Berlin 1987; Hans-Walter Schmuhl, Rassenhygiene, Nationalsozialismus, Euthanasie. Von der Verhütung zur Vernichtung ‚lebensunwerten Lebens', 1890-1945, Göttingen 1992
[2] Siehe hierzu Friedlander, Der Weg zum NS-Genozid, 84 ff.
[3] Siehe Dietmar Schulze, „Euthanasie" in Bernburg. Die Landes- Heil- und Pflegeanstalt Bernburg/Anhaltische Nervenklinik in der Zeit des Nationalsozialismus, Essen 1999, 73
[4] Vgl hierzu Volker Rieß, Die Anfänge der Vernichtung „lebensunwerten Lebens" in den Reichsgauen Danzig-Westpreußen und Wartheland 1939/40, Frankfurt/M. 1995, 281 ff.

Orte und Aktionen der NS-Euthanasie

in einer formlosen Ermächtigung den „Gnadentod" für unheilbar Kranke billigte.[5]

Die Zuständigkeit für die Umsetzung der erstellten Konzepte lag bei der Kanzlei des Führers, ihrem Leiter Philipp Bouhler, und Karl Brandt, Hitlers Begleitarzt. Unter ihrer Federführung wurde innerhalb der Kanzlei des Führers eine komplexe Organisation zur Abwicklung des Euthanasieprogramms geschaffen, die unabhängig von staatlichen Verwaltungszusammenhängen agieren konnte. Diese Organisation umfasste mehrere hundert Mitarbeiter und wurde in einer arisierten Villa in Berlin, Tiergartenstraße 4, untergebracht. (daher die Bezeichnung „T4")[6]. Für den operativen Bereich wurden sukzessive mehrere Organisationen geschaffen, die alle logistischen Bereiche der „Aktion" abdecken konnten. Die „Reichsarbeitsgemeinschaft Heil- und Pflegeanstalten", deren medizinische Abteilung bis Ende 1941 von Werner Heyde geleitet wurde, war zuständig für die Erfassung der Opfer und ihre medizinische Begutachtung. Die „Gemeinnützige Krankentransport GmbH (Gekrat)" brachte die Kranken in die Tötungsanstalten; zu ihren Aufgaben gehörte außerdem der Transport der Krankenakten sowie des persönlichen Eigentums der Opfer. Die „Gemeinnützige Stiftung für Anstaltspflege" schloss die Dienstverträge mit dem Personal der „Aktion" ab und kümmerte sich um die Beschaffung der benötigten Gebäude sowie aller anderen Wirtschaftsgüter. Schließlich wurde 1941 die „Verrechnungsstelle Heil- und Pflegeanstalten" gegründet, die die Abrechnung mit den Sozialversicherungsträgern und den Abgabeanstalten durchführte.[7]

Die Erfassung der potentiellen Opfer in den Heil- und Pflegeanstalten erfolgte auf der Basis von Meldebögen, die von den einzelnen Anstalten auszufüllen waren und die im Sommer 1939 verschickt wurden. Um die Beteiligung der Anstalten an dieser Erhebung obligatorisch zu machen, suchte die Zentraldienststelle die Unterstützung des Reichsministerium des Inneren (RMdI): ein entsprechender Erlass verpflichtete die Heil- und Pflegeanstalten zum Ausfüllen der Meldebögen. In der Folge wurden die Meldebögen durch eine Gruppe von ca. 40 Ärzten, die von der „Reichsarbeitsgemeinschaft Heil- und Pflegeanstalten" engagiert worden waren, begutachtet. Diese Ärzte trafen auf Basis der Informationen in den Meldebögen

---

[5] Siehe Friedlander, Genozid, 125
[6] Im Sprachgebrauch der Täter wurde mit „T4" die Zentraldienststelle in der Tiergartenstraße 4 bezeichnet; von den Patiententötungen wurde als der „Aktion" gesprochen. Der Begriff Aktion „T4" entstand erst in der Nachkriegszeit.
[7] Siehe Aly, Aktion T4, 139

die Entscheidung über eine Einbeziehung von PatientInnen in die „Aktion". Der nächste Schritt war die Zusammenstellung von Listen durch die Gekrat, die den Tötungsanstalten übermittelt wurden. Um eine reibungslose Abwicklung der Tötungen zu gewährleisten, wurden bestimmte Heil- und Pflegeanstalten als Zwischenanstalten bestimmt: ihre Funktion war es, die zur Tötung bestimmten PatientInnen für kurze Zeit unterzubringen, um Kapazitätsengpässe in den Tötungsanstalten zu vermeiden.

Ein eigenes Kapitel stellte die bürokratische Abwicklung der Tötungen statt. Es war ein ausgefeiltes System zur Täuschung der Angehörigen entwickelt worden: der Totenschein wurde von einem Sonderstandesamt in der Tötungsanstalt ausgestellt, in den vom Arzt eine fingierte natürliche Todesursache eingetragen worden war. Um zu verschleiern, dass die Opfer sofort nach der Ankunft in der Tötungsanstalt ermordet wurden, wurde als Todeszeitpunkt ein zehn bis zwanzig Tage späteres Datum eingesetzt. Da die Zentralverrechnungsstelle den Kostenträgern für diese Zeit noch die Tagsätze verrechnete, erwirtschaftete „T4" durch diese Maßnahme Finanzmittel in beträchtlicher Höhe. Darüber hinaus sollte eine differenzierte Logistik des Aktentausches zwischen den Tötungsanstalten Verdacht bzw. Nachforschungen von Angehörigen verhindern: ein Teil der jeweiligen Sterbeurkunden wurde von einer anderen, weiter entfernten, Tötungsanstalt ausgestellt. Die entsprechenden Akten wurden nicht per Post versandt, sondern durch Kuriere der „T4" befördert. Auch der übrige Schriftverkehr zwischen der „Zentraldienststelle" und den einzelnen Anstalten wurde über dieses Kuriersystem organisiert.

Ende August 1941 verfügte Adolf Hitler einen Stopp der Aktion „T4", der die Verantwortlichen völlig überraschend traf. Ein ganzes Bündel von Ursachen war für diese Entscheidung maßgeblich;[8] ein wichtiger Faktor war die Predigt des Münsteraner Bischofs Clemens August Graf von Galen vom 3. August 1941, deren Frage, was wohl noch mit den anderen „Unproduktiven" geschehen werde, in der Bevölkerung von Westfalen zu großer Beunruhigung führte.[9]

Nach dem „Stopp" wurde die Zentraldienststelle nicht aufgelöst; die leitenden Mitarbeiter rechneten fest damit, dass binnen absehbarer Zeit die „Aktion" weitergeführt würde. Sie nutzten die freien personellen Kapazitäten für weitergehende Planungen, für Inspektionsreisen in die einzelnen Regionen sowie für die statistische Auswertung der „Aktion." In diesem

---

[8] Siehe Schmuhl, Rassenhygiene, 210
[9] Klee, Euthanasie, 334

Kontext entstand die nach ihrem Fundort so genannte „Hartheimer Statistik", eine detaillierte Bilanz der Aktion „T4".[10]
Drei der vier Tötungsanstalten, die im August 1941 noch in Betrieb waren, blieben auch weiterhin aktiv. Sie wurden im Rahmen der Sonderbehandlung „14f13" zur Tötung arbeitsunfähiger Konzentrationslagerhäftlinge benutzt. Die Beschäftigten der Tötungsanstalten blieben zu einem relevanten Teil auch nach dem „Stopp" bei der Zentraldienststelle beschäftigt. PflegerInnen und Bürokräfte kehrten in ihre alten Dienstverhältnisse zurück oder fanden eine Anstellung innerhalb des nationalsozialistischen Partei- und Staatsapparates. Eine Gruppe von Ärzten, PflegerInnen und Buschauffeuren nahm ab Dezember 1941 am „Sanitätseinsatz Ost" der Organisation Todt teil, wobei noch unklar ist, ob sie neben der Unterstützung des deutschen Sanitätsdienstes nicht auch „zur Tötung kranker oder schwerverletzter deutscher Soldaten"[11] eingesetzt wurden.
Am bedeutendsten aber war der Personal- und Technologietransfer von „T4" zur „Aktion Reinhard, dem Massenmord an der jüdischen Bevölkerung des Generalgouvernements.

Sonderbehandlung „14f13": Morde an KZ-Häftlingen

Schon vor dem Stopp des Euthanasieprogramms am 24. August 1941[12] waren in den Euthanasieanstalten des Deutschen Reiches Häftlinge aus den Konzentrationslagern im Reichsgebiet vergast worden. Unter der Bezeichnung Sonderbehandlung „14f13" hatte eine Aktion begonnen, die auf einer Anfrage Heinrich Himmlers an die Kanzlei des Führers beruhte, wie Personal und Einrichtungen der „T4" für die Konzentrationslager genutzt werden könnten. Nach Beratungen zwischen dem Reichsführer SS, Hein-

---

[10] NARA II, RG 549, Records of Headquarters, U.S. Army Europe (USAREUR), War Crimes Branch, War Crimes Case files ("Cases not Tried"), 1944-1948, Exhibit 39, Box 491, Case 000-12-463, zit. bei: Andrea Kugler: Die "Hartheimer Statistik", in. Wert des Lebens. Begleitpublikation zur Ausstellung des Landes Oberösterreich in Schloss Hartheim 2003, Linz 2003., 124-131, hier: 124

[11] Thomas Beddies, Der „Ost-Einsatz" von Mitarbeitern der „Aktion T4" im Winter 1941/42, in: Arbeitskreis zur Erforschung der nationalsozialistischen „Euthanasie" und Zwangssterilisation (Hg), Psychiatrie im Dritten Reich – Schwerpunkt Hessen, Ulm 2002, 25-35, hier: 25. Siehe auch den Beitrag von Udo Benzenhöfer, Bemerkungen zum „Sanitätseinsatz Ost" von Mitarbeitern der „Aktion T4" im Winter 1941/42, ebd., 37-43

[12] Vgl. Götz Aly, „Endlösung". Völkerverschiebung und der Mord an den europäischen Juden, Frankfurt a. M. 1995, 314 ff.; Heinz Faulstich, Von der Irrenfürsorge zur „Euthanasie". Geschichte der badischen Psychiatrie bis 1945, Freiburg 1993, 287 f.

rich Himmler, und dem für „T4" verantwortlichen Reichsleiter Philipp Bouhler begann das Programm „14f13" im Frühjahr 1941. „T4"-Ärzte besuchten die Konzentrationslager Sachsenhausen, Dachau, Auschwitz, Buchenwald und Mauthausen.[13] und trafen die endgültige Entscheidung, welche von den Lagerärzten ausgewählten Häftlinge in die „Sonderbehandlung" einbezogen werden sollten. Gleichzeitig wurde in den betroffenen Konzentrationslagern von der SS verbreitet, dass geschwächte Häftlinge sich für einen Aufenthalt in einem „Erholungslager" bzw „Sanatorium" melden könnten; die Resonanz war aber denkbar gering.

Zur Selektion wurde derselbe Fragebogen benutzt, wie er von „T4" an die Anstalten verschickt wurde. Die Fragebögen waren schon teilweise ausgefüllt, wenn die „T4"-Ärzte eintrafen; diese trugen nur mehr die „Diagnose" ein. Als zentrales Kriterium galt in dieser Phase die Arbeitsfähigkeit der Häftlinge, aber auch soziale und politische Kriterien („fanatischer Deutschenhasser + asozialer Psychopath, eingefleischter Kommunist"[14]) wurden angewendet. Die ausgesonderten Häftlinge wurden nach Hartheim oder Sonnenstein gebracht und dort ermordet.

Nach dem Abbruch der Aktion „T4" lagen die Kapazitäten der Tötungsanstalten brach. In Hadamar wurden die Tötungseinrichtungen abgebaut, aber in Hartheim, Sonnenstein und Bernburg blieben sie intakt und wurden nunmehr ausschließlich für die Aktion „14f13" eingesetzt. Der Kreis der Konzentrationslager wurde erweitert; auch Flossenbürg, Groß-Rosen, Ravensbrück und Neuengamme wurden nach Opfern für „14f13" durchsucht, wobei nun vor allem jüdische Häftlinge in die Tötungsanstalten gebracht wurden.

Im April 1943 wurde die Aktion „14f13" durch eine Verfügung des Wirtschafts-Verwaltungs-Hauptamts der SS (WVHA) de facto beendet. Die Arbeitskraft der KZ-Häftlinge wurde für die Kriegswirtschaft des Dritten Reiches notwendig gebraucht, daher sollten nur mehr wirklich geisteskranke Häftlinge „ausgemustert" werden.[15] Diese Maßnahme markiert auch den Zeitpunkt der Schließung von Bernburg und Sonnenstein; Hartheim blieb weiter betriebsbereit. Tatsächlich wurden die Selektionen in Mauthausen im April 1944 wieder aufgenommen. Ende April begannen die Tötungen in Hartheim erneut. Bis November 1944 wurden in Hartheim

---

[13] Siehe Schulze, „Euthanasie", 128 f.
[14] Meldebogen, ausgefüllt von Dr. Friedrich Mennecke, in: Klee, NS-„Euthanasie", 346
[15] Wirtschafts-Verwaltungs-Hauptamt, Amtgruppenchef D – Konzentrationslager – Geheim TgbNr 612/43, 27.4.1943. Abschrift in: HHStW, Abt. 631a/816, Wesentliches Ergebnis der Ermittlungen, 51

ca. 3000 Häftlinge aus Mauthausen ermordet, unter ihnen russische Kriegsgefangene und ungarische Juden.[16] Warum allerdings in Hartheim weiter gemordet wurde, erklärt sich wohl nicht aus den besonderen Beziehungen zwischen diesen Einrichtungen und ihrem Leitungspersonal[17]; es kann vielmehr angenommen werden, dass Hartheim als Mordstätte für das KZ Mauthausen aus technischen, logistischen und organisatorischen Gründen weiterhin günstig war. Insgesamt wurden in der Aktion „14f13" zwischen 10.000 und 20.000 Menschen getötet[18].

Die Aktion „14f13" ist einer der weißen Flecken in der NS-Forschung. Die einzige Monographie zu diesem Thema stammt aus dem Jahr 1987[19]. In der Forschung über die NS-Euthanasie bildet die Aktion „14f13" eine Restgröße, ebenso wie in der Forschung über die NS-Konzentrationslager. Zum einen ist hierfür sicherlich die z. T. schwierige Quellenlage verantwortlich. Viele der einschlägigen Akten wurden bei Kriegsende vernichtet; die erhaltenen Akten müssen zudem dekodiert werden: die Zielangabe von Transporten aus Konzentrationslagern in die Tötungsanstalten ist verschlüsselt (einige Transporte aus Mauthausen mit der Destination Hartheim nennen z.B. als Ziel „Sanatorium Dachau"). Die Todesdaten wurden wie in der Aktion „T4" manipuliert und willkürliche Daten eingesetzt. Auch wurden die Totenscheine in der Kanzlei der Konzentrationslager beurkundet, ein Vorgehen, das – analog zur Dekodierung der Sterbeurkunden der „T4" – die Zuordnung einzelner Todesfälle über die Sterbeurkunde zu „14f13" de facto unmöglich macht. Die Aussagen des Personals der Tötungsanstalten in den Nachkriegsprozessen, eine zentrale Quelle für die Rekonstruktion der Aktion „T4", sind in Bezug auf die Aktion „14f13" eigenartig nichtssagend und vage. Das Erinnerungsvermögen der ZeugInnen scheint plötzlich nicht mehr existent, auch wenn sie über die Zeit der Aktion „T4" detaillierte Angaben machen konnten. Zu einem Teil ist diese Amnesie wohl der Tatsache geschuldet, dass das Personal der Tötungsanstalten in die Abwicklung der Häftlingsmorde nur teilweise involviert war: Transport und Beaufsichtigung wurde von der Lager-SS wahrgenommen; die Beurkundung der Todesfälle erfolgte durch das Konzentrationslager. Obwohl eigentlich ein Arzt zugegen sein musste, um das Gas in den Tötungsraum einzuleiten, wurde dies oft auch von anderen

---

[16] Ebd., 52
[17] Friedlander, NS-Genozid, 248
[18] Friedlander, NS-Genozid, 248
[19] Walter Grode, Die „Sonderbehandlung 14f13" in den Konzentrationslagern des Dritten Reiches, Frankfurt/Main 1987

Personen erledigt. In Bezug auf Hartheim scheint es in der letzten Phase der Aktion „14f13" so gewesen zu sein, dass die Anstalt gewissermaßen im Modus der Selbstbedienung funktionierte. Lediglich die Anwesenheit der Leichenbrenner war wirklich notwendig. Ein genauso wesentlicher Grund für die Amnesie bei den ZeugInnen war aber die unterschiedliche Sichtweise der Besatzungsbehörden auf die Aktionen „T4" bzw „14f13". Die Ermordung von KZ-Häftlingen wurde von den US-Militärbehörden als Kriegsverbrechen eingestuft und von einschlägigen Gerichten verhandelt. Todesurteile und lange Haftstrafen lagen daher durchaus im Bereich des Möglichen, wie das Beispiel des Hartheimer Brenners Vinzenz Nohel zeigt: er wurde 1945 verhaftet und im Dachauer Mauthausen-Prozess zum Tode verurteilt und hingerichtet.

Die Aktion „14f13" stellt eine wichtige Verbindung zwischen der Organisationsstruktur der Euthanasiemorde und dem System der Konzentrationslager dar. Es wäre eingehender zu prüfen, ob und welche Transfers im Zuge dieser Zusammenarbeit stattfanden: so z. B. erfolgte der Einbau einer Gaskammer im Konzentrationslager Mauthausen im April 1942, fast ein Jahr nach dem Beginn der Aktion „14f13" in diesem Lager.[20] Außerdem verklammert die Konzentration auf jüdische Häftlinge in der zweiten Phase der Aktion „14f13" – ebenso wie die Ermordung jüdischer AnstaltspatientInnen im Rahmen der Aktion „T4" – die Euthanasie-Aktionen eng mit der heraufziehenden „Endlösung der Judenfrage". Hier wurde in kleinem Maßstab realisiert, was ab 1942 für Millionen von Menschen zur tödlichen Realität werden sollte.

Die Ermordung „geisteskranker Ostarbeiter" in psychiatrischen Kliniken und in der Tötungsanstalt Hartheim

Auch ausländische Arbeitskräfte – sowohl ZivilarbeiterInnen, polnische ZwangsarbeiterInnen und sogenannte „OstarbeiterInnen" wurden, sofern sie als psychisch krank in eine entsprechende Anstalt eingewiesen worden waren, ab 1942, nach dem „Stopp" der Aktion „T4", Opfer der dezentralen Anstaltseuthanasie.[21]

---

[20] Siehe Hans Marsalek, Die Geschichte des Konzentrationslagers Mauthausen, Wien 1980, 210
[21] Nach dem von Hitler im August 1941 verfügten Stopp der Massentötungen von psychisch kranken, geistig und/oder körperlich behinderten AnstaltspatientInnen in den Tötungsanstalten wurden die-

Waren diese Einweisungen in psychiatrische Anstalten bis 1944 Einzelfälle, geriet im Frühling 1944 die gesamte Gruppe der ZwangsarbeiterInnen und „OstarbeiterInnen" ins Blickfeld der „Zentraldienststelle" von „T4": diese wurde von Reichsgesundheitsführer und Reichssicherheitshauptamt beauftragt, „für die Rückführung der geisteskranken Ostarbeiter Sorge zu tragen."[22] Kranke ArbeiterInnen wurden aber mitnichten in ihre Heimat zurück gebracht, sondern – sofern die Dauer ihres Anstaltsaufenthalts vier Wochen überstieg – in der Heil- und Pflegeanstalt Hadamar (Hessen) ermordet oder auch in Sammeltransporten in die noch betriebsbereite Tötungsanstalt Hartheim gebracht und hier vergast. Belegt ist z. B. ein Transport von 17 Sowjetbürgern und Polen aus Marburg bzw. Hessen nach Hartheim im Juni 1944.[23]

Am 6. September 1944 erging zudem ein Runderlass des Reichsministers des Innern (RMdI), der verfügte, dass „geisteskranke Ostarbeiter und Polen", die in entsprechende deutsche Anstalten eingewiesen worden waren, in bestimmte, als „Sammelstellen" bezeichnete psychiatrische Kliniken verlegt werden sollten. Insgesamt wurden im Reichsgebiet elf solcher „Sammelstellen" eingerichtet, nämlich in den Heil- und Pflegeanstalten Tiegenhof, Lüben, Landsberg/Warthe, Schleswig, Lüneburg, Bonn, Schussenried, Kaufbeuren, Hadamar, Pfafferode und für die „Alpen- und Donaugaue" in der Heil-und Pflegeanstalt Mauer-Öhling bei Amstetten.[24] Je nach geographischer Lage dieser „Sammelstellen" wurden die betreffenden OstarbeiterInnen in sogenannte „Ostanstalten" weiter transportiert und dort ermordet.[25] Wenn es auf Grund des Kriegsverlaufs keine entsprechenden Transportmöglichkeiten mehr gab, wurden die OstarbeiterInnen schon in den Sammelstellen getötet; auch Transporte in die Tötungsanstalt Hartheim sind nachgewiesen.

Wie die Sonderbehandlung „14f13" ist auch die Tötung von OstarbeiterInnen im Rahmen der dezentralen Anstaltseuthanasie bzw. in der Tötungsanstalt Hartheim erst in Ansätzen erforscht. In den verschiedenen Forschungsprojekten zur Zwangsarbeit im Nationalsozialismus ist diese Personengruppe bislang ebenso vernachlässigt wie in der Euthanasie-

---

se Morde dezentral, in den psychiatrischen Kliniken fortgesetzt. In der „Ostmark" waren dies unter anderem die Klinik „Am Steinhof" in Wien, „Am Feldhof" in Graz, Gugging sowie die „Gau-Heil- und Pflegeanstalt Niederhart" in Linz.

[22] HHStA Wiesbaden, Abt. 430/1 Nr. 11664, („T4"), zit. nach: Peter Sandner, Verwaltung des Krankenmords, Gießen 2003, 683
[23] NARA, M-1078, Roll 1, Frame 86-95, zit. bei Sandner, 684
[24] HHStA Wiesbaden, Abt 631a/816: Wesentliches Ergebnis der Ermittlungen
[25] Ebd., 23

forschung. Dabei könnte die Erforschung dieser Abläufe einen wesentlichen Aspekt der nationalsozialistischen Politik beleuchten helfen: die Vernichtung unproduktiver Arbeitskraft im Wege medizinischer Institutionalisierung des Vernichtungsprozesses, zu dessen Realisierung, wie bei der Aktion „T4", die Zuarbeit staatlicher Verwaltungsbehörden unabdingbar war: im Fall der Ermordung der „geisteskranken Ostarbeiter" waren dies die Gau-Arbeitsämter.

Die Tötungsanstalten

Als die Entscheidung für die Tötung der Euthanasieopfer in eigens dafür errichteten Anstalten gefallen war, gingen die Verantwortlichen an die Realisierung. Es wurden insgesamt sechs solcher Tötungsanstalten etabliert. Allerdings waren nie alle sechs Anstalten gleichzeitig in Betrieb, sodass sich eine zeitliche Staffelung der Tötungen ergab.[26] De facto wurde das Gebiet des Deutschen Reiches in vier Einzugsgebiete aufgeteilt: Brandenburg und seine Nachfolgeanstalt Bernburg waren für den Nordosten des Reichsgebiet zuständig, Grafeneck und die Nachfolgeanstalt Hadamar für die westlichen Gebiete, Sonnenstein für Mitteldeutschland und Teile Bayerns und Hartheim für den Süden (Teile Bayerns, die Ostmark und Teile Sloweniens; eventuell auch Teile des ehemaligen Sudetengebietes).
Die Struktur des Tötungsprozesses war grundsätzlich in allen Euthanasieanstalten gleich: Die Opfer wurden in Bussen der Gekrat in die Euthanasieanstalt gebracht. Sie wurden entkleidet und vom ärztlichen Leiter der Anstalt begutachtet, um anhand der mitgeführten Akten die Identität festzustellen, eine plausible Todesursache für den Totenschein festzulegen, „medizinisch interessante Fälle" für fotografische Dokumentation und Präparatgewinnung zu kennzeichnen bzw. Personen mit goldenem Zahnersatz zu markieren. Die Opfer wurden fotografiert (in einigen Anstalten wurden alle Opfer fotografiert, in anderen nur die als „interessant" gekennzeichneten) und kamen anschließend in die als Brausebad getarnte Gaskammer, wo sie durch die Einleitung von Kohlenmonoxyd getötet wurden. Laut Anweisung der Zentraldienststelle musste der Gashahn von einem Arzt bedient werden. Die markierten Toten wurden in die Prosektur gebracht bzw. es wurde der goldene Zahnersatz herausgebrochen; das Zahn-

---

[26] Siehe hierzu Heinz Faulstich, Hungersterben in der Psychiatrie 1914-1949, Freiburg/Breisgau 1998, 260 f.

gold ging an die Zentralverrechnungsstelle. Die Ermordeten wurden dann im Verbrennungsofen der Tötungsanstalt verbrannt. Der Teil der Asche, der nicht für die Befüllung der Urnen gebraucht wurde, wurde weggebracht oder im Gelände der Anstalt vergraben.

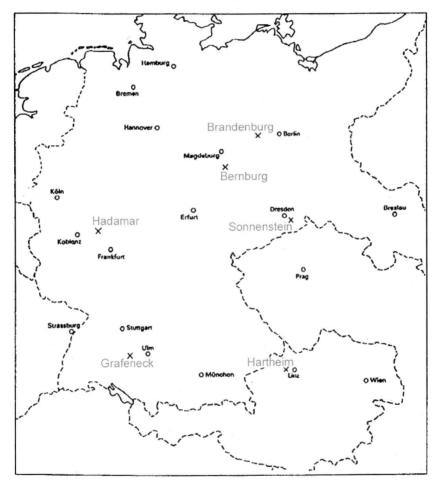

Abb. 1: Karte mit Standorten der NS-Euthanasieanstalten 1940/1945 – Quelle: Gedenkstätte Grafeneck

Grafeneck (Württemberg)

Anfang Oktober 1939 fiel die Entscheidung, im Samariterstift Grafeneck bei Münsingen auf der Schwäbischen Alb eine Tötungsanstalt einzurichten. Das Barockschloss Grafeneck war ein Heim der zur Inneren Mission gehörigen „Samariterstiftung" Stuttgart.[27] Binnen weniger Wochen wurde das Samariterstift durch eine Verfügung des Münsinger Landrats Alber beschlagnahmt und von den Pfleglingen geräumt.[28] Die Heimbewohner wurden ins Kloster Reute im Kreis Ravensberg verbracht. Mitte November 1939 begann die bauliche Adaptierung von Grafeneck, nachdem sich die Leitung von „T4" – nicht zuletzt auf Grund einer Demonstration verschiedener Tötungsarten in Brandenburg – für die Verwendung von Kohlenmonoxyd entschieden hatte.[29]

Abb. 2: Grafeneck, Gaskammer 1940 – Foto: Gedenkstätte Grafeneck

---

[27] Die folgende Darstellung beruht auf: Thomas Stöckle, Grafeneck.
[28] Siehe Thomas Stöckle, Grafeneck 1940. Die Euthanasieverbrechen in Südwestdeutschland, Tübingen 2002, 48 f., sowie Rieß, Anfänge, 286
[29] Siehe Rieß, Anfänge, 288

Orte und Aktionen der NS-Euthanasie 125

Abb. 3: Grafeneck, Schloss, Verwaltungs- und Wohngebäude der NS-Euthanasieanstalt 1940 – Foto: Gedenkstätte Grafeneck

Die Tötungsanlage befand sich in Grafeneck nicht im Schloss, wo Personalunterkünfte und Verwaltung untergebracht waren, sondern in einem ca. 300 m entfernten Gebäudekomplex.[30] Das Ensemble aus Aufnahmebaracke, Vergasungsschuppen, Verbrennungsofen und Garage für die Omnibusse war von einem hohen Bretterzaun umgeben. Die Installation der technischen Anlagen der Gaskammer wurde von einem Spezialkommando des RSHA, „höchstwahrscheinlich aus dem KTI des RKPA"[31] (Kriminaltechnisches Institut des Reichskriminalpolizeiamts) durchgeführt. Die Verbrennung der Toten erfolgte in drei fahrbaren, mit Öl beheizten Krematoriumsöfen.[32]

Grafeneck erhielt die unverfängliche Bezeichnung „Landespflegeanstalt" und bekam im internen Verkehr der „T4" den Codebuchstaben „A". Hier begannen die Morde an den Patienten am 18. Januar 1940 und dauerten bis zum 13. Dezember 1940. In diesem Zeitraum wurden zwischen 10.500 und 11.000 Menschen aus Einrichtungen in Württemberg (mit Hohenzollern),

---

[30] Siehe Stöckle, Grafeneck, 67 ff.
[31] Rieß, Anfänge, 288 f.
[32] Siehe Stöckle, Grafeneck, 72

Abb. 4: Grafeneck, Schloss, eh. Verwaltungsgebäude der NS-Euthanasieanstalt 2004 –
Foto: Hartmut Reese

Baden, Bayern und Hessen/ Preussen ermordet, von denen bis heute immer noch eine große Zahl unbekannt geblieben ist.[33]
Erster ärztlicher Leiter und Direktor der neuen „Landespflegeanstalt Grafeneck" wurde Dr. med. Horst Schumann (1906-1983), der im Frühsommer 1940 nach Sonnenstein wechselte. Ihm folgte Dr. Ernst Baumhardt (1911-1943), der nach Auflösung von Grafeneck in gleicher Funktion nach Hadamar ging. Die wichtigste nichtärztliche Leitungsfunktion nahm Christian Wirth, Kriminalbeamter aus Stuttgart, ein. Er begann in Grafeneck eine Karriere, die ihn über Hartheim zum Generalinspekteur für alle Tötungsanstalten der „T4" zum Kommandeur des Vernichtungslagers Belzec aufrücken ließ. Unter seiner Leitung wurden die ersten Gasmorde in Grafeneck durchgeführt. Die Personalstärke in der Anstalt erreichte im Laufe des Jahres 1940 während des Höhepunktes der Mordaktionen nahezu 100 Personen.

---

[33] Vgl. Stöckle, Grafeneck, 141 ff.; die abweichende Anzahl, die in der „Hartheimer Statistik" mit 9839 angegeben ist, macht deutlich, dass bis heute auf Grund fehlender und sich widersprechender Quellen die endgültige Zahl der Opfer der T4-Aktion nicht festgestellt ist und möglicherweise auch nicht mehr festzustellen ist. Vgl. zu den Zahlen auch Heinz Faulstich, Hungersterben, 261 f.; zur „Hartheimer Statistik" vgl. Andrea Kammerhofer, „Hartheimer Statistik" in diesem Band

Orte und Aktionen der NS-Euthanasie 127

Abb. 5: Grafeneck, Gedenkstätte 2004 – Foto: Hartmut Reese

Der erste Transport vom 18. Januar 1940 kam aus dem bayerischen Eglfing-Haar bei München. Dann folgten „Verlegungen" aus Württemberg und Baden. Wie bei anderen Anstalten ist oft nicht vollständig nachvollziehbar, nach welchem Muster die Transporte regional geplant wurden. Gründe z. B. für das Übergewicht von „Verlegungen" aus badischen Einrichtungen im ersten Halbjahr 1940 könnten im Kriegsgeschehen und den damit verbundenen Raumplanungen für Lazarette liegen.[34] Deutlich erkennbar ist aber, dass „Verlegungen" entsprechend der Trägerschaft von Einrichtungen vorgenommen werden. Für Grafeneck erfolgte zuerst der Zugriff auf die staatlichen Einrichtungen, sehr früh aber auch schon auf die konfessionellen Anstalten. Andere Verbände, so der Württembergische Landesfürsorgeverband, wurden erst in der zweiten Jahreshälfte 1940 von der Aktion erfasst.[35] Insgesamt waren in Württemberg und Baden 40 Anstalten von der „T4"-Aktion betroffen; hinzu kamen weitere sechs Anstal-

---

[34] Vgl. Stöckle, Grafeneck, 93
[35] Vgl. Stöckle, Grafeneck, 105 ff.

ten aus Bayern und zwei aus Hessen/Rheinprovinz Preussen. Im Dezember 1940 stellte die Anstalt Grafeneck dann die Tötungen ein. Das Personal wurde an die neu aufzubauende Tötungsanstalt Hadamar in Hessen versetzt. Die Gründe für die Schließung von Grafeneck lagen in der Hauptsache darin, dass die Planungsziele der „T4" für den Südwesten des Reiches erreicht schienen, wenn auch die wachsende Unruhe in der Bevölkerung und z. T. sogar Proteste einzelner Personen wie kirchlicher Stellen bei den Behörden einen weiteren Grund abgegeben haben könnten.[36] Vieles spricht aber vor allem für die erste Annahme, denn die Tötungszahlen waren in Grafeneck, ähnlich wie in Brandenburg, im Laufe des Jahres 1940 stark zurückgegangen und die angenommene Planziffer von 20 Prozent aller Anstaltsinsassen war mit den über 10.000 Ermordeten weit übertroffen. Damit war schon jeder zweite Patient aus den südwestdeutschen Anstalten in Grafeneck ermordet worden. Nach der Aufgabe der Anstalt blieb nur ein kleines Kommando zur Abwicklung, Übergabe und zum Rückbau der Anlagen bis März 1941.[37]

Brandenburg/Havel[38]

Im Dezember 1939 wurde ein Gebäude des leerstehenden Alten Zuchthauses in Brandenburg, Neuendorferstraße 90c, als Tötungseinrichtung für die Durchführung der „Aktion" adaptiert. Das Lazarettgebäude und die benachbarten Schuppen sowie der sogenannte Schlafsaal wurden von „T4" übernommen. Wie in Grafeneck wurden Installationen für die Gaskammer von einem Spezialkommando des RSHA durchgeführt.[39] Die Gaskammer war auch in Brandenburg wie ein Duschraum eingerichtet und befand sich im Erdgeschoß des Gebäudes. Nebenan waren in einem kleinen Raum die Gasflaschen untergebracht. Im Krematorium, das an die Gaskammer anschloss, wurden zwei fahrbare, mit Öl beheizte Öfen aufgestellt und an den Hauskamin angeschlossen.[40] Verwaltung und Personalunterkünfte wurden in einem eigenen benachbarten Gebäude untergebracht.[41] Die Anstalt bekam den Codebuchstaben „B". Leitender Arzt der Tötungsanstalt Branden-

---

[36] Vgl. Stöckle, Grafeneck, 159; Klee, NS-„Euthanasie", 291 f.
[37] Vgl. Stöckle, Grafeneck, 171 f.
[38] Brandenburg ist die bislang am wenigsten erforschte Tötungsanstalt. Es existiert noch keine Monographie, und die Angaben in der einschlägigen Literatur sind z.T. relativ vage.
[39] Siehe Rieß, Anfänge, 289
[40] Siehe Friedlander, 157f.
[41] Siehe Friedlander, 158

burg wurde der aus Österreich stammende Dr. Irmfried Eberl, der seine Stelle bei „T4" mit 1. Februar 1940 antrat.[42] Mit 15. März 1940 kam Dr. Aquilin Ullrich in die Tötungsanstalt, [43] und mit August 1940 begann Dr. Heinrich Bunke seinen Dienst.[44]

Bevor der reguläre Betrieb in Brandenburg einsetzte, fand hier im Jänner 1941 eine Probevergasung statt.[45] Es sollte die Entscheidung für Gas als Mittel der geplanten Massentötungen durch einen Praxisversuch bestätigt werden. Eine Gruppe von ranghohen Mitarbeitern der Kanzlei des Führers, des Reichsministerium des Inneren (RMdI), Euthanasieärzte sowie zwei Chemiker des KTI beobachteten das Sterben einer Gruppe von ca 20 Personen in der Gaskammer.[46] Die Tötung einiger Patienten durch Injektionen, die zu Vergleichszwecken durchgeführt wurde, brachte für die Anwesenden die Bestätigung der höheren Effizienz von Kohlenmonoxyd als Tötungsmittel.[47]

Abb. 6: Brandenburg, Gedenktafel – Foto: Privat

Im Februar 1940 begann die „Aktion" in der „Landespflegeanstalt Brandenburg a. H." Zum Einzugsgebiet der Anstalt gehörte Brandenburg, Sachsen, Schleswig-Holstein, Anhalt, Braunschweig, Mecklenburg sowie die Städte Berlin und Hamburg.[48]

Ab Juni 1940 wurden in Brandenburg auch jüdische AnstaltspatientInnen ermordet, die aufgrund eines Erlasses des RMdI in die „Aktion" einbezogen worden waren. In diesem Fall fand aber die Auswahl der Opfer nicht auf Grund einer medizinischen Beurteilung statt; allein die Zuordnung „Jude" bedeutete das Todesurteil.[49]

Laut „Hartheimer Statistik" betrug die Anzahl der in Brandenburg von Februar bis November 1940 Getöteten 9772.[50] Im November 1940 wurde der Betrieb der Anstalt eingestellt und das Personal zu einem großen Teil nach

---

[42] Siehe Schulze, „Euthanasie" in Bernburg, 155
[43] Siehe Klee, „Euthanasie", 229
[44] Siehe Schulze, „Euthanasie" in Bernburg, 158
[45] Zum Zeitpunkt siehe Rieß, Anfänge, 289
[46] Siehe Friedlander, Genozid, 154 f.
[47] Siehe Klee, NS-„Euthanasie", 111
[48] Siehe Schulze, „Euthanasie" in Bernburg, 72
[49] Siehe Schmuhl, Rassenhygiene, 215 f.
[50] Hartheimer Statistik, 2 (wie Anm. 10)

Bernburg transferiert.[51] Der Hauptgrund für die Schließung lag in der erheblichen Beunruhigung der Bevölkerung. Die Vorgänge rund um die Tötungsanstalt, die sich mitten im verbauten Gebiet befand, ließen sich nur unzureichend verbergen. Da der Schornstein, an den die Krematoriumsöfen angeschlossen waren, zu niedrig war, schlugen des öfteren Flammen aus ihm heraus, auch war der Verbrennungsgeruch weithin wahrzunehmen. Im Juli 1940 wurden die Krematoriumsöfen daher in einem Haus im Brandenburger Vorort Paterdamm, ca. 5 Kilometer vom alten Standort entfernt, untergebracht.[52] Das Problem wurde aber nur verlagert, nicht gelöst, da die häufigen Leichentransporte ebenfalls nicht unbemerkt blieben. Man suchte daher ab dem Sommer 1940 nach einer Alternative für Brandenburg. Nachdem die Entscheidung für Bernburg gefallen war, wurde im Oktober 1940 mit der Auflösung der Tötungsanstalt in Brandenburg begonnen, und der Großteil des Personals wechselte im November 1940 nach Bernburg.

Bernburg/Saale

Die „Herzogliche Landes- Heil- und Pflegeanstalt für Geisteskranke zu Bernburg" war 1875 eröffnet worden. In moderner Pavillonbauweise errichtet, umfasste sie sechs Gebäude für die Unterbringung der PatientInnen sowie ein Direktorenhaus und ein Wirtschaftsgebäude.[53] Sie bot Platz für 132 PatientInnen und wurde sukzessive erweitert; ihre Kapazität betrug in den dreißiger Jahren ca. 500 Betten.[54] 1928 wurde in der sogenannten „Villa" eine psychiatrische Anstalt eingerichtet, die „Anhaltische Nervenklinik".[55]

Im Sommer 1940 wurde die Heil- und Pflegeanstalt von Fachleuten von „T4" in Augenschein genommen und als Tötungsanstalt bestimmt; sie sollte Brandenburg ablösen. Die Anstalt bekam den Codebuchstaben „Be". Sechs Häuser des Anstaltskomplexes wurden beschlagnahmt und für die Einrichtung der Tötungsanstalt verwendet, die restlichen Gebäude behielten ihre alte Funktion bei und wurden unter dem Namen „Anhaltische Ner-

---

[51] Siehe Ute Hoffmann, Todesursache: „Angina". Zwangssterilisation und „Euthanasie" in der Landes- Heil- und Pflegeanstalt Bernburg, Magdeburg 1996, 63
[52] Siehe Schulze, „Euthanasie", 63 (Anm. 4)
[53] Siehe Hoffmann, Angina, 10 f.
[54] Siehe Schulze, „Euthanasie", 64
[55] Siehe Schulze, „Euthanasie", 55

Abb. 7: Bernburg, Gaskammer mit Guckloch – Foto: Hartmut Reese

venklinik" weitergeführt.[56] Im Oktober begannen Handwerker aus der Euthanasie-Zentrale in Berlin mit dem Einbau einer Gaskammer und zweier Krematoriumsöfen im Keller des Männerhauses II.[57] Die Arbeiten wurden von Erwin Lambert geleitet, der auch die Gaskammern von Hartheim, Sonnenstein und Hadamar installierte. Die Verbrennungsöfen wurden über eine gemauerte Verbindung („Fuchs") mit dem Schornstein des Heizhauses verbunden, der als Krematoriumsschornstein geeignet erschien.

Der Gaskammer vorgelagert war der Raum für die Gasflaschen. Anschließend an die Gaskammer befand sich der Sektionsraum, dann folgten Totenraum und Krematorium.[58] Im Erdgeschoß wurden Entkleidungsraum, Fotoraum und Aufnahmeraum situiert. Eine Busgarage aus Holz war an die Giebelseite des Hauses angebaut worden. Durch einen Türdurchbruch

---

[56] Schulze, „Euthanasie", 56
[57] Hoffmann, Angina, 59
[58] Hoffmann, Angina, 69

Abb. 8: Bernburg, Krematoriumsraum – Foto: Hartmut Reese

gelangten die Opfer in das Haus.[59] Im Obergeschoß waren die Büros der Verwaltung untergebracht.

Im November 1940 trafen die Angestellten der Tötungsanstalt ein. Zu einem Großteil handelte es sich um Personal aus Brandenburg, das wegen der Schließung der dortigen Tötungsanstalt nach Bernburg versetzt wurde. Die ärztliche Leitung wurde wie in Brandenburg Dr. Irmfried Eberl übertragen, sein Stellvertreter war Dr. Heinrich Bunke.[60] Insgesamt lag der Personalstand der Tötungsanstalt bei ca. 80 Personen.[61]

Die Tötungsanstalt Bernburg übernahm das Einzugsgebiet der Anstalt Brandenburg, das fast ein Viertel der Fläche des Reichsgebiets umfasste. Als Zwischenanstalten fungierten Altscherbitz, Brandenburg/Görden, Jerichow, Königslutter, Neuruppin, Sachsenberg, Teubitz und Uchtspringe.[62]

---

[59] Schulze, „Euthanasie", 67
[60] Schulze, „Euthanasie", 155 ff.
[61] Hoffmann, Angina, 61
[62] Hoffmann, Angina, 62

Orte und Aktionen der NS-Euthanasie

Abb. 9: Bernburg, rekonstruierter Seziertisch – Foto: Hartmut Reese

In Bernburg wurden aber auch PatientInnen getötet, die aus Anstalten außerhalb des Einzugsgebiets stammten, z.B. aus der Rheinprovinz und dem Saarland. Die PatientInnen aus Bedburg-Hau etwa, die aufgrund der Umwandlung ihrer Stammanstalt in ein Lazarett in Anstalten im Einzugsgebiet von Brandenburg bzw. Bernburg verlegt worden waren, wurden hier von der Meldebogenaktion erfasst und in der Folge in Brandenburg und Bernburg getötet.[63]

Darüber hinaus gibt es schlüssige Indizien für die Ermordung von PatientInnen aus pommerschen Anstalten in der Tötungsanstalt Bernburg.[64]

Bis zum Abbruch der „Aktion" wurden in Bernburg mehr als 9000 Menschen ermordet.[65]

Nach dem „Stopp" blieb die Tötungsanstalt intakt. Die Bürokräfte blieben im Haus. Sie waren bis zur Schließung der Anstalt im Jahr 1943 mit

---
[63] Schulze, „Euthanasie", 74 ff. und 109 f.
[64] Schulze, „Euthanasie", 115 ff.
[65] Hoffmann, Angina, 77

Nachlassverwaltung, Schriftverkehr mit Behörden und Angehörigen etc. beschäftigt. Pflegerinnen aus Bernburg wurden nach Hadamar versetzt, Leichenbrenner und Pfleger zum „Sanitätseinsatz Ost" verpflichtet. Irmfried Eberl nahm ebenfalls am „Sanitätseinsatz Ost" teil und wurde anschließend zur „Aktion Reinhard" versetzt.[66] Als erster Kommandant des Vernichtungslagers Treblinka war er in den Augen der SS nicht sehr erfolgreich; er wurde im August 1942 wegen „Unfähigkeit" abgelöst.[67] Eberl kam wieder nach Bernburg zurück und blieb bis zur endgültigen Auflösung der Tötungsanstalt hier.[68]

In Bernburg wurden, so wie in Sonnenstein und Hartheim, Konzentrationslagerhäftlinge im Rahmen der Sonderbehandlung „14f13" ermordet. Allerdings setzten die Häftlingstransporte nach Bernburg erst nach dem Abbruch der „Aktion" ein. Aufgrund der schmalen Quellenbasis und entsprechender Forschungsdesiderata[69] lässt sich dieser Abschnitt in der Geschichte der Tötungsanstalt bislang nur unvollkommen rekonstruieren. Gesichert sind Transporte aus den Konzentrationslagern Buchenwald, Flossenbürg, Groß-Rosen, Neuengamme, Ravensbrück und Sachsenhausen; etwa 5000 Häftlinge aus diesen Lagern wurden in Bernburg getötet.[70] Bemerkenswert ist in diesem Zusammenhang, dass es sich bei diesen Opfern überwiegend um jüdische Häftlinge handelte. Diese Gruppe war in der zweiten Phase der Sonderbehandlung „14f13" ein bevorzugtes Ziel der selektierenden Ärzte, wobei nicht Krankheit und Arbeitsunfähigkeit, sondern die „rassische" Zugehörigkeit das entscheidende Kriterium darstellte.[71] In diesem Zusammenhang scheint es gerechtfertigt, von einer direkten Einbeziehung der Euthanasieanstalten in die sich formierende „Endlösung der Judenfrage" zu sprechen.[72]

Als im Frühling 1943 vom RSHA die Sonderbehandlung „14f13" de facto eingestellt wurde, wurde die Tötungsanstalt geschlossen. In den Monaten Mai und Juni wurden die noch anwesenden Angestellten versetzt und die Anstalt aufgelöst. Wesentliche Teile der Tötungsanlagen blieben bis nach Kriegsende intakt, einer Zeugenaussage zufolge waren lediglich die Öfen abgebaut worden.[73]

---

[66] Friedlander, Genozid, 471 f.
[67] Ebd.
[68] Schulze, „Euthanasie", 156
[69] Siehe Schulze, „Euthanasie", 127 ff.
[70] Hoffmann, Angina, 89 f.
[71] Schulze, „Euthanasie", 130
[72] Schulze, „Euthanasie", 133
[73] Zit. bei Hoffmann, Angina, 96

Hartheim bei Linz

Schloss Hartheim war von 1898 bis 1939 ein Pflegeheim für geistig und mehrfach behinderte Menschen, geführt vom Oberösterreichischen Landes-Wohltätigkeitsverein, einer katholisch-karitativen Vereinigung. Mit 1. März 1939 wurde der Trägerverein enteignet und das Pflegeheim mit 191 Pfleglingen von der Fürsorgeabteilung der Gauverwaltung Oberdonau übernommen; die neue Bezeichnung war „Landesanstalt Hartheim".[74] Die Anstalt erhielt den Codebuchstaben „C". Im März 1940 wurden die Pfleglinge weggebracht, weil das Schloss zur Tötungsanstalt im Rahmen der Aktion „T4" bestimmt worden war. Der Vorschlag kam wahrscheinlich von Adolf Gustav Kaufmann. Die Position des ärztlichen Leiters wurde mit 1. April 1940 mit dem Linzer Psychiater Dr. Rudolf Lonauer besetzt, der gleichzeitig die als Zwischenanstalt für Hartheim fungierende Gau-Heil- und Pflegeanstalt Niedernhart in Linz leitete und auch als „T4"-Gutachter tätig war. Mit 1.Mai trat sein Stellvertreter Dr. Georg Renno seinen Dienst an. Büroleiter wurde Christian Wirth, der nach seiner Tätigkeit in Grafeneck nach Hartheim gekommen war.

Kaufmann engagierte ab März 1940 in Zusammenarbeit mit den Gauinspekteuren der NSDAP Oberdonau die benötigten Bürokräfte, Personal für Küche und Reinigung sowie Handwerker für die Umbauarbeiten. Das für die Transporte benötigte Pflegepersonal wurde sukzessive dienstverpflichtet. Der Einbau der Gaskammer wurde von Erwin Lambert, Maurermeister in Diensten der „T4", geleitet, der auch in Sonnenstein, Bernburg und Hadamar zum Einsatz kam und später in den Vernichtungslagern des Ostens tätig war.

Abb. 10: Schloss Hartheim, Ostseite mit Schuppen 1940-41 – Foto: Karl Schuhmann

Im April 1940 wurde die Belegschaft von Hartheim komplettiert;

---

[74] Brigitte Kepplinger, Die Tötungsanstalt Hartheim 1939-1945, in: Wert des Lebens (wie Anm. 9), 95-115

während der Dauer der „Aktion" betrug der Personalstand 60-70 Beschäftigte, die auch im Schloss wohnten. Mit Ende des Monats April war die Tötungsanstalt betriebsbereit.

Mitte Mai 1940 wurden die ersten Opfer nach Hartheim gebracht, PatientInnen der Gau-Heil- und Pflegeanstalt Niedernhart. Dr. Lonauer machte auf diese Weise eine Abteilung der Klinik frei für Niedernharts Funktion als Zwischenanstalt.

Abb. 11: Hartheim, Krematoriumsraum 1945 – Foto: NARA II, RG 549, Records of HQ, USAREUR, War Crimes Branch, War Crimes Case Files („Case not tried"), Box 490, Case 000-12-463 Hartheim

Zum Einzugsbereich von Hartheim gehörte das Gebiet der Ostmark, Teile Bayerns sowie jene Gebiete Sloweniens, die nach der Besetzung und Teilung Jugoslawiens 1941 dem Deutschen Reich angegliedert worden waren („Untersteiermark"). Hinweise, wonach auch PatientInnen aus Anstalten des Sudetengebiets, wie etwa der Psychiatrischen Klinik Wiesengrund in Pilsen, in Hartheim ermordet wurden, konnten bislang nicht bestätigt werden.

Eine detaillierte Analyse der Logistik der Transporte nach Hartheim steht noch aus, jedoch lassen sich einige strukturelle Merkmale der „Aktion" in der „Ostmark" bestimmen. Nimmt man die Tötungsanstalt Hartheim als geografischen Bezugspunkt, so arbeitete sich die „Aktion" in einer ersten Phase nach Osten vor. Gleichzeitig wurde im Sommer 1940 mit dem Transport von PatientInnen aus den bayerischen Anstalten Eglfing-Haar, Kutzenberg und Regensburg begonnen.

Zunächst wurde in den großen Anstalten (Mauer-Öhling bei Amstetten, Ybbs, Gugging, Am Steinhof in Wien) durch den Abtransport von einigen hundert PatientInnen Platz geschaffen für die Aufnahme der zur Tötung bestimmten PatientInnen aus kleineren Institutionen, dann rückten diese PatientInnen nach. Im September/Oktober verlagerte sich der Schwerpunkt der „Aktion" nach Süden (Kärnten und Steiermark) und im November und Dezember 1940 nach Westen (Salzburg und Tirol). Nach der Okkupation Jugoslawiens wurden im Mai 1941 Gutachterkommissionen von „T4" auch in den dem Deutschen Reich einverleibten Gebieten Sloweniens tätig und durchsuchten Anstalten in und um Cilli (Celje) und Marburg (Maribor); die Opfer wurden über die Klinik Am Feldhof (Graz) nach Hartheim gebracht.

Bis zum Stopp der „Aktion" am 24. August 1941 wurden in Hartheim 18.269 PatientInnen aus Heil –und Pflegeanstalten ermordet und verbrannt. (Vgl. auch den Artikel von Magdalena Peherstorfer in diesem Band). Schon vor dem „Stopp" war Hartheim auch in die Sonderbehandlung „14f13" einbezogen worden. Rudolf Lonauer und Georg Renno gehörten zu den Gutachtern, die in den Konzentrationslagern Mauthausen und Dachau Häftlinge selektierten. Im Juni 1941 wurden von einer Gutachterkommission mehr als 1000 Häftlinge aus den Lagern Mauthausen und Gusen zur Ermordung in Hartheim bestimmt; der erste Transport verließ Mauthausen am 11. August 1941.[75] In Dachau begannen die

---

[75] Siehe hierzu Andreas Baumgartner, „Die Kranken sind dann vergast worden". Die Ermordung von KZ-Häftlingen in Hartheim in diesem Band

Selektionen ebenfalls im Frühsommer 1941. Für die Jahre 1941 und 1942 kann die Ermordung von 4688 Häftlingen aus Mauthausen, Gusen und Dachau in Hartheim nachgewiesen werden; es muss allerdings davon ausgegangen werden, dass die tatsächliche Anzahl wesentlich höher ist, da die Lageradministration die Vorgänge in Hartheim zu verschleiern suchte.[76] 1943 ruhte die Sonderbehandlung „14f13", die Arbeitskraft der Häftlinge wurde in der Rüstungsindustrie dringend benötigt. Mit dem Funktionswandel des Lagers Mauthausen erhöhte sich aber die Häftlingszahl ab 1943/44 sprunghaft, damit auch die Anzahl der Kranken und Arbeitsunfähigen. So wurde im Frühling 1944 die Aktion „14f13" wieder aufgenommen. Bis Dezember 1944 wurden noch 3000 Häftlinge aus Mauthausen und 150 Häftlinge aus Dachau in Hartheim ermordet. Bis November 1944 kamen auch Transporte mit Ostarbeitern im Schloss an, die hier ebenfalls ermordet wurden.

Darüber hinaus gibt es Hinweise, dass 1944 ca. 1000 Häftlinge aus Ravensbrück und Buchenwald nach Hartheim gebracht worden sind; eine Bestätigung hierfür war allerdings bisher nicht möglich.[77]

1944 wurden in Hartheim auch Ostarbeiter getötet, die als „geisteskrank" in eine psychiatrische Klinik eingewiesen worden waren. Im Herbst 1944 wurde die Heil- und Pflegeanstalt Mauer-Öhling bei Amstetten als „Sammelanstalt" für solche Ostarbeiter bestimmt; von hier gingen etliche Transporte in Richtung Hartheim ab.

Michael Scharpf, der ärztliche Leiter der Anstalt Mauer-Öhling, schilderte die Rolle seiner Anstalt in einer Aussage vor dem Wiener Volksgericht: „In der Anstalt Mauer-Öhling wurden die Ostarbeiter zur Untersuchung aus dem gesamten Gebiet Österreichs eingewiesen. Wurden solche arbeitsfähig, so konnten wir sie entlassen, die nicht abeitsfähigen waren dem Arbeitsamt Linz zu melden, das solche Ostarbeiter in Gruppen geholt hat. Was mit diesen geschehen ist, weiß ich nicht. Ich habe mich diesbezüglich am Arbeitsamt Linz nicht erkundigt."[78] Der letzte einschlägige Transport, 21 Ostarbeiter, verließ Mauer-Öhling mit der offiziellen Destination „Linz-Waldegg" (Anstalt Niedernhart) am 14.11.1944.[79]

---

[76] Siehe Baumgartner, KZ-Häftlinge, 95
[77] Siehe Baumgartner, KZ-Häftlinge, 95
[78] Wiener Stadt- und Landesarchiv: Beschuldigtenvernehmung Dr. Michael Scharpf, 19.6.1946. Strafverfahren vor dem Volksgericht Wien gegen Bedienstete der Heil- und Pflegeanstalten Gugging und Mauer-Öhling, Vg 8 Vr455/46
[79] Vg8 Vr 681/55, Bericht des Bezirksgendarmeriekommandos Amstetten vom 30.1.1946

Helene Hintersteiner, eine der Büroangestellten der Tötungsanstalt Hartheim, bestätigte in ihrer Vernehmung durch das War Crime Investigation Team der US-Army, dass zwischen Juli und September 1944 polnische und sowjetische Zwangsarbeiter in Hartheim getötet worden seien.[80]
Nach dem derzeitigen Forschungsstand kann nicht exakt angegeben werden, wie viele ZwangsarbeiterInnen in der Tötungsanstalt Hartheim ermordet wurden; aus den bisher aufgefundenen und gesichteten Quellen geht hervor, dass es sich zumindest um einige hundert Personen handelte. Aufgrund der Vernichtung aller Akten in Hartheim ab Dezember 1944 muss die Rekonstruktion der Ermordung von ZwangsarbeiterInnen in Hartheim auf die Akten der Abgabeinstitutionen zurückgreifen (psychiatrische Kliniken, Arbeitsämter). Forschungen dazu sollen Ende 2005 abgeschlossen sein.

Hartheim beherbergte ab August 1944 Teile der Berliner Zentraldienststelle, da das Haus Tiergartenstraße 4 durch einen Bombentreffer schwer beschädigt worden war, und zwar die Zentralverrechnungsstelle unter der Leitung von Hans-Joachim Becker sowie die Abwicklungsstellen für die Anstalten Bernburg, Brandenburg, Grafeneck, Hadamar, Sonnenstein und Cholm (Chelm) sowie die Fotoabteilung.

Im Dezember 1944 wurden alle Spuren der Tötungseinrichtungen beseitigt. Die Aktenbestände, Fotos und Filme wurden verbrannt. Mitte Jänner 1945 wurde dann zur Tarnung im Schloss ein Kinderheim des Gau-Fürsorgeamtes eingerichtet, das bis 1946 an diesem Ort blieb.

Pirna-Sonnenstein (Sachsen)

Schloss Sonnenstein, ehemals Burg und sächsische Landesfestung, war zu Beginn des 19. Jahrhunderts zur ersten staatlichen Heil- und Pflegeanstalt für Geisteskranke in Sachsen geworden und wurde in der Folge zu einer der vorbildlichen und fortschrittlichen psychiatrischen Einrichtungen in Deutschland. 1928 wurde Hermann Nitsche, zu dieser Zeit aktiver Psychiatriereformer, später einer der führenden Euthanasieärzte der „T4", Leiter der Landesanstalt.[81] Nach der Machtübernahme setzte sich unter Nit-

---

[80] S. 7. NARA II, RG 549, Recors of Headquarter USAREUR, War Crimes Branch, War Crimes Case Files („Cases not Tried"), Box 490, Case 000-12-463 Hartheim, Vernehmung Helene Hintersteiner 29.6.1945, 7
[81] Vgl. Boris Böhm, Pirna-Sonnenstein. Von einer Heilanstalt zu einem Ort nationalsozialistischer „Euthanasie"-Verbrechen, in: Arbeitskreis zur Erforschung der nationalsozialistischen „Euthanasie"

Abb. 12: Pirna-Sonnenstein, Haus C 16 Ort der NS-Euthanasiemorde 1940-41 – Foto: Harald Hauswald/OSTKREUZ, Bildarchiv der Stiftung Sächsische Gedenkstätten

sche auch in Sonnenstein die NS-Gesundheitspolitik durch und rassehygienische Vorstellungen bestimmten zunehmend die Arbeit der Landesanstalt. Im Oktober 1939, Sonnenstein war schon teilweise für Lazarettzwecke frei gemacht worden, wurde die Heil- und Pflegeanstalt durch das sächsische Innenministerium aufgelöst. Die PatientInnen wurden in andere sächsische Einrichtungen verlegt.

Anfang 1940 besuchte Adolf Gustav Kaufmann, Leiter der Inspektionsabteilung der „T4"-Zentrale, die Anstalt Sonnenstein und fand diese geeignet für die Einrichtung einer weiteren Tötungsanstalt. Gauleitung und der zuständige Referent des sächsischen Innenministeriums unterstützen das Ansinnen der „T4"[82] und so wurde das noch vorhandene Lazarett im Mai verlegt und es begannen der Umbau und die Errichtung der Euthanasiean-

---

und Zwangssterilisierung (Hrsg.), Der sächsische Sonderweg bei der NS-„Euthanasie", Ulm 2001, 91-112

[82] Vgl. zur Auswahl der Anstalten Peter Sandner, Verwaltung des Krankenmordes. Der Bezirksverband Nassau im Nationalsozialismus, Gießen 2003, 402

stalt.[83] Dazu wurden im Keller des ehemaligen Paralytikerhauses eine Gaskammer und ein Krematorium mit zwei Öfen errichtet. Im Erdgeschoß befand sich der Aufnahmebereich. In einem anderen Gebäude wurden die Büros eingerichtet und der Komplex mit einer Mauer umgeben. Als Leiter kam Dr. Horst Schumann (1906-1983) nach Sonnenstein, der vorher in gleicher Funktion in Grafeneck tätig gewesen war. Das Personal auf dem Sonnenstein umfasste 1940/41 bei einem Stammpersonal von 60 bis 80 Personen insgesamt ca. 100 Beschäftigte und bestand aus Ärzten, Pflegepersonal, der Transportabteilung sowie Leichenverbrennern. Hinzu kamen die Büroabteilung inklusive Standesamt sowie ein Polizeikommando und eine Wirtschaftsabteilung. Die meisten MitarbeiterInnen wohnten im Bereich der Anstalt oder der näheren Umgebung.

Im Juni 1940 begann die Anstalt, die den Codebuchstaben „D" trug, mit den Tötungen, die bis zum August 1941 andauerten. Der Einzugsbereich war vor allem Sachsen, aber auch Thüringen, der Sudentengau, Schlesien, Ost- und Westpreussen[84]. Nach der „Hartheimer Statistik" wurden in Pirna-Sonnenstein 13.720 kranke und behinderte Menschen ermordet. Das waren mehr als 50 Prozent der PatientInnen aus den sächsischen Heil- und Pflegeanstalten. Die meisten Opfer kamen nicht direkt nach Sonnenstein, sondern wurden über Zwischenanstalten, die wiederum die PatientInnen aus den umgebenden Einrichtungen sammelten, dorthin transportiert. Für Sonnenstein waren das die sächsischen Anstalten Arnsdorf, Großschweidnitz, Zschadraß und Waldheim.

Die PatientInnen wurden von den in Sonnenstein stationierten Bussen abgeholt. Das Begleitpersonal führte die Menschen nach der Ankunft in den Aufnahmeraum, von wo sie dann den Ärzten vorgeführt wurden. Diese stellten die Identität fest, trugen eine natürliche Todesursache in die Papiere ein und wiesen die Patienten in einen weiteren Raum zur Entkleidung. Dort wurden sie unter Aufsicht entkleidet und in die im Keller befindliche Gaskammer geführt und getötet. Die Tötungen wurden im Normalfall – wie in allen Anstalten – von den Ärzten durch Öffnung des Gashahns vorgenommen. Auch die weiteren Prozeduren folgten dem selben Muster wie in den anderen Anstalten auch.

---

[83] Die folgende Darstellung beruht auf: Boris Böhm, Pirna-Sonnenstein, 112-126 und Boris Böhm – Thomas Schilter, Pirna-Sonnenstein. Von der Reformpsychiatrie zur Tötung chronisch psychisch Kranker, in: Kuratorium Gedenkstätte Sonnenstein e.V. und Sächsische Landeszentrale für politische Bildung, Dresden – Pirna 1996², 11-53

[84] Vgl. zum Einzugsgebiet und zur Personalfindung auch Peter Sandner, Verwaltung, 397 f., 421

Abb. 13: Pirna-Sonnenstein, Gedenkstätte, Krematoriumswand – Foto: Hartmut Reese

Sonnenstein wurde im Sommer 1941 ebenfalls in die Aktion „14f13", die Tötung von KZ-Häftlingen, einbezogen. Über tausend Häftlinge aus Buchenwald, Sachsenhausen und Auschwitz, unter ihnen einige hundert jüdische Häftlinge, wurden hier ermordet. Die Häftlinge waren wie üblich von Ärztekommissionen der „T4" ausgesucht worden. Viele der Häftlinge waren auch hier nach sozialen, rassischen und politischen und nicht nach „medizinischen" Kriterien ausgewählt worden.

Nachdem im August 1941 die zentrale Euthanasieaktion gestoppt worden war, blieb Sonnenstein als Anstalt vorerst erhalten. Ihre Auflösung, der Abbau der Tötungseinrichtungen und der Rückbau in den früheren Zustand erfolgten erst im Sommer 1942. Ein Teil der Mitarbeiter wurde in die Vernichtungslager in Polen, nach Belzec, Sobibor und Treblinka, versetzt. Die letzten noch in Sonnenstein verbliebenen Mitarbeiter wurden in sächsische Landesanstalten zurückversetzt. Im Oktober 1942 wurde Sonnenstein wieder Lazarett für die deutsche Wehrmacht. Das Gelände der ehemaligen Landesanstalt beherbergte nach Ende der Euthanasie aber auch andere Einrichtungen, so die „Adolf-Hitler-Schule" des Gaues Sachsen und die erste „Reichsverwaltungsschule Großdeutschland". Seit Anfang 1940 bestand zudem ein großes Zwischenlager für so genannte „Volksdeutsche" aus Wolhynien, Bessarabien und Galizien.

Hadamar/Hessen

Die „Landes-Heil und Erziehungsanstalt Hadamar", wie sie ab 1920 hieß, ging auf eine 1883 errichtete „Korrigendenanstalt" zurück.[85] Die Anstalt wurde 1939, mit Kriegsbeginn, zum Reservelazarett, wodurch mindestens 50 Prozent der Krankenbetten für diesen Zweck freigemacht werden mussten.[86] Im Herbst 1940 besuchte Adolf Gustav Kaufmann zusammen mit dem Anstaltsdezernenten des Bezirksverbandes Nassau, Fritz Bernotat, die Anstalt. Seitens „T4" war man auf der Suche nach einem Ersatz für Grafeneck, das im Dezember 1940 den Betrieb einstellen sollte. Mit November 1940 übernahm die „Gemeinnützige Stiftung" die Anstalt Hadamar; sie erhielt den Codebuchstaben „E". Die zur Anstalt gehörende Außenstelle Schnepfenhausen verblieb jedoch in der Zuständigkeit des Bezirksverbandes, sodass ab diesem Zeitpunkt zwei selbstständige Institutionen nebeneinander existierten.[87] Die wenigen PatientInnen, die sich im November 1940 noch in der Hauptanstalt befanden, wurden in die Außenstelle oder in andere Anstalten gebracht.

Abb. 14: Hadamar, NS-Euthanasieanstalt 1941 – Foto: Gedenkstätte Hadamar

Auch in Hadamar kümmerte sich Adolf Gustav Kaufmann um die baulichen und organisatorischen Erfordernisse bei der Einrichtung der Tötungsanstalt. Im Hauptgebäude wurden durch den Umbau von Krankensälen

---

[85] Siehe hierzu: Bettina Winter, Die Geschichte der NS-„Euthanasie"-Anstalt Hadamar, in: Landeswohlfahrtsverband Hessen (Hg), Verlegt nach Hadamar. Die Geschichte einer NS-„Euthanasie"-Anstalt, Kassel 1991, 29-189, hier: 29 f.
[86] Siehe Heidi Schmidt-von Blittersdorf – Dieter Debus – Birgit Kalkowski, Die Geschichte der Anstalt Hadamar von 1933-1945 und ihre Funktion im Rahmen von T4, in: Dorothee Roer – Dieter Henkel (Hg), Psychiatrie im Faschismus. Die Anstalt Hadamar 1933-1945, Frankfurt/Main 1996, 58-121, hier: 78 f.
[87] Siehe Sandner, Verwaltung, 404 f.

Abb. 15: Hadamar, Gedenkstätte, eh. Krematoriumsraum – Foto: Hartmut Reese

Personalunterkünfte geschaffen und im rechten Flügel die Tötungseinrichtungen installiert.[88] Im Erdgeschoß dieses Flügels wurde der Aufnahmebereich mit Aufnahmeraum, Arztzimmer, Fotoraum und Warteraum eingerichtet und im Keller darunter Gaskammer, Technikraum, Totenraum, Prosektur und Krematorium.[89] Den Bau des Krematoriums leitete wieder Erwin Lambert. Im Hof wurde eine große Busgarage errichtet.
Nach 6-8 Wochen waren die Umbaumaßnahmen abgeschlossen.[90] Noch im November 1940 trafen MitarbeiterInnen aus der Tötungsanstalt Grafeneck in Hadamar ein; zusätzlich wurde Personal aus der Region eingestellt. Insgesamt waren 75 – 100 Beschäftigte an der Abwicklung der PatientInnentötungen beteiligt.[91]

---

[88] Siehe Winter, „Euthanasie"-Anstalt Hadamar, 79
[89] Schmidt-von Blittersdorf u.a., Geschichte der Anstalt Hadamar, 82 f., 89 ff.
[90] Sandner, Verwaltung, 410
[91] Schmidt-von Blitterdorf u.a., Geschichte der Anstalt Hadamar, 84

Die ärztliche Leitung der Tötungsanstalt wurde Dr. Ernst Baumhardt übertragen, der diese Funktion schon in Grafeneck ausgeübt hatte; sein Stellvertreter war wie vorher in Grafeneck Dr. Günther Hennecke. Als Baumhardt und Hennecke im Juni 1941 ihren Dienst bei der Marine begannen, wurden ihre Funktionen von Dr. Friedrich Berner und Dr. Hans Bodo Gorgaß übernommen.[92]

Abb. 16: Hadamar, Gedenkstätte, eh. Gaskammer – Foto: Hartmut Reese

Am 13. Jänner 1941 kam der erste Krankentransport in Hadmar an, 30 PatientInnen aus der Anstalt Eichberg. Auch in den Einzugsgebieten Hadamars – Hessen-Nassau, Baden, Württemberg, Rheinprovinz, Westfalen und Hannover – wurde das schon bekannte System der Schaffung von Durchgangsstationen in Zwischenanstalten realisiert. Für Hadamar fungierten die Anstalten Herborn, Weilmünster, Kalmenhof-Idstein, Eichberg, Scheuern, Galkhausen, Andernach, Wiesloch und Weinsberg als Zwischenanstalten.[93] Insgesamt wurden in Hadamar von Jänner bis Ende August 1941 10.072 Menschen im Rahmen der Aktion „T4" ermordet.

Als die „Aktion" am 24. August 1941 gestoppt wurde, blieben zunächst die meisten der Beschäftigten in der Anstalt. Das Verwaltungspersonal war mit Schriftverkehr mit den Angehörigen, Aktenaufarbeitung und Nachlassverwaltung beschäftigt. Der Rest der ca. 90 noch Anwesenden führte Aufräumungs- und Reinigungsarbeiten durch. Ungefähr 40 Personen, unter ihnen auch Dr. Gorgaß, nahmen im Winter 1941/42 an dem schon erwähnten „Sanitätseinsatz Ost" der „Organisation Todt" teil.[94] Im Sommer 1942 wurden schließlich die Tötungsanlagen abgebaut und die Verwaltungsräume und Personalunterkünfte wieder in Krankensäle umgewandelt. Alle schriftlichen Unterlagen die Aktion „T4" betreffend wurden nach Berlin transportiert, und ein Teil der noch anwesenden „T4"-Ange-

---

[92] Ebd.
[93] Siehe Winter, „Euthanasie"-Anstalt Hadamar, 86 f.
[94] Siehe Schmidt-von Blittersdorf u.a., Geschichte der Anstalt Hadamar, 99 f.

stellten wurde – wie auch MitarbeiterInnen aus anderen Euthanasieanstalten – in den Vernichtungslagern im Generalgouvernement eingesetzt.[95] Für Hadamar begann nun die zweite Phase von PatientInnentötungen im Rahmen der dezentralen Anstaltseuthanasie. Nun wurde nicht mehr in der Gaskammer, sondern durch Medikamente, Injektionen, Nahrungsentzug und allgemeine Vernachlässigung gemordet. Im Rahmen der großräumigen Verlegungen von AnstaltspatientInnen, die ab Mitte 1942 als Reaktion auf den Raumbedarf von Lazaretten und Krankenhäusern begannen, kam Hadamar eine besondere Funktion zu: hier war für arbeitsunfähige PatientInnen die Ermordung vorgesehen. Von August 1942 bis Kriegsende wurden 4817 Personen nach Hadamar verlegt, von denen 4422 dort verstarben.[96] Die Toten wurden in einem eigens dafür angelegten Friedhof in Massengräbern beigesetzt.

Personal- und Technologietransfer: „T4" und die Ermordung der europäischen Juden

Der Stopp der Aktion „T4" stellte die Zentraldienststelle vor Probleme. Wenn auch drei Tötungsanstalten (Bernburg, Pirna und Hartheim) durch die Aktion „14f13" weiterhin in Betrieb waren, gab es für die leitenden Funktionsträger der Tötungsanstalten hier keine relevanten Betätigungsfelder mehr. Da aber die Leitung der Zentraldienststelle mit einer Wiederaufnahme der „Aktion" rechnete, wollte man die einschlägig qualifizierten „Spezialisten" nicht verlieren, nicht zuletzt aus Gründen der Geheimhaltung. Als daher der SS- und Polizeiführer von Lublin, Odilo Globocnik, von Heinrich Himmler im Sommer 1941 mit der Ermordung der jüdischen Bevölkerung des Generalgouvernements beauftragt wurde,[97] ergab sich die Möglichkeit einer Kooperation mit „T4". Philipp Bouhler und Viktor Brack vereinbarten mit Globocnik den Einsatz von „T4"-Personal beim Aufbau und bei der Leitung der Vernichtungslager Belzec, Sobibor und Treblinka. Da nahezu alle leitenden Angestellten der „T4"-Tötungsanstalten SS-Mitglieder waren und viele von ihnen im Offiziersrang standen, gab es in Bezug auf die Einordnung in das organisatorische Gefüge der „Aktion Reinhard" keinerlei Probleme: es existierte dadurch gewisser-

---

[95] Siehe Winter, „Euthanasie"-Anstalt Hadamar, 117 f.
[96] Siehe Schmidt-von Blittersdorf u.a., Geschichte der „Euthanasie"-Anstalt Hadamar, 103
[97] Siehe Friedlander, NS-Genozid, 467 f.

maßen eine doppelte Bindung an die Sache – über die Anstellung bei „T4"
und die Zugehörigkeit zur SS.
Das Technik- und Organisationswissen der „T4"-Leute war für den schnellen Aufbau der Vernichtungslager entscheidend. Schließlich wurde auch der Betrieb der drei Lager de facto den Spezialisten von „T4" übertragen, während Globocniks Dienststelle die Infrastruktur der Vernichtungsaktion bereitstellte, also Erfassung und Deportation sowie die Verwertung der Besitztümer der Opfer betrieb.[98] Friedlander zufolge waren mindestens 90 Beschäftigte von „T4" in Belzec, Sobibor und Treblinka tätig.[99]
So wurde das Know-how der Tötungsspezialisten von „T4" zur Grundlage der Technik und Logistik des Massenmordes an den europäischen Juden. Im Rahmen der „Aktion Reinhard" wurden in Belzec, Sobibor und Treblinka 1,75 Millionen Menschen ermordet und verbrannt, in Anwendung jener Technik, die in den Euthanasieanstalten entwickelt worden war.

---

[98] Siehe Friedlander, NS-Genozid, 470
[99] Ebd.

„... DENN UNSER GEWISSEN VERBIETET UNS, IN DIESER AKTION MITZUWIRKEN" – WIDERSTAND GEGEN DIE NS-"EUTHANASIE" AM BEISPIEL VON ANNA BERTA KÖNIGSEGG

Bettina Ruttensteiner-Poller

Nationalsozialismus, „Euthanasie" und katholischer Widerstand

In all den Jahren des Dritten Reiches schwankte die katholische Kirche zwischen Anpassung und Widerstand gegenüber dem nationalsozialistischen Regime. Die Überzeugung, dass der Obrigkeit – auch einer ungerechten Obrigkeit – zu gehorchen sei, machte sie oftmals zum Bündnispartner und streckenweise auch zum Stabilisator der Regierung. Zudem hatte sie ein gemeinsames Ziel mit den Nationalsozialisten: den Kampf gegen den Bolschewismus.

Gleichzeitig darf aber nicht übersehen werden, dass nicht nur viele mutige Einzelpersonen aus den Reihen der Kirche kamen, die ihren ganz persönlichen Widerstand gegen das NS-Regime leisteten, sondern dass auch die katholische Kirche als Ganze ihren Kampf gegen die Machthaber zu führen hatte. Von Anfang an beanspruchte die Ideologie des Nationalsozialismus die totale Erfassung des Volkes. Dieser Totalitätsanspruch musste naturgemäß eine Kampfansage gegen die Kirche als Repräsentantin der Volksreligion bedeuten.

Zu den wenigen Bereichen, bei denen die katholische Kirchenführung ihren Protest vorsichtig, aber dennoch unmissverständlich zum Ausdruck brachte, gehörten die Zwangssterilisierungen und die sog. „Euthanasie". Im Juni 1934, rund ein Jahr nach Bekanntwerden des „Gesetzes zur Verhütung erbkranken Nachwuchses", wurde im Rahmen der Fuldaer Bischofskonferenz beschlossen, jegliche Mitwirkung von Schwestern und Ordensleuten bei Zwangssterilisierungen zu untersagen. In einem Rundschreiben des Erzbistums Köln hieß es: „Es ist den Schwestern nicht gestattet, bei solchen Operationen mitzuwirken durch Assistieren, Instrumentieren (d.h. Zurechtlegung und Anreichen der Instrumente) und Narkotisieren".

Wenige Jahre später befasste sich die Fuldaer Bischofskonferenz dann auch mit Informationen, die sie über die Euthanasie-Aktion der Nationalsozialisten erhalten hatte. In einem Bericht des Jahres 1940 erklärten die Bischöfe ihre „Kenntnis von der in gewissem Umfang bereits in Deutschland durchgeführten Euthanasie" und untersagten allen katholischen Pflegeanstalten, „aktiv bei der Verbringung ihrer Insassen mitzuwirken zwecks Verbringung so genannten lebensunwerten Lebens".

Im Rahmen der Bischofskonferenz erfuhr auch der Bischof von Münster, Clemens August Graf von Galen, erstmals von der Tötung sog. „lebensunwerten Lebens". In seiner berühmten Rede vom 3. August 1941 in der Lambertikirche in Münster erklärte er: „Hier handelt es sich um Menschen, unsere Mitmenschen, unsere Brüder und Schwestern. Arme Menschen, kranke Menschen, unproduktive Menschen meinetwegen! Aber haben sie damit das Recht auf Leben verwirkt? Hast du, habe ich nur solange das Recht zu leben, solange wir produktiv sind, solange wir von den anderen als produktiv anerkannt werden? Wenn man den Grundsatz aufstellt und anwendet, dass man den ‚unproduktiven' Mitmenschen töten darf, dann wehe uns allen, wenn wir alt und altersschwach werden!"

Die Wirkung dieser Rede war enorm, und wenngleich ein direkter Zusammenhang mit dem Stopp der ersten Euthanasie-Aktion nicht nachgewiesen werden kann, so wird er dennoch immer wieder vermutet. Dies soll allerdings nicht vergessen lassen, dass es neben dem Bischof von Münster auch noch andere mutige Personen im Widerstand gegen die NS-Euthanasie gab, unter anderem jene Frau, die in dieser Zeit für die Belange der Barmherzigen Schwestern von Salzburg zuständig war: die Visitatorin Anna Berta Königsegg.

Abb. 1: Anna Berta Königsegg 1883-1948

Anna Berta von Königsegg – als Gräfin im Ordensdienst

Maria Anna Berta wurde am 9. Mai 1883 als älteste Tochter des Hauses Königsegg-Aulendorf in Königseggwald/Württemberg geboren. Geprägt von tiefer Religiosität äußerte sie schon früh den Wunsch, in ein Kloster eintreten zu wollen. Dabei waren es vor allem die „Töchter der tätigen Liebe", wie sich die Vinzentinerinnen selber nennen, zu denen Anna Berta sich hingezogen fühlte. Im September 1901 – im Alter von 18 Jahren – verließ sie ihr Elternhaus und ging nach Paris ins Stammhaus der Barmherzigen Schwestern des Hl. Vinzenz von Paul.

Die Vinzentinerinnen oder „Barmherzigen Schwestern des hl. Vinzenz von Paul" sind die verbreitetste aller Frauengenossenschaften. Von Vinzent von Paul (1581-1660) gemeinsam mit Luise de Marillac im Jahr 1634 als Gemeinschaft der „Confrèrie des Dames de la Charité" in Paris ins Leben gerufen, stellt diese Kongregation den „Geist der Liebe" in den Mittelpunkt ihres Handelns. Besondere Aufmerksamkeit sollen die Schwestern immer den Kranken und Armen schenken, gemäß dem Grundsatz ihres Begründers: „Ihr habt als Kloster die Häuser der Kranken, ... als Kreuzgang die Straßen der Stadt ... Behandelt die Armen gut, denn sie sich eure Herren. Oh, welch große Herren sind das für den Himmel!"

Innerhalb weniger Jahrzehnte nach ihrer Gründung konnten die Vinzentinerinnen zahlreiche Niederlassungen in Europa und Amerika errichten. Im Jahr 1844 kamen sie auf Wunsch des Fürsterzbischofs Friedrich Schwarzenberg auch nach Salzburg, genauer: nach Schwarzach im Pongau. Rasch dehnte die anfänglich kleine Glaubensgemeinschaft ihre Tätigkeit – nicht immer mit Zustimmung der Bevölkerung – auf die gesamte Erzdiözese Salzburg (Salzburg und Teile Tirols) aus. Um 1900 waren bereits über 500 Vinzentinerinnen in nahezu 70 öffentlichen und privaten Einrichtungen tätig – im Schuldienst und Kinderasyl, in Waisenhäusern, im Taubstummenbereich, in Spitälern und Armenhäusern. Ihre besondere Aufmerksamkeit galt der sog. „Irrenfürsorge", hatte doch Vinzenz von Paul erklärt: „Wenn Krankheit zu Gott gehört, wenn es ein Gut ist, so ist es kein absolut Böses, sondern vielmehr ein natürliches Ereignis."

Der Versorgung von Kranken widmete sich auch Anna Berta in ihren ersten Jahren bei den Barmherzigen Schwestern. Als sie nach mehrjähriger Tätigkeit in verschiedenen Spitälern durch den Ausbruch des Ersten Weltkrieges gezwungen war, Frankreich zu verlassen, ging sie ging nach Italien

– Turin und Siena –, wo sie die nächsten elf Jahre zuerst als Krankenschwester und später als Lehrschwester für angehende Krankenpflegerinnen und als Oberin an einem Hospital verbrachte. Immer wieder äußerte sie in dieser Zeit den Wunsch, in die Mission geschickt zu werden, – ein Wunsch, der sich nicht erfüllen sollte. Dafür jedoch bekam sie im Herbst 1925 überraschend die Nachricht, dass eine neue Aufgabe auf sie wartet: sie war zur Visitatorin der Provinz Salzburg ernannt worden.

Schon im Oktober 1925 kam Anna Berta Königsegg nach Salzburg und begann mit der Einarbeitung in ihr neues Amt. Sie ordnete Reparaturen am Zentralhaus an, ließ eine große Lagermühle zu einem Exerzitienhaus umbauen, und trieb den Bau eines neuen Spitals in Schwarzach voran. Vor allem aber lag ihr viel an der Ausbildung der Schwestern. So stellte sie den „Schuljungfrauen", also jenen Kandidatinnen, die sich auf das Lehrfach oder den Kindergarten vorbereiteten, das Herz-Jesu-Heim in Maxglan zur Verfügung. Außerdem wurden aufgrund ihrer Initiative im Landeskrankenhaus Salzburg Kurse abgehalten, die schließlich zu einer Krankenpflegeschule ausgebaut wurden.

Das Verhältnis der Visitatorin zu den ihr anbefohlenen Schwestern war geprägt von einer gewissen Strenge, die ihrem Verantwortungsbewusstsein entsprang. Noch rund sechzig Jahre später beschreibt eine Schwester ihre frühere Visitatorin als „Respektsperson, aber sehr herzlich und mit großer persönlicher Zuwendung zu den Schwestern und einer Bereitschaft, deren Bedürfnisse ernst zu nehmen. Für heutige Verhältnisse war sie streng, doch sie hatte die Verantwortung und deshalb auch klare Grundsätze, von denen sie nicht abwich. Sie war nicht nur gebildet, sondern hatte Lebensweisheit" (Erharter). Die besondere Achtung der Visitatorin galt den Schwestern in den Alten- und Armenhäusern. In Bewunderung für deren Tätigkeiten hatte sie mehrmals erklärt: „Diese Schwestern müsste man vergolden." (Erharter)

Mit der Zeit Anna Berta Königseggs als Visitatorin war ein bedeutender Aufschwung der Provinz Salzburg verbunden. Weit über 600 Schwestern, darunter auch viele Ordensmitglieder, die vor dem Spanischen Bürgerkrieg geflohen waren, machten eine großzügige Erweiterung des Mutterhauses der Kongregation notwendig. Zudem wurden auch mehrere Schwestern in die Mission entsandt, nach Südbrasilien in die Österreicher-Siedlung „Dreizehnlinden", wodurch sich auch für die Visitatorin die Möglichkeit von Reisen nach Südamerika und damit ein kleiner Ersatz für ihren nichterfüllten Wunsch einer Mission ergab.

Anna Berta Königsegg und der Nationalsozialismus

Was den Nationalsozialismus betraf, gab sich die Visitatorin der Salzburger Provinz nie irgendwelchen Illusionen hin. Sie war immer vollkommen im Bilde über die Vorgänge in ihrem Heimatland Deutschland und von Anbeginn eine entschiedene Gegnerin des Nationalsozialisten. Ihre Sekretärin Vianny Wimmer berichtete in späteren Jahren, dass Anna Berta Königsegg bereits 1933 bei den entscheidenden Wahlen in Deutschland „10 unserer Schwestern reichsdeutscher Abstammung über die Grenze geführt (hatte), um ihre Stimme gegen Hitler abzugeben."

Erste eigene Erfahrungen mit dem Nationalsozialismus konnte die Visitatorin im November 1935 machen, als sie vom Pariser Mutterhaus vorübergehend nach Köln entsandt wurde, nachdem die dortige Oberin vor den NS-Machthabern hatte fliehen müssen. So wusste sie auch, was auf ihre Glaubensgemeinschaft zukommen würde, als im März 1938 Österreich an das Deutsche Reich angeschlossen wurde. „Entschlossen, keinen Fußbreit von den Rechten der Genossenschaft kampflos preiszugeben"[1], studierte sie die Reichsgesetzblätter, um ihre so erworbenen Kenntnisse als Waffe gegen die Übergriffe der neuen Machthaber gebrauchen zu können – nur zu genau wusste sie um den Eifer jedes Parteigenossen, die anderen an nationalsozialistischer Gesinnung übertrumpfen zu wollen. Und sie gab ihren Schwestern klare Weisungen: Sie erinnerte sie daran, sich mit niemanden in politische Gespräche einzulassen, und erklärte in einem Rundschreiben: „ Habe mich bei den zuständigen Stellen genau erkundigt und teile Ihnen folgendes mit, das Sie mit ganz ruhigem Gewissen befolgen können und damit zugleich den neuen staatlichen Vorschriften als pflichtbewusste und ehrliche Staatsbürgerinnen nachkommen werden: ... Der Gruß ‚Heil Hitler' ist vorgeschrieben in Ämtern, ... aber nicht auf der Straße und im Privatverkehr ... Zum Tragen des Parteiabzeichens sind nur Parteigenossen verpflichtet. Wir haben nie irgendein Abzeichen getragen, und brauchen es auch jetzt nicht zu tun ... Die Schulschwestern können mit ruhigem Gewissen den Diensteid leisten. Er enthält nichts gegen unsere religiösen Überzeugungen, und übrigens kann ein Eid nie verpflichten, et-

---

[1] Vianny Wimmer, Bericht über das erbauliche Leben der Ehrw. Schwester Anna Berta Königsegg, Tochter der christlichen Liebe, Visitatorin der Provinz Salzburg, Salzburg 1949

was gegen unser Gewissen zu tun, gerade so wie das Gelübde des Gehorsams, denn da hört das Bindende des Eides auf."
Angesichts ihrer entschiedenen Ablehnung des Nationalsozialismus und ihrer Prinzipienfestigkeit konnte es nicht verwundern, dass es bald zum offenen Konflikt zwischen Anna Berta Königsegg und dem NS-Regime kam. Als am 12. Dezember 1938 der Arbeiter Andreas Ferner stirb, nachdem er im Krankenhaus Kufstein von Barmherzigen Schwestern – angeblich entgegen seinem Willen – mit den Sterbesakramenten versehen worden war, geht ein Sturm der Entrüstung unter dem Titel „Barmherzige quälen einen Sterbenden" durch die nationalsozialistische Presse Tirols und Salzburgs. In einem Brief an den Gaupresseleiter für Tirol vom 28. April 1939 schreibt die Visitatorin deshalb: „Ich weiß sehr wohl, dass es heute nicht mehr möglich ist, einen Zeitungsartikel auf dem gleichen Weg zu beantworten und zu widerlegen, lege aber Wert darauf, Sie daran zu erinnern, dass denkende Leser selbst das richtige Urteil fällen und andere nicht viel Berücksichtigung verdienen. Außerdem ist es kein Zeichen von großem Mut, jemanden auf einem Boden anzugreifen, auf dem ihm schon vorher jede Verteidigungsmöglichkeit genommen wurde."

Widerstand gegen (Zwangs-)Sterilisierungen und NS-Euthanasie

Nachdem am 1. Jänner 1940 das „Gesetz zur Verhütung erbkranken Nachwuchses" auch in der „Ostmark" eingeführt worden war und es zu einer rapiden Zunahme an Sterilisierungen im Landeskrankenhaus Salzburg kam, wies die Visitatorin ihre rund 100 dort tätigen Schwestern an, bei Zwangssterilisierungen nicht zu assistieren oder sonst wie mitzuwirken. Sie stützte sich dabei auf den bereits erwähnten Beschluss der Fuldaer Bischofskonferenz vom Juni 1934 und das Rundschreiben des Erzbistums Köln, sowie auf die Richtlinien des Kongresses in Rom aus dem Jahr 1935.
Die Zwangssterilisierungen waren jedoch nur ein Punkt im Rahmen der nationalsozialistischen „Rassenhygiene". Im nächsten Schritt zielte die NS-Medizin auf die völlige Ausschaltung behinderter, kranker und als „minderwertig" eingestufter Menschen durch deren Ermordung. Von der „T4"-Euthanasieaktion waren auch zwei Behindertenheime betroffen, die von den Barmherzigen Schwestern von Salzburg geführt wurden und daher

in der Obhut von Anna Berta Königsegg standen: die Häuser Mariathal und Schernberg.

Als Anna Berta Königsegg Mitte August 1940 ein vom Vorstand der Abteilung III – Gaufürsorgeamt, Dr. Oskar Hausner, gezeichnetes Schreiben der Reichsstatthalterei Salzburg erhielt, in dem die „Verlegung einer größeren Anzahl von in Heil- und Pflegeanstalten untergebrachten Kranken" angekündigt wurde, um „für andere Zwecke Betten jederzeit zur Verfügung zu haben", reagierte sie sofort. Am 23. August schrieb sie an den Reichsverteidigungskommissar und Gauleiter von Salzburg, Friedrich Rainer: „Es ist nunmehr ein offenes Geheimnis, welches Los diese abtransportierten Kranken erwartet, denn nur zu oft langt kurz nach ihrer Überführung die Todesnachricht vieler derselben ein."

Gleichzeitig gab sich die Visitatorin über weite Strecken und aus taktischen Gründen auch als durchaus „systemloyal"[2]: Als Argument gegen die Tötungen führte sie beispielsweise an, dass „unsere siegreich heimkehrenden Krieger, die Blut und Leben fürs Vaterland gewagt haben, ... vielleicht Vater oder Mutter oder sonst einen nahen Verwandten nicht mehr vorfinden." Und außerdem: „Was wird das Ausland von uns denken, wenn ein so hoch stehendes Kulturvolk, das die größten Siege der Weltgeschichte errungt, mit in seinem Siegeslauf beginnt, sich selbst zu verstümmeln?"

Für eine entsprechende Zusage von Seiten der NS-Verantwortlichen, die Pfleglinge in Schernberg zu belassen, war Anna Berta Königsegg sogar bereit „bis zum Ende des Krieges und der Rückkehr zu Friedensverhältnissen auf den staatlichen Betrag zur Erhaltung der Kranken (die Kopfquote des Gaufürsorgeverbandes) zu verzichten und einzig auf Kongregationskosten die Anstalt im jetzigen Zustand weiter zu erhalten. Das dadurch dem Gau eingesparte Geld kann dann leicht verwendet werden, um die ‚notwendigen, jederzeit verfügbaren Betten' zu beschaffen." Abschließend bekräftigte sie noch einmal ihren Standpunkt: „Sollte aber aus irgend einem Grunde der Vorschlag nicht angenommen werden, so bitte ich Sie, nicht auf unsere Mithilfe beim Abholen und Transport der Kranken zu rechnen."

Etwa zwei Wochen später erhielt die Visitatorin von Salzburg die Antwort auf ihr mutiges Schreiben: eine Vorladung bei der Gestapo, zu der sie am

---

[2] Inghwio aus der Schmitten – Walter Reschreiter, „Euthanasie" und Zwangssterilisierung, in: Dokumentationsarchiv des österreichischen Widerstandes (DÖW) (Hg.), Widerstand und Verfolgung in Salzburg 1934-1945. Eine Dokumentation, Wien 1991, Band 2, 565-600

17. September zu erscheinen hatte. Die gleichzeitig stattfindende Durchsuchung des Provinzhauses durch Gestapobeamte förderte nichts zu Tage, denn in weiser Voraussicht hatte die Visitatorin bereits alle Briefe und Rundschreiben, die belastend für sie hätten sein können, verbrannt. Dass sie bereits seit längerer Zeit mit der Möglichkeit ihrer Verhaftung gerechnet hatte, beweist ein mit „4. August 1939" datierter Brief mit dem Vermerk „Der lieben Schwester Assistentin zu übergeben, falls ich einmal hopp genommen werden sollte".

Ihre Erfahrungen mit den nationalsozialistischen Machthabern und die elf Tage Haft konnten Anna Berta Königsegg jedoch nicht daran hindern, schon kurze Zeit später, im Jänner 1941, erneut zu protestieren – diesmal gegen die angekündigte „Verlegung" der Pfleglinge von Mariathal bei Kramsach in Tirol, wo die Barmherzigen Schwestern in einem ehemaligen Waisenheim ca. siebzig geistig behinderte Kinder betreuten. Die „T4"-Verantwortlichen hatten es auf die Insassen dieses Vinzenz-Hauses besonders abgesehen, da die schwer behinderten Kinder dieser Anstalt ihrer Ansicht nach in einem so elenden Zustand waren, dass sie Hans Hefelmann von der Kanzlei des Führers als „besonders vorzügliches Filmmaterial" betrachtete und für den Euthanasie-Propagandafilm „Dasein ohne Leben" haben wollte.[3]

Als Anfang April 1941 ein „Irrläufer" – ein Schreiben, das die baldige „Verlegung" der Anstaltsinsassen befürchten ließ – in Schernberg eintraf, wandte sich Anna Berta Königsegg erneut in einem Brief an Gauleiter Rainer. Höflich erklärte sie ihren „aufrichtigen Dank", dass „bis jetzt ... keine Pfleglinge abgeholt (wurden)". Und weiter: „Also rechne ich damit, dass Ihr Rechtssinn, der Sie bisher in dieser Angelegenheit geleitet hat, auch ferner Ihre Bestimmungen zugunsten dieser armen Kranken beseelen wird." Nachdem sie ihr Angebot, die Pfleglinge auf Kosten der Kongregation zu versorgen, nochmals bekräftigte, schloss sie ihr Schreiben dann in aller Deutlichkeit: „Sollten Sie gegen mein Erwarten auf den Transport bestehen, so bitte ich Sie, zur Kenntnis zu nehmen, dass ich den Schwestern verbieten muss, irgendwie dabei mitzuhelfen, wäre es auch nur mit dem Ausfüllen von Listen oder Fragebögen, denn unser Gewissen verbietet uns, in dieser Aktion mitzuwirken."

Am 16. April 1941 wird Anna Berta Königsegg während einer Visitationsreise nach Kirchbichl in Tirol erneut verhaftet und nach Salzburg überstellt.

---

[3] Walter Kohl, „Ich fühle mich nicht schuldig" – Georg Renno, Euthanasiearzt, Wien 2000

Schon wenige Tage später, am 20. April 1941, erscheinen in Schwarzach große Busse mit verhängten Fenstern. Da der Weg hoch zur Pflegeanstalt für die großen Fahrzeuge nicht befahrbar ist, wechseln die Beauftragten der „T4"-Aktion in den Morgenstunden des 21. April 1941 auf kleinere Autos und nehmen den Weg nach Schernberg, wo zu dieser Zeit etwa 170 Personen beherbergt werden. Diese Patienten waren von der „T4"-Stelle in Berlin offenbar nicht wie sonst per Meldebögen erfasst worden, vielmehr hatte die Gestapo, als sie zwei Tage zuvor, am 19. April 1941, erstmals in Schernberg aufgetaucht war, auch den Direktor von Linz-Niedernhart, Dr. Lonauer, mitgebracht, der die Patienten für die Deportation nach den Diagnosen im Krankenregister aussuchen sollte. Entsprechend den Weisungen der Visitatorin verweigerten die Schwestern jede Auskunft über ihre Pfleglinge und jede Form der Mithilfe. In einem wenige Jahre später verfassten Bericht schilderte die Augenzeugin Schwester Rosaria die Ereignisse dieses 19. Aprils folgendermaßen:

„An einem der nächsten Tage, als gerade eine Krankenschwester aus dem Zimmer der Schwester Oberin trat, standen zwei Herren in Zivil vor dem Gitter, das die Schwesternabteilung von dem Gang abschließt ... Der mitgekommene Herr stellte sich ihnen vor, undeutlich und scheinbar gehemmt. Man verstand nur: ‚Direktor – Niedernhart bei Linz.' Der andere Herr, der sich nicht vorstellte, verlangte sofort alle Dokumente und Krankengeschichten der in Schernberg sich befindlichen Geisteskranken zur Einsicht für seinen Begleiter. Man brachte die verlangten Schriftstücke in das Sprechzimmer, in das Schwester Oberin die Herren geführt hatte. Nach den bischöflichen Verordnungen war dem katholischen Pflegepersonal jede Mithilfe auch bei den Erhebungsarbeiten verboten. Die Schwestern, welche hier in Frage kamen, verweigerten daher auch jede Auskunft. Man drohte mit sofortigem Kerker. Die Schwestern blieben bei ihrer Weigerung. Die Herren verlegten sich aufs Bitten. Die Schwestern blieben fest."[4]

Obwohl sich die Schwestern von Schernberg getreu den Anweisungen ihrer Visitatorin verhalten hatten, waren sie doch verunsichert und baten unmittelbar nach dem ersten Auftauchen der Gestapo um neue Anweisungen aus dem Mutterhaus. Da die Visitatorin noch immer in Haft war, hieß es von dort: „ Sich wehren, wäre Öl ins Feuer gießen." Der Befehl, das

---

[4] Bericht der Schwester Rosaria Brunnauer an Schwester Visitatorin Anna Berta Königsegg (über die Ereignisse in Schernberg 1941), 1945

Schlosstor zu verriegeln und den Einlass zu verwehren, wurde deshalb zurückgezogen.

Die Ereignisse des 21. April 1941, dem Tag des ersten Patienten-Transports aus Schernberg, schilderte Schwester Rosaria so:

"Punkt fünf Uhr früh war das Schloss von Parteileuten umzüngelt. Stürmisch wurde Einlass begehrt. Die Gestapo mit vielen Helfern und Helferinnen betrat das Haus. Der erste Gestapobeamte verlangte sofort nach Sr. Oberin und die mit ihr verhörte Schwester. Letztere war noch nicht angezogen, da sie wegen des späten Schlafengehens gestern ausruhen durfte. Als sie vor den Herren erschien, hatten diese ihre Henkersknechte schon auf die Opferlämmer losgelassen. Diese waren schon in den einzelnen Abteilungen eingebrochen und forderten die Schwestern auf, die Patienten zu wecken und anzuziehen. Getreu den gegebenen Weisungen (von Anna Berta Königsegg, B.R.), weigerten sich die Schwestern. Sie zeigten ihnen die Kleider und Wäsche und zogen sich zurück. Betroffen standen die Henkersknechte. Einige der Frauen, welche mitgekommen waren, griffen zu. Anfangs verhielten sich die Kranken ruhig. Als sie sich aber ohne Schutz der Schwestern fühlten, fingen sie an zu schreien: 'Schwester, Schwester, hilf, hilf!!!' Sie klammerten sich an die Bettgestelle, rissen diese mit sich, als man Hand an sie legen wollte. Eine Patientin sprang in ihrer Verzweiflung schier in Türhöhe empor.

Die Fremden versprachen alles Schöne. Sie sagten den Frauen, dass sie mit dem Auto fahren dürfen, in ein schönes Haus kämen, wo Musik und Tanz auf sie wartet. Sie dürften Radio horchen und es sei wunderschön dort. Langsam glaubten die Armen den Betrügern und die Schwerumnachteten ließen überhaupt geschehen, was man mit ihnen tat. Die einen trug, die andern schleifte man die Stiege herab und brachte sie in kleine Autos, die vor dem Schlosstor standen. Die gehfähigen, ruhigeren Patientinnen stellte man im Hausgang auf, stülpte ihnen den Ärmel des linken Armes hoch und schrieb mit Tintenstift auf den angenetzten Arm die Ziffer, welche auf sie traf. Überall suchte man die Todesopfer, welche auf der Liste standen, zusammen. Selbst vor der Kapellentür machte man nicht halt. Dort kniete in den Bänken ein ruhiger, frommer Patient, welcher immer alle durch seinen Eifer im Beten erbaut hatte. Er wartete auf die Messe. Da kamen die Henkersknechte bei der Kapellentür herein. Sie sahen den Betenden, der unverwandt die Augen auf den Tabernakel gerichtet hatte. Sie gingen zu ihm hin und forderten ihn auf, ihnen zu folgen. Der Mann rührte sich nicht. Da zogen seine Feinde ihn aus der Kniebank, schleiften ihn über die Kapellenstiege herauf. Da schrie der Patient mit erhobener Faust: ‚Das bringt euch keinen Segen!' Die Männer wollten ihn weiterschieben. Er wehrte sich heftig. Im nächsten Augenblick stieß ihm einer der Männer eine Injektion in den linken Arm. Blaurot im Gesicht werdend, schlug der Pflegling sofort nach der Länge auf das Pflaster nieder. War er nur bewusstlos? War seine Seele bereits ihren Peinigern entflohen? – Ein Gestapomann kam mit mehreren jungen Männern in einen Schlafsaal mit 16 Betten auf der Männerabteilung. 4 bis 5 Kranke holten sie aus den Betten, standen sie doch auf der Liste. Da wechselte der Gestapomann einen vielsagenden, fragenden Blick mit seinen Begleitern und alle anderen wurden erbarmungslos aus den Betten gerissen. Wer auf der Männerabteilung Widerstand leistete, wurde kurzerhand mit einer Injektion kampfunfähig gemacht. Die Gestapo war bald dort, bald da, leitete und überprüfte die Räumungsarbeiten ... Die Gehfähigen wurden wie eine Viehherde den Berg hinuntergetrieben (nach Schwarzach, B.R.), die anderen brachten die kleinen Autos nach. In den schwarzen, großen Fahrzeugen waren Etagen eingebaut. Da wurden die Armen hineingeschoben. Die schwarzen Vorhänge waren geschlossen. Wer sich beim Hineinschieben wehrte, oder schrie, der erhielt eine Injektion und bald herrschte Ruhe."[5]

74 Frauen und 41 Männer wurden an diesem Tag aus der Pflegeanstalt Schernberg abtransportiert. Ob sie ihren Bestimmungsort, die Vernichtungsanstalt Hartheim, noch lebend erreicht hatten, ließ sich nie mehr feststellen. Die Schwarzacher Bevölkerung wusste zu berichten, dass die Autos mit den Patienten noch mehrere Stunden auf dem Platz gestanden hätten, ohne dass auch nur ein Laut aus dem Inneren herausgedrungen wäre.

Rund einen Monat nach der ersten Deportation von Schernberg wurden am 23. Mai 1941 auch von Mariathal alle zu diesem Zeitpunkt anwesenden 54 Pfleglinge abgeholt. Schwester Hilda schilderte den Abtransport: „Wir schauten voll Wehmut durch das Fenster in den Hof, wo der gefürchtete Wagen stand. Die gehfähigen Armen liefen durcheinander umher und wollten sich sträuben zum Wagen zu gehen. Voller Angst schrien einige von ihnen so laut als sie konnten, aber vergebens."

Anna Berta Königsegg erfuhr von den Ereignissen erst viele Wochen später. Während ihrer Haft durfte sie keine Besucher empfangen, und so schrieb sie noch am 8. Mai 1941 in Unkenntnis der Geschehnisse ans Provinzhaus: „Bin wirklich schon neugierig, wie es Ihnen allen geht, beson-

---

[5] Ebd.

ders auch den lieben kranken Schwestern, auch auswärts. Ist auf dem Berg und im Tal (Schernberg und Mariathal, B.R.) auch nichts besonderes los?" Am 13. August 1941, wenige Tage vor Ende der „T4"-Aktion, wurde die Visitatorin entlassen, musste Salzburg jedoch verlassen und sich auf das Gut ihres Bruders begeben, welches sie ohne Erlaubnis der Gestapo nicht mehr verlassen konnte.

Rückkehr nach Salzburg

Schon wenige Wochen nach Kriegsende, im Juni 1945, gelang es Anna Berta Königsegg, unter abenteuerlichen Umständen nach Salzburg zurückzukehren. Sofort begann sie mit der Wiederaufbauarbeit und bereits 1946 konnten in Schloss Schernberg wieder rund 50 Pfleglinge aufgenommen werden.
Noch im selben Jahr wurde bei der Visitatorin ein Krebsleiden diagnostiziert. Nach einer Operation und einer Strahlenbehandlung konnte sie sich zwar noch einmal erholen, doch schon bald ließ ihre Gesundheit wieder nach und auch eine zweite Operation brachte nicht mehr die erhoffte Besserung.
Anna Berta Königsegg starb am 12. Dezember 1948 nach langer schwerer Krankheit im 66sten Lebensjahr. In einem Nachruf im „Rupertiboten" (26.12.1948) hieß es: „Unerschrocken trat sie allem Unrecht entgegen und fürchtete niemanden, wenn es galt, verfolgte Menschenleben zu retten. Lieber trug sie Haft, Verfolgung und Drohungen, als dass sie zum Unrecht geschwiegen hätte."

Die Autorin bedankt sich bei Sr. Alfonsine Schwaiger und Sr. Antonina Erharter vom Provinzhaus der Barmherzigen Schwestern Salzburg für deren tatkräftige Unterstützung bei den Recherchen und die Bereitschaft zum Interview.

Literatur

Die Barmherzigen Schwestern vom hl. Vinzenz von Paul in der Erzdiozöse 1882-1982, Festschrift, Salzburg 1982

Grünzweil Christine, Anna Bertha von Königsegg. Die Visitatorin der Barmherzigen Schwestern in Salzburg im Widerstand gegen das nationalsozialistische Unrechtsregime, Salzburg 1993

Hanisch Ernst – Spatzenegger Hans, Die Katholische Kirche; in: Dokumentationsarchiv des österreichischen Widerstandes (DÖW) (Hg.); Widerstand und Verfolgung in Salzburg 1934-1945. Eine Dokumentation, Wien 1991, Band 2, 134-322

Neugebauer Wolfgang, „Unser Gewissen verbietet uns, in dieser Aktion mitzuwirken". Der NS-Massenmord an geistig und körperlich Behinderten und der Widerstand der SR. Anna Bertha Königsegg; in: Dokumentationsarchiv des österreichischen Widerstandes (DÖW), Jahrbuch 1999, Wien 1999, 71-79

Nowak Kurt, „Euthanasie" und Sterilisierung im „Dritten Reich", Göttingen 1984

Reschreiter Walter, Anna Bertha Königsegg – Die Proteste der Visitatorin der Barmherzigen Schwestern vom Hl. Vinzenz von Paul gegen die NS-„Euthanasie"; in: Dokumentationsarchiv des österreichischen Widerstandes (DÖW); Jahrbuch 1991, Wien 1991, 51-61

QUELLEN aus dem Archiv der Barmherzigen Schwestern – Salzburg (ABS-S)

Rundschreiben der Visitatorin an die Schwestern:
1. vom 15. März 1938, 2. vom 20. März 1938, 3. vom 1. April 1938

Briefe der Visitatorin:
1. an den Gaupresseleiter für Tirol vom 28. April 1939, 2. an den Reichsverteidigungskommissar im Wehrkreis XVIII, Friedrich Rainer, vom

23. August 1940, 3. an den Reichsverteidigungskommissar vom 18. Jänner 1941, 4. an Gauleiter Rainer vom 13. April 1941, 5. an die Mitschwestern vom 8. Mai 1941, 6. an die Gestapo vom 12. Juni 1941, 7. an die Mitschwestern vom 31. Juli 1941

Kurzer Bericht über die Wegführung unserer Armen in Mariathal, Tirol, am 23. Mai 1941, verfasst von Sr. Hilda

Bericht der Schwester Rosaria Brunnauer an Schwester Visitatorin Anna Bertha Königsegg (über die Ereignisse in Schernberg 1941), 1945

SPUREN DES GESCHEHENS: BAUARCHÄOLOGISCHE DOKUMENTATION FÜR DIE JAHRE 1940-1945

Gerhart Marckhgott und Hartmut Reese

Das bisher völlige Fehlen von Planungs- oder Bauunterlagen für Schloss Hartheim vor dem Ende des 20. Jahrhunderts und der Mangel an fotografischem Material[1] führen dazu, dass sich die Aussagen über bauliche Veränderungen ausschließlich auf Aussagen von Zeitzeugen und Beobachtungen an der Bausubstanz stützen können. Unglücklicher Weise sind gerade die zeitnächsten Zeugenaussagen in Details manchmal widersprüchlich, übertrieben oder offensichtlich unzuverlässig. Dadurch kommt den bauarchäologischen Beobachtungen noch mehr Gewicht zu. Im Sommer 1993 wurde vom Institut für Bau- und Siedlungsgeschichte der Universität Bamberg (Prof. Dr.-Ing. Johannes Cramer, Untersuchung durch Dipl.Ing (TU) Michaela Denk)[2] eine bauarchäologische Untersuchung vorgenommen, deren Ergebnisse und Schlüsse aus heutiger Sicht nur mehr teilweise gültig sind. Leider gelang es trotz dieses frühen Beginns von Untersuchungen und wiederholter Bemühungen des Wissenschaftsteams nicht, eine ständige professionelle archäologische Leitung, Begleitung oder auch nur Dokumentation der Untersuchungen und Umbauten in den Gedenkräumen zu erreichen. Unter dem zeitlichen Druck fortschreitender Baumaßnahmen wurden daher – im Bewusstsein fachlicher Defizite – verschiedene prospektive Eingriffe in die vorhandene Substanz vorgenommen und dokumentiert. Nicht genug damit, blieb auch mehrmals nichts anderes übrig, als von dritter Seite angeordnete bauliche Maßnahmen nachträglich zur Kenntnis zu nehmen, zu dokumentieren und zu bewerten.

Verschiedene methodische Probleme und Zielkonflikte wurden eingehend diskutiert, nachdem sich die anfängliche Hoffnung, ‚authentischen' Bestand in größerem Maße vorzufinden, als trügerisch erwiesen hatte. Nicht nur der Mangel an Unterlagen machte es schwierig, Bauphasen zu identifi-

---

[1] Vom Schloss sind aus den Jahren 1940-1945 nur wenige Fotos bekannt, alle sind Außenaufnahmen. Die wenigen Innenaufnahmen der Gaskammer und des Krematoriumsraumes in den Verhörprotokollen des War Crimes Investigation Teams No. 6824 [NARA II, RG 549, Records of Headquaters, U.S. Army Europe (USAREUR), War Crimes Branch, War Crimes Case files (Cases not tired), 1944-48, Box 490, Case 000-12-463 Hartheim (P) Vol I/A], zeigen keine aufschlussreichen Details.

[2] Johannes Cramer, „Euthanasie"-Anstalt Schloß Hartheim (OÖ). Zusammenfassung von Ergebnissen der bauarchäologischen Untersuchung im Juli und August 1993, unveröffentlichtes Manuskript

zieren und zu unterscheiden: Die 1944/45 beabsichtigte, aber wegen der widrigen Umstände nur unvollständig durchgeführte Beseitigung der Spuren wurde in mancher Hinsicht 1969 durch die Adaptierung der Gedenkstätte vollendet. Im Jahr 2000 hätte daher die Wiederherstellung eines vermeintlich ‚authentischen' Zustandes bedeutet, mit unzureichenden Informationen auf 10 % Originalbestand 90 % verlorener Substanz zu rekonstruieren oder zu imaginieren: das Ergebnis hätte weder historisch-wissenschaftlichen noch museumspädagogischen Anforderungen genügen können.

Reine Konservierung des Ist-Zustandes hätte den zwar emotional wirksamen, jedoch völlig ‚unauthentischen' Zustand heruntergekommener Abstellräume, als die die historischen Räume seit den fünfziger Jahren genutzt worden waren, bewahrt. Dadurch wäre außerdem ein unlogischer Bruch zu den 1969 restaurierten, mit Gedenktafeln gestalteten Räumen erst recht betont worden. Auch der Gedanke, aus Respekt vor der ‚Authentizität' der Stätte Besuchern nur von außen, d. h. aus dem Arkadengang, den Einblick in die Räume zu ermöglichen, wurde schließlich verworfen, weil dies die Räume zu – nicht einmal ‚echten' – Schaustellungsobjekten gemacht und die Wahrnehmung der Räume stark eingeschränkt hätte.

Unsere Lösung orientierte sich schließlich an der Grundabsicht, einen Ort sowohl des Gedenkens als auch des Lernens zu erhalten und zu gestalten: Der traditionelle Ansatz, Besuchern das – meist emotionsbehaftete und dadurch besonders eindringliche – „Nachgehen des Weges der Opfer" zu ermöglichen, sollte als Möglichkeit erhalten bleiben. Parallel dazu sollte aber die längerfristig wohl wirkungsvollere Absicht verwirklicht werden, dem Gros der grundsätzlich interessierten, jedoch emotional unbeteiligten, pluralistisch-kritischen Besucher die ‚harten' Beweise für das schwer Vorstellbare in wissenschaftlich exakter, möglichst unangreifbarer Objektivität zugänglich zu machen. Beide Absichten erforderten eine weitgehende Öffnung der Räume, die ohne Eingriff in die Substanz nicht möglich war: so entstand die Idee des Schnittes durch die Mauern und die Errichtung eines Steges für die Besucher, auf dem die Räume der Tötung durchschritten werden können. Diese Lösung korrespondiert mit dem Grundkonzept der künstlerischen Gestaltung des Gedenkbereiches durch den Künstler Herbert Friedl. Sie ergänzt den Deutungsakt der künstlerischen Arbeit als Aufforderung zur interaktiven und dialogischen Deutung durch die Besucher, indem den Besuchern ein distanzierender Zugang und Blick auf die

freigelegten und die offenliegenden Relikte, aber auch die Spuren des Überdeckens und Vergehens eröffnet wird. Durch zahlreiche Fotos, Notizen und die Führung eines ‚Forschungstagebuches' bemühten wir uns, Verlauf und Ergebnisse der bauarchäologischen Untersuchungen zu dokumentieren. In den folgenden Ausführungen sind die wesentlichsten Beobachtungen zusammengefasst. Trotz der gravierenden, vom Konzept her notwendigen Eingriffe führten der Respekt vor authentischer Bausubstanz und Bedenken gegen unnötige Störungen des vorgefundenen ‚Originalzustandes' in vielen Fällen zu dem Entschluss, nicht unbedingt relevante Suchmaßnahmen zu unterlassen[3].
Grundsätzlich ist damit zu rechnen, dass durch genaue Vergleiche mit gleichartigen Einrichtungen, durch die Auswertung neuer Quellen und durch Hinweise spezialisierter Fachleute noch neue oder bessere Erkenntnisse zustande kommen werden. Deshalb müssen die folgenden Aussagen ausdrücklich unter dem Vorbehalt „beim gegenwärtigen Stand der Kenntnisse" gesehen werden.
Im Folgenden werden die Befunde jener Räume vorgestellt, die nach den Quellen als Funktionsräume des Tötungsablaufes feststehen. Die Darstellung entspricht dem Funktionsablauf der Tötungen. Nicht einbezogen wurden die Räumlichkeiten, die der Verwaltung, dem Wohnen oder technischen Verrichtungen (Küche, Kühlraum, Werkstatt) der Euthanasieanstalt dienten. Ihre Spuren sind durch die intensive Nutzung als Wohnräume bis 1999 und letztendlich durch die Renovierung der Jahre 2000-2003 vollständig beseitigt.
Aus Zeit- und Kostengründen musste eine genauere Analyse der Überreste von Außenanlagen unterbleiben. Fachmännisch freigelegt und dokumentiert wurden Gruben im östlichen Gelände, in denen menschliche Überreste und Gebrauchsgegenstände vergraben waren. Bei Notgrabungen im Gelände des ehemaligen Wirtschaftshofes (ca. 30 Meter südlich vom Haupteingang des Schlosses) im November 2002 wurden schließlich Spuren flächig aufgebrachter Krematoriumsasche festgestellt, die in geringem Ausmaß Knochenreste und -aschen und einige wenige Gegenstände – darunter zwei Häftlingsmarken aus dem KZ Mauthausen – enthielt. Fundamentreste in diesem Areal ließen sich zeitlich nicht eindeutig zuordnen,

---

[3] Zur Problematik der „Spurensuche" an Orten der NS-Verbrechen vgl. Hoffmann Detlef, Die Problematik der Mahn- und Gedenkstätten auf den Plätzen ehemaliger Konzentrationslager im Nachkriegsdeutschland, in: Ulrich Borsdorf – Theodor Heinrich Grütter (Hg.), Orte der Erinnerung. Denkmal, Gedenkstätte, Museum, Frankfurt – New York 1999, 267-283

während die Spuren eines Kokslagerplatzes doch eine Funktion im Rahmen der Euthanasieanstalt nahe legen[4].
Aussagen und Baubefund lassen in den Euthanasieräumen folgende Bauphasen erkennen:
1 [Zustand vor 1939]
2 Adaptierungen 1939/40
3 Umbauten 1940-1944
4 Rückbau 1944/45
5 Einrichtung der Gedenkräume 1969
6 [Umbau der Gedenkstätte 2001/02]

Busgarage

Die Opfer wurden mit Omnibussen nach Hartheim gebracht. Die Anfahrt dieser Busse erfolgte nach Zeugenaussagen zuerst in den Schlosshof selbst[5]; später aber durchwegs auf der Westseite des Schlosses, wo sich eine – in der Nachkriegszeit erneuerte – Außentüre befand. Nach Aussagen von Zeugen war an dieser Stelle eine Art hölzerne Garage direkt an die Schlossmauer gebaut worden[6]. Ein Foto von 1940/41[7] zeigt diesen Verbau. Schon die ersten bauarchäologischen Befunde (1993) konstatierten in der Höhe des ersten Stockwerkes Reste einer Nagelleiste, die nach Zeugenaussagen von der dort angeschlagenen Dachpappe dieser Garage stammen sollten. Mehr bauliche Spuren wurden im diesem Bereich nicht gefunden. Die Spuren der Nagelleiste und der Zustand des Putzes im Bereich der ehemaligen Busgarage wurden konservatorisch gesichert und werden einen Teil des gestalteten Gedenkbereiches bilden.

---

[4] Die Grabungen wurden angesichts des Fortschreitens der Baumaßnahmen als „Notgrabungen" durchgeführt und nachher wieder mit Erdreich überdeckt.
[5] Zeugenvernehmung Johann Lothaller am BG Wildshut vom 3.2.1970, KG Wels 8 Vr 533/70, 452; OÖLA, LG Linz, Sondergerichte: Polit. Gerichtsakte 1946, Sch. 1014, Akt LG Linz Vg 8 Vr 2407/46; ONr. 256 ff.
[6] Zeugenvernehmung Franz Hödl: OÖLA, Sondergerichte Linz, Sch. 1192, 15 Vr 363/64; Bd. I, ONr. 16, S. 349; Zeugenvernehmung Johann Lothaller a.a.O.
[7] Foto aufgenommen von Karl Schuhmann (Privatbesitz Wolfgang Schuhmann)

Spuren des Geschehens: Bauarchäologische Dokumentation

Abb. 1: Busschuppen auf der Westseite 1940/41 – Foto: Karl Schuhmann (Privatbesitz Wolfgang Schuhmann)

Entkleidungsraum

Für diesen Raum waren signifikante Spuren weder zu finden noch zu erwarten[8]. Daher wurde der ehemalige Entkleidungsraum für die Renovierung freigegeben und unter vollständiger Beseitigung aller Oberflächen, auch des Fußbodens, für die heutige Nutzung als Ausstellungsraum erneuert. Der östlich anschließende Raum war schon vor 1938 als Kühlraum für Lebensmittel genutzt worden und behielt diese Funktion auch in der Zeit der Euthanasieanstalt. Die noch vorhandene Ausstattung (Verfliesung und fest montierte Fleischerhaken sowie Reste der Kühlanlage, Elektroinstallation) wurde im Rahmen der baulichen Arbeiten für die Ausstellung beseitigt, zum ehemaligen Entkleidungsraum hin wurden zwei Türdurchbrüche angelegt. Zum ehemaligen Aufnahmeraum hin wurde ebenfalls ein Türdurchbruch geschaffen, um einen direkten Zugang von der Ausstellung zum Gedenkbereich zu ermöglichen.

Aufnahmeraum

Der Raum in der Nordostecke des Schlosses wird von den Zeugen als der Aufnahmeraum bezeichnet[9]. Er diente der administrativen Überprüfung der Opfer durch die Ärzte; Hilfspersonal war ebenfalls anwesend. Hier wurde die Identität der Menschen festgestellt; in seltenen Fällen wurden Personen zurückgestellt. Manchmal wurden die Opfer in diesem Raum auch entkleidet.

Nach Zeugenaussagen war der Turmerker dieses Raumes durch eine provisorische Wand abgeteilt und bildete eine Kammer, die zum Fotografieren der Opfer zu Forschungszwecken diente[10]. Nach diesem Vorgang wurden die Menschen in die Gaskammer gebracht.

Der Umgang mit diesem Raum ist ein Beispiel mangelnden bauarchäologischen Problembewusstseins: Schon 1969 wurde bei der Öffnung des jet-

---

[8] Die Situierung des Raumes ist eindeutig fixiert. Vgl. Aussage Helene Hintersteiner vom 17. Juli 1945, NARA II, RG 549, Records of Headquaters, U.S. Army Europe (USAREUR), War Crimes Branch, War Crimes Case files (Cases not tired), 1944-48, Box 490, Case 000-12-463 Hartheim (P) Vol I/A sowie ihre Aussage vor dem Sondergericht in Linz 1946: OÖLA, LG Linz, Sondergerichte: Polit. Gerichtsakte 1946, Sch. 1014, Akt LG Linz Vg 8 Vr 2407/46

[9] Vernehmung Vinzenz Nohel vom 4.9.1945: OÖLA, LG Linz, Sondergerichte: Polit. Gerichtsakte 1946, Sch. 1014, Faszikel Vg 6 Vr 6741/47 gegen Griessenberger und Genossen, ausgeschieden aus 2407/47, ONr. 17: Vernehmung des Nohel Vinzenz am 4.9.1945, 37 f.

[10] a.a.O.

zigen Durchganges zur Gaskammer keinerlei Rücksicht auf bauliche Spuren des Originalzustandes 1940, d. h. auf die vermauerte Gaskammertür, und mögliche andere Spuren genommen[11]. Zu Beginn der Bauarbeiten im Herbst 2000 wurden Estrich und Wandverputz entfernt, ohne die spärlichen Beobachtungen von 1993 zu verifizieren oder zu dokumentieren[12]. Somit sind hier alle Spuren endgültig beseitigt.

Abb. 2: Gaskammer. Zustand Oktober 2001 – Foto: Oö. Landesarchiv (Hartmut Reese)

---

[11] Diese Türe ist nicht „Resultat des Rückbaus nach 1944" (Gutachten 1993), sondern wurde 1968 (wieder) aufgebrochen, wobei man auf die bekannte, leider schon wieder verschollene ‚Flaschenpost' jenes spanischen KZ-Häftlings stieß, der die Gaskammertür am 18.12.1944 vermauerte (Vgl. Florian Zehethofer, 60)

[12] Das Gutachten von 1993 beschreibt „an der Gewölbedecke eine bandförmige Putzausbesserung, die auf eine ca. 3 m lange gerade Trennwand schließen lässt"; Johannes Cramer, 1

Gaskammer

Dieser Raum erhielt seine jetzige Form höchstwahrscheinlich erst bei der Einrichtung der Tötungsanstalt durch Einziehung einer Mauer auf der Südseite, welche den Technikraum abtrennte. Ein Übersichtsplan des Erdgeschoßes aus der Zeit vor Einrichtung der Tötungsanstalt[13] macht dies deutlich.

Im von uns vorgefundenen Zustand[14] heben sich im Boden deutlich drei Schichten von einander ab: der oberste, ca. 2 cm starke Betonestrich ist sehr weich, mit dem darunter liegenden Fliesenbett nicht verbunden und zeigt deutliche Abnützungsspuren durch Besucher der Gedenkstätte. Das darunter liegende, großteils freigelegte Fliesenbett ist ca. 3cm stark und liegt auf einer Betonschicht unterschiedlicher Stärke (ca. 5-10 cm). Unter letzterer findet sich ein Erde-Schutt-Gemisch, das sich offensichtlich nach der Aufbringung des Betons gesetzt hat und einen mehrere Zentimeter hohen Hohlraum entstehen ließ.

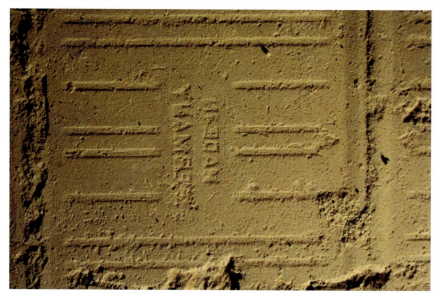

Abb. 3: Gaskammer. Negativabdruck einer Fliese mit Eindruck „Made in Germany" – Foto: Oö. Landesarchiv (Hartmut Reese)

---

[13] Beilage zu Aussage Helene Hintersteiner vom 17. Juli 1945, NARA II, RG 549, Records of Headquaters, U.S. Army Europe (USAREUR), War Crimes Branch, War Crimes Case files (Cases not tired), 1944-48, Box 490, Case 000-12-463 Hartheim (P) Vol I/A, Exhibit 11

Im Fliesenbett ist der Schriftzug „Made in Germany" von der Rückseite der Bodenfliesen zu erkennen. Sie entsprechen in Größe und Abdruck den im Leichenraum erhaltenen Fliesen. Ein Abfluss, der wohl vorhanden gewesen sein muss, konnte bisher nicht festgestellt werden.

In der nordwestlichen Ecke des Raumes wurde bei der Abnahme des Verputzes eine Öffnung in geringer Höhe sichtbar, in deren Mörtelung der Abdruck eines durchgeführten, einzölligen Rohres erhalten ist. Etwas später wurden mit einem einfachen Leitungsdetektor unter dem Estrich verborgene Metallteile geortet, die sich bei der Freilegung als abgerissene Halterungen von Rohrschellen erwiesen. Sie waren bis auf eine Ausnahme in wenigen Zentimetern Abstand von der Wand senkrecht im Boden einbetoniert. Ihre ursprüngliche Länge ist nicht erkennbar, weshalb auch keine Rückschlüsse auf die Höhe der Leitung über dem Boden gezogen werden können: ein Zeuge spricht von wenigen Zentimetern, was auch der Höhe der Rohrdurchführung entspricht. An einer Stelle fand sich eine vollständig erhaltene, stark deformierte Rohrschelle mit einem ursprünglichen Durchmesser von 1 Zoll.

Abb. 4: Gaskammer. Auffindung der Zuleitung und der Halterungen des Gasrohres – Foto: Oö. Landesarchiv (Gerhart Marckhgott)

---

[14] entspricht dem des Ausbaues des Raumes als Gedenkraum im Jahre 1969

Leider wurde kurze Zeit nach der Freilegung der Estrich entlang den Wänden aufgeschnitten und entfernt, wodurch sich nicht nur die bereits freigelegten Halterungen aus dem Untergrund lösten, sondern auch die ursprüngliche Lage weiterer Halterungsteile nicht mehr bestimmt werden konnte. Jedenfalls deckt sich die Verteilung der lokalisierten Fundstücke (Nordmauer bei 197 und 352 cm, Ostmauer bei 56 und 198 cm, Südmauer bei 70 cm, d. i. jeweils bis zu den Gaskammertüren) mit jener Aussage, die vom Verlauf des Gasrohres an drei Seiten des Raumes spricht: somit ist an der Funktion dieser Halterungen kaum ein vernünftiger Zweifel mehr möglich.

An den Wänden ist etwa in Kopfhöhe die unregelmäßige Oberkante der 1944/45 abgeschlagenen Wandverfliesung zu erkennen[15]. 1969 wurde der offenbar schlechte Ausbesserungsputz von 1944/45 teilweise entfernt und durch dunklen, extrem harten Zementputz ersetzt, in dessen Oberkante auch die ersten Gedenktafeln eingesetzt waren. Bei dieser Gelegenheit wurde der ganze Raum neugefärbelt. Etwa von 2 m aufwärts ist unter dieser dünnen Farbschicht der gelblich-weiße Ölanstrich erhalten, der wohl 1940 aufgebracht wurde und den Eindruck eines Duschbades unterstreichen sollte. Eine großflächige Suche nach möglichen Installationsspuren wurde unterlassen, weil dabei die erhaltene Wandsubstanz völlig zerstört worden wäre.

Die Existenz einer gasdichten Türe zwischen Aufnahme- und Vergasungsraum ist durch Aussagen gesichert. Sie befand sich an der Stelle des 1969 geschaffenen, breiten Durchganges (s. dazu oben), der im Jahr 2000 zum Ausgangspunkt des jetzigen Besuchersteges genommen wurde. Die zugesetzte Türe in der gegenüberliegenden Wand war bis 2000 hinter unauffälligem Verputz verborgen. Die ungewöhnlich schmalen und niedrigen Maße (ca. 75 cm breit und 165 cm hoch), die sich in der Mauerung und durch einen eisernen Türsturz abzeichnen, wurden schon von Zeitzeugen hervorgehoben.

Die Tür zum Arkadenhof war 1940 fest verschlossen worden. Das Türblatt scheint jedoch in situ geblieben zu sein und enthielt ein Guckloch, durch

---

[15] Diese unregelmäßige Oberkante im Verputz ist auf den Fotos von Ch. H. Dameron aus dem Juli 1945 ebenfalls schon zweifelsfrei erkennbar; Exhibit 19, NARA II, RG 549, Records of Headquaters, U.S. Army Europe (USAREUR), War Crimes Branch, War Crimes Case files (Cases not tired), 1944-48, Box 490, Case 000-12-463 Hartheim (P) Vol I/A

das der Zustand der Opfer beobachtet werden konnte[16]. Die Türe wurde erst beim Rückbau 1944/45 wieder hergestellt.

Die tiefe Nische zwischen dem Scherengitter (dessen Authentizität durch eine Aussage[17] und ein Foto von Ch. H. Dameron aus dem Juli 1945[18] abgesichert ist) und den Fensterflügeln dürfte durch einen beweglichen Holzverschlag oder Holzladen verschließbar gewesen sein. Ein auf dem Beweisfoto erkennbarer Seilzug legt nahe, dass dieser Fensterladen von der gegenüber liegenden Seite des Raumes, vielleicht sogar vom Arkadenhof aus geöffnet werden konnte. Veränderungen am äußeren Fenstergitter könnten auf die Anbringung einer Absaugvorrichtung zurückzuführen sein.

Abb. 5: Technikraum. Die 1944/45 vermauerte Tür zwischen Gaskammer und Technikraum wurde im August 2001 freigelegt – Foto: Oö. Landesarchiv (Hartmut Reese)

---

[16] Aussage Helene Hintersteiner vom 17. Juli 1945, NARA II, RG 549, Records of Headquaters, U.S. Army Europe (USAREUR), War Crimes Branch, War Crimes Case files (Cases not tired), 1944-48, Box 490, Case 000-12-463 Hartheim (P) Vol I/A

[17] Aussage Vincenz Nohel, a.a.O.

[18] Exhibit 19, a.a.O.

Technikraum

Dieser Raum hat offensichtlich vor 1940 nicht bestanden[19] und ist erst während des Umbaues zur Euthanasieanstalt durch Abtrennung von dem als Gaskammer geplanten Raum entstanden. Verschiedenste Betonestriche, datierbar zwischen 1940 und 1978, stoßen aneinander als Anzeichen häufiger Umbauten bei den Wasser- und Ablaufrohren, die hier schon in Zeiten des Pflegeheimes gebündelt waren. Rätselhaft bleibt der Zweck der ca. 1 m breiten, entlang der Wand zum Vergasungsraum verlaufenden Betonplatte, deren Qualität und Stärke (10-15 cm ?) eine besondere Funktion nahe legen würden. Unklar ist die ursprüngliche Funktion jener Mauerzunge, die den ohnehin schmalen Raum noch enger macht.

Die Mauer zwischen Gaskammer und Technikraum reicht ca. 20 cm in den Boden, hat aber kein Fundament; darunter finden sich in erdigem Schüttmaterial einzelne Platten, die vom ursprünglichen Steinplattenboden stammen könnten. Die Unterkante der zugesetzten Gaskammertür entspricht heutigem Bodenniveau, welches damit als jenes der NS-Zeit gesichert ist. Art und Setzung der Ziegel zeigen, dass die Türe nachträglich ausgebrochen wurde. Der Baubefund legt also zwei zeitlich kurz aufeinander folgende Umbauphasen 1939/40 nahe[20]. Im Weiteren verläuft unmittelbar vor der Tür im Beton ein Leitungsrohr.

In der vermauerten Türe ist auf der Seite des Technikraumes die Rußschicht auf den Ziegeln besonders gut zu erkennen. Diese Schicht und die Feststellung, dass die Ziegel in Folge längerfristiger Einwirkung sehr hoher Temperaturen zu Klinker gehärtet wurden, macht wahrscheinlich, dass es sich – den Aussagen der am Rückbau beteiligten Häftlinge entsprechend – um Material vom abgebrochenen Krematoriumsofen handeln dürfte.

Die Reste der Elektroinstallation neben der Türe (Schalter und Leitung) wurden nach Material und Bauweise zum Umbau 1940 datiert.

Die (Reste der) Wasserinstallationen an der Südmauer sind aus dem Zusammenhang ebenfalls dem Umbau 1940 zuzuordnen (mit neueren Ausbesserungen), die Abfallrohre stammen wohl schon aus Zeiten des Pflegeheimes[21].

---

[19] Exhibit 11, a.a.O
[20] Vg. Abschnitt Krematoriumsraum: Chronologie von Umbauten
[21] Die Nassgruppen wurden wohl nicht erst nach 1945 installiert, wie das Gutachten 1993 meint, sondern renoviert.

Besonders auffällig sind einige Details der Verbindungstüre zum Leichenraum. Die Türöffnung selbst war wohl schon vor 1940 vorhanden. Nachträglich wurde ein Betonkeil angebracht, um ca. 5 cm Niveauunterschied zum höheren Fliesenboden des Leichenraumes auszugleichen. Dies dürfte mit der Zeugenaussage in Verbindung zu bringen sein, dass der Boden des anschließenden Raumes erst nachträglich mit Fliesen ausgelegt wurde, um den Transport der Leichen zu erleichtern. Offensichtlich zeitgleich mit dem Betonkeil wurden seitlich entlang der Türzarge Betonkeile (ca. 5 x 4 cm) mit einem Kern aus je einem massiven Flacheisen (ca. 40 x 20 mm) ausgebildet, denen man die Funktion von Abstandhaltern oder Führungen für Räder zuschreiben könnte.

Die Türzarge selbst sitzt hinter den Betonkeilen, stammt also jedenfalls spätestens vom Umbau 1940, und weist eine recht auffällige Bauweise auf: die südliche, der Gaskammer zugewandte Hälfte wurde aus gedoppelten Holzleisten (je ca. 50 x 15 mm) zusammengesetzt, während die nördliche Hälfte wie üblich aus einem Brett besteht, das die Einstemmungen des ursprünglichen Türschlosses aufweist. Erst in späterer Zeit wurde das jetzt vorhandene, sekundär verwendete Türblatt samt Rahmen aufgesetzt.

Leichenraum

Der bereits erwähnte Plan von vor 1938[22] lässt erkennen, dass dieser Raum offenbar durch die Entfernung einer Zwischenwand aus zwei länglichen Kammern entstand. Bis 1938 führte hier ein Ausgang in den Schlossgarten, der beim Umbau an der Innenseite mit einer vorgelegten Mauer verschlossen wurde. Die so entstandene Nische wurde erst in jüngster Zeit vermauert (ca. 1980), ungefär-

Abb. 6: Leichenraum. Im Oktober 2001 freigelegter Abfluss – Foto: Oö. Landesarchiv (Hartmut Reese)

belter Verputz und ein davor liegendes Stein-/Betonpodest waren noch 1999 zu sehen. Der Zwischenraum (lichte Weite 125 cm) ist, wie eine

---

[22] Wie Fußnote 13

Probebohrung 2002 ergab, leer. Die runde Öffnung in ca. 2,5 m Höhe ist anhand der Installationsspuren ziemlich sicher als Ventilatoröffnung aus der NS-Zeit zu identifizieren.

Die 1940 vorgesetzte Vollziegelmauer war wie die anderen Wände etwa mannshoch verfliest, wie an abgeschnittenen Resten von weißen Wandfliesen in den Fugen zwischen Bodenfliesen und Wandverputz zu erkennen ist. Diese Stellung belegt ebenfalls, dass der Boden erst nach den Wänden mit Fliesen belegt wurde. Drei vollständige Fliesen blieben an der Bodenkante neben der Wasserleitung im Originalzustand, jedoch stark verschmutzt erhalten. Farbe und Form zeigen, dass zumindest ein Teil des im Garten ergrabenen Fliesenschuttes aus diesem Raum stammt.

Die ca. 2 cm starken, roten Steingutfliesen tragen am Rücken den Schriftzug „Made in Germany" und weisen die gleichen Merkmale wie die ehemaligen Bodenfliesen der Gaskammer auf. Auffallend ist die schlechte Qualität der Verlegung, die sicher nicht professionell durchgeführt wurde.

Nach der Erstreinigung des Bodens zeichnete sich neben der Wasserleitung eine rot eingefärbte, durch Ritzungen den Fliesen angeglichene Betonfläche ab. Die Eröffnung brachte einen mit Ziegel- und Schamottbrocken verfüllten Abwasserschacht im Ausmaß von ca. 30 x 25 cm und 25cm Tiefe zu Tage, dessen Abflussrohr quer durch den Raum verläuft. Durch diesen Schacht wurden Krematoriums- und Leichenraum entwässert.

Krematoriumsraum/Kamin

Der Raum, in dem nach Zeugenaussagen ein gemauerter Krematoriumsofen mit zwei Verbrennungskammern aufgebaut war, war vor 1940 angeblich als Backstube des Pflegeheimes[23] und nach 1945 als Abstellraum genutzt worden. Viele provisorische Einbauten (Verschläge etc.) und Ausbesserungen dürften auf diese Nutzung zurück gehen und haben Spuren in Wänden und Boden hinterlassen.

Auf den ersten Blick schien vor allem der Boden voller eindeutiger Spuren aus der NS-Zeit zu sein. Nicht nur der vermeintlich klar erkennbare Umriss des Ofens, sondern auch markante Abdrücke und Unebenheiten des

---

[23] Niederschrift Schwester Felicitas (ohne Datum), zit. bei Florian Zehethofer, 1978, 55

Spuren des Geschehens: Bauarchäologische Dokumentation 179

Abb. 7: Krematoriumsraum. Zustand Oktober 2002 – Foto: Oö. Landesarchiv (Hartmut Reese)

Betonestrichs erwecken vorerst den Eindruck eines leicht zu interpretierenden Zeitzeugnisses.

Die Bodenöffnungen ergaben, dass etwa 25 cm unter dem jetzigen Niveau im ganzen Raum ein früherer Bodenbelag aus annähernd quadratischen, gebrannten Steinplatten (ca. 20 x 20 cm, 4 cm stark) lag, der mit einem Randsaum aus länglichen Platten des gleichen Materials eingefasst war (daher Fugen / Sprünge parallel zu den Wänden). Ein ungestörter Rest dieses ursprünglichen Belages war in dem einspringenden, vom Hof aus zugänglichen Abstellraum erhalten, von dem aus bis 2001 eine Stiege in den Keller führte. Da sich unter diesen Steinplatten nur mehr erdiges Füllmaterial fand, ist anzunehmen, dass sie das Bodenniveau der heutigen Gedenkräume bis 1940 markieren.

Aus der logischen Kombination einander überlagernder Störungen des Betonestrichs ergibt sich eine relative Chronologie von Umbauten:

1. Neuer Boden (Betonestrich) etwa 25 cm über dem alten Steinboden. Im Füllmaterial unter anderem stark abgeriebene (d. h. mehrfach verlagerte) Verputzbrocken mit blassgrüner Wandfarbe.
2. Verlegung eines Wasserleitungsrohres (1½ Zoll) parallel zur Hofseite.
3. Tiefe Öffnung des Bodens (mit Ausriss der alten Steinplatten) für die Fundamentierung des Krematoriumsofens. Der Fundamentbeton scheint an einer Stelle bis an das Leitungsrohr geronnen zu sein.
4. Zahlreiche Ausbesserungen („Flickwerk") des Betonestrichs. Einige auffällige, rechteckige Pfosten(?)spuren im Betonboden stellten sich als rein oberflächlich heraus. Eine Erklärung für die unsystematischen, wohl zufälligen Störungen der Oberfläche des offenbar noch weichen Betonestrichs konnte nicht gefunden werden.

Verblüffend ist die schlechte Qualität großer Teile des Estrichs, vor allem im Bereich des Ofens: alleine durch die Reinigung im Laufe der Forschungs- und Umbauarbeiten 2000/01 wurden die vorhandenen Narben wesentlich größer und tiefer, wobei an manchen Stellen in wenigen Zentimetern Tiefe bereits erdiges Schüttmaterial zum Vorschein kam. Diese extrem schlechte Betonqualität entspricht etwa jener des Estrichs in der Gaskammer und legt eine Datierung zu den Rückbaumaßnahmen 1944/45 nahe. Es finden sich allerdings in dieser Fläche deutlich abgegrenzte Elemente anderer Färbung und Qualität (vor allem die Quadrate an der Nordwest-Ecke des Fundamentes), die als Sekundärverwendung angesehen werden müssten. Die Interpretation des schlechten Bodens als Rückbauelement setzt auch voraus, dass nicht nur der Ofen selbst entfernt, sondern auch der angrenzende Boden ausgerissen wurde (Ziegelpflasterung ?), nicht jedoch die Fundamente. Eine Verbindung zu den im östlichen Schlossgeländegefundenen Betontrümmern scheint ausgeschlossen.

Ein weiteres Beispiel für die Schwierigkeiten der Interpretation: Die betonierte „Schwelle" in der Südwest-Ecke (ca. 15 x 15 cm, 1 m lang entlang der einspringenden Mauer) wurde nachträglich aufgesetzt; dann hat man die Enden abgestemmt und später wieder angesetzt. Zwischen dem Nordende der Schwelle und der Wand blieb ein Rest des alten Verputzes erhalten, der sonst bis über Kopfhöhe abgeschlagen wurde. Die Arbeiten wurden also vor 1945 vorgenommen: doch wann und wozu?

Es ist weder sinnvoll noch möglich, hier alle Detailbeobachtungen, Kombinationen und Theorien anzuführen, die alleine in diesem Raum in den Jahren 2000/01 von Archäologen, Historikern und Technikern zur Diskussion gestellt wurden. Der Erkenntnisgewinn durch großflächigere Boden-

Spuren des Geschehens: Bauarchäologische Dokumentation   181

Abb. 8: Krematoriumsraum. Freigelegter Zugang zum Kamin. Zustand November 2002 – Foto: Oö. Landesarchiv (Hartmut Reese)

öffnungen schien bei Abwägung gegenüber der unvermeidlichen, gravierenden Störung der vorhandenen Substanz zu gering; erst bei Vorliegen konkreterer Angaben zu Typ und Aussehen des Ofens könnten weitere archäologische Eingriffe geboten erscheinen.

In der Wand zum Innenhof wurde eine etwa 1 x 1 m große Zusetzung freigelegt, die nach der Beschaffenheit der in Sekundärverwendung benutzten Ziegel zum Rückbau 1944/45 zu datieren ist. Die Identifizierung dieser quadratischen Wandöffnung als Abzug (Fachausdruck „Fuchs") des Krematoriumsofens ergibt sich nicht nur aus der Nähe zum Ofengrundriss, sondern auch aus folgenden Beobachtungen:

Der hinter der Vermauerung liegende Hohlraum wurde durch einen Schnitt vom Arkadenhof aus sichtbar (im Verbrennungsraum selbst wurde die Mauer nicht aufgebrochen, weil dadurch die Zusetzung als wesentliche Spur zerstört worden wäre). Es handelt sich um einen alten Kaminzug, der offensichtlich im 20. Jahrhundert umgebaut wurde und anschließend über längere Zeit extrem hohen Temperaturen ausgesetzt war: im Übergang

vom Erdgeschoß zum 1. Obergeschoß waren die Ziegel teilweise geschmolzen, über einer Zwischendecke im 1. OG fanden sich deutliche Spuren diffundierter Rauchgase. Später wurde dieser Kamin unter Verwendung von Schamottziegeln teilweise abgemauert[24].
Fachliteratur und Experten äußern sich unterschiedlich über notwendige bzw. zu erwartende Eigenschaften und Dimensionen eines Rauchabzuges für einen Krematoriumsofen dieser Größe und Leistung. Es gibt Berechnungen, nach denen der vorhandene Zug für den Krematoriumsbetrieb hätte ausreichen können[25]. Gegenteilige Meinungen[26] stützen sich unter anderem auf die Aussage eines Häftlings des Rückbaukommandos, der von einem „Fabrikschornstein von 26 m Höhe"[27] im Hof berichtet. Als gewichtigstes Argument für diese These muss die Aussage von Helene Hintersteiner gelten: „Im Hof befand sich (...) im Freien ein großer haushoher Schornstein." Sie bezeichnet auf einem Plan auch dessen Standort in der Südostecke des Arkadenhofes. Für den Rückbau bestätigt sie ebenfalls, dass „der haushohe Schornstein im Hof umgerissen (wurde) (...)"[28] Beide Aussagen wurden als Hinweis auf einen ‚typischen', gemauerten Kamin verstanden, bis im Zuge der Umbauten im Jahr 2000 vergeblich ein archäologischer Nachweis dafür gesucht wurde; es konnten weder ein Fundament noch Ausrissspuren oder Setzungen in der genau bezeichneten Ecke des Arkadenhofes festgestellt werden. Auch die kurze Zeit, in der unter widrigsten Bedingungen die Rückbauten stattfand, und das Fehlen entsprechenden Abbruchmaterials in der unmittelbaren Umgebung des Schlosses sind Argumente gegen einen gemauerten Schlot. Für die von Prof. Cramer geäußerte Möglichkeit, der Kamin habe aus Blech bestanden, spricht nicht nur der Ausdruck „Auseinandernehmen" beim Rückbau

---

[24] Ein Zeuge berichtet von einem Kaminbrand während des Krematoriumsbetriebes, der größere Umbauten zur Folge hatte; DÖW, Akte E18370/1: Bundesministerium für Inneres, Gruppe Staatspolizei, Vernehmung Matthias Buchberger, 24. Feb. 1964; zitiert nach Henry Friedlander, Der Weg zum NS-Genozid. Von der Euthanasie zur Endlösung, Berlin 1997, 171

[25] Eine im Rahmen des Projektes in Auftrag gegebene Studie über die technische Möglichkeit der Nutzung des Innenkamins für einen Krematoriumsofen kommt zu dem Schluss, dass der Kamin „schon geeignet ... gewesen wäre" (Rudolf Schobesberger, Ergebnis der Berechnung der technischen Eignung des für das Krematorium im Schloss Hartheim in Frage kommenden Kamins, Gampern 2002)

[26] Johannes Cramer, „Durch diese Öffnung wurden die Rauchgase nach außen geführt. Offenbar wurde ein Teil der Rauchgase auch in der Wand nach oben in einen schon bestehenden Zug geführt. Jedenfalls wurde 1941 aus Schamottesteinen ein kleiner Zug neu gemauert. Dieser bestand zeitgleich mit der Durchführung nach außen. Denkbar wäre die Teilung der Züge und ggf. sogar das Aufstellen eines Blechkamins im Hof." (13.8.2001)

[27] Adam Golobsky, „Wir haben den Schornstein auseinandergenommen" (zit. bei Florian Zehethofer, 1978, 59)

[28] Aussage Hintersteiner vom 17. Juli 1945, NARA II, RG 549, Records of Headquaters, U.S. Army Europe (USAREUR), War Crimes Branch, War Crimes Case files (Cases not tired), 1944-48, Box 490, Case 000-12-463 Hartheim (P) Vol I/A

(Aussage Golobsky), sondern auch die bereits 1945 kolportierte[29] Behauptung, der Rauchabzug sei „durch die Dachrinne" erfolgt. Von manchen Technikern wurde allerdings der Betrieb eines Blechkamins im Zusammenhang mit einem Krematorium als unmöglich bezeichnet. Beim derzeitigen Stand der Erkenntnisse bleibt daher nur die Feststellung, dass die Ungereimtheiten zwischen archäologischen Befunden, Zeugenaussagen und technischen Hypothesen derzeit nicht geklärt werden können.

Östliches Schlossgelände/Gruben[30]

Im östlich des Schlosses gelegenen ehemaligen Schlossgarten, der in der Zeit der Euthanasieanstalt mit einer hohen, die Einsicht verwehrenden Mauer umgeben war, wurden im September 2001 im Rahmen der Grabungsarbeiten für die Fernheizung die ersten Gruben mit den Überresten menschlicher Knochen, Knochenasche und Schlacken gefunden. Der Auffindung folgten bis Mitte November 2001 die erste, von Februar bis Juni 2002 die zweite und im Oktober/November 2002 die dritte und letzte Grabungskampagne.
Die ersten im September 2001 aufgefundenen Gruben waren versetzt mit einer Vielzahl von z.T. verbrannten, angeschmorten oder durch Hitzeeinwirkung verformten Gegenständen. Bei diesen handelt es sich sehr wahrscheinlich teilweise um Hinterlassenschaften der Opfer, teilweise auch um Abfall aus dem Anstaltsbetrieb. So fanden sich beispielsweise Brillen, Kämme, Zahnbürsten, Seifen, Besteck, religiöse Symbole u.ä. neben Töpfen, Bechern, Glasscherben und zerbrochenem Porzellan. Gleichzeitig mit diesen Gruben wurde in ähnlichen Bodeneinlassungen eine größere Anzahl ebensolcher Gebrauchsgegenstände u.ä. Material gefunden, das nach archäologischer Befundung durch das oö. Landesmuseum eindeutig als aus der Zeit vor 1945 stammend bestimmt wurde und ebenfalls auf Hinterlassenschaften der Opfer hindeutete. Zu Anfang waren Funde, die einen klaren Zusammenhang mit der NS-Zeit aufwiesen, nur selten: vereinzelte Abzeichen der Winterhilfswerksammlungen 1938 ff., ein Abzeichen zur

---

[29] Linzer Volksblatt vom 18.10.1945
[30] Die Darstellung folgt: Brigitte Kepplinger – Gerhart Marckhgott – Hartmut Reese, Forschungstagebuch Schloss Hartheim, unveröffentlichtes Manuskript, o.O., 2002 und Wolfgang Klimesch, Veritatem dies aperit. Vernichtet – Vergraben – Vergessen. Archäologische Spurensuche in Schloss Hartheim, unveröffentl. Manuskript, Linz 2002

Abb. 9: Grabung. Knochenfragmente – Foto: Oö. Landesarchiv (Hartmut Reese)

Volksabstimmung über den Anschluss Österreichs sowie reichsdeutsche Münzen und weitere Abzeichen.

Das Gelände innerhalb der alten, erst Anfang der 80er Jahre abgerissenen Schlossmauer wurde dann von Oktober 2001 bis Juni 2002 vollständig ergraben. Dabei fanden sich weitere Gruben, die vor allem Knochenreste, Asche und Schlacken im Gesamtumfang von ca. 12 m³ enthielten. Obwohl im Oktober 2001 eine erste gerichtsmedizinische Analyse wegen des starken Verbrennungsgrades und morphologischer Uneindeutigkeit des Materials menschliche Herkunft nicht eindeutig bestätigen konnten[31], haben später eindeutige Knochenfunde (Fingerglieder, Wangenknochen, Schädeldeckenfragmente) Sicherheit in diesem Punkt erbracht. Die menschlichen Überreste wurden auf Grund gesetzlicher Vorschriften durch die zuständige Polizeiabteilung des Landes Oberösterreich/Kriegsgräberfürsorge in einer mehrere Wochen dauernden Kampagne geborgen, von Schlacken,

---

[31] Gutachten des Gerichtsmedizinischen Institutes der Universität Salzburg vom 19.10.2001

Koksresten und anderem Material getrennt und für die Bestattung am gleichen Ort vorbereitet[32].
Auffällig war, dass feine Knochen- und Krematoriumsasche fast im gesamten Gelände flächig ausgestreut war mit starken insularen Aufstreuungen unterschiedlicher Konsistenz und Stärke.
Neben den menschlichen Überresten, Gebrauchsgegenständen und Abfall wurden auch Baumaterialien gefunden, die dem Rückbau zuzuordnen sind. Dieses Material befand sich sowohl in eigenen Gruben als auch verstreut im gesamten Grabungsgelände.

Abb. 10: Grabung. Kavernen mit menschlichen Knochen und Knochenasche unmittelbar nach ihrer Entdeckung, Oktober 2001 – Foto: Oö. Landesarchiv (Hartmut Reese)

Es handelte sich in erster Linie um Schutt von Mauer-, aber auch Schamottziegeln, die z.T. starke Brand- und Verglasungsspuren aufweisen. Ebenfalls fanden sich gehäuft weiße, vereinzelt auch rote Fliesenreste mit und ohne anhaftenden Verputz, dazwischen größere Mengen Verputzreste, die z.T. die für die Innenräume typische grüne Färbung aufwiesen. Einzelne Funde wie Asbesthandschuhe, Überreste von Elektroanlagen, Teile von Eisenrosten und (noch) nicht näher bestimmbare technische Materialien weisen auf den Rückbau der Euthanasieanstalt 1944/45 hin. In verschiedenen Zeugenaussagen, besonders bei Helene Hintersteiner finden sich etliche Hinweise auf die Beseitigung der Spuren des Rückbaues im Gelände unmittelbar östlich und südlich des Schlosses. Ein eindeutiger Beweis ergab sich mit

Abb. 11: Grabung. Weitere Gruben mit menschlichen Knochen – Foto: Oö. Landesarchiv (Hartmut Reese)

---

[32] Das Gelände ist aufgrund gesetzlicher Bestimmung zum Friedhof erklärt worden. Die Bestattung fand am 27. September 2002 auf dem Fundgelände statt.

dem Fund von 36 Häftlingsmarken des KZ Mauthausen (Gusen) und 6 Erkennungsmarken der deutschen Wehrmacht für Kriegsgefangene[33] in einer Grube. Wenig später wurden im selben Gelände noch 6 weitere Häftlingsmarken gefunden. Im November 2002 fanden sich im Bereich des Wirtschaftshofes an der Südseite des Schlosses zwei weitere Häftlingsmarken. Die Erkennungsmarken von Kriegsgefangenen untermauern die Vermutung, dass in Hartheim nach 1941 nicht nur KZ-Häftlinge ermordet wurden.[34]

Abb. 12: Grabung. Detail einer Grube mit Gegenständen – Foto: Oö. Landesarchiv (Hartmut Reese)

---

[33] Die Häftlingsmarken konnten später als Marken von polnischen und spanischen sowie wenigen Häftlingen anderer Nationen aus dem Lager Mauthausen/Gusen identifiziert werden, die am 3. und 4.12.1941 unter der getarnten Bezeichnung „KL Dachau – Sanatorium" nach Hartheim transportiert und hier ermordet wurden.

[34] Hinweise auf vergrabene Häftlingsmarken finden sich schon in den Aussagen eh. Mitglieder des Bautrupps aus dem KZ Mauthausen, der im Winter 1944/45 der Rückbau durchgeführt hatte; vgl. Aussage Adam Golebski (sic) nach seiner Befreiung aus dem Konzentrationslager Mauthausen, übersetzt von Jack R. Novitz, Tec 5 Ja Sec Third US Army, 17.7. 1945. File No 3JA132, (Material Dameron)

Abb. 13: Grabung. Gelände auf der Ostseite des Schlosses. Stand Mai 2002 – Foto: Oö. Landesarchiv (Hartmut Reese)

Fazit

Beim Ausbau der Gedenkräume im Jahre 1969 ist eine Dokumentation oder gar Sicherung noch vorhandener Spuren nicht betrieben worden. Einzig die im Bereich der zugesetzten Tür zwischen Aufnahmeraum und Gaskammer gefundene eingemauerte Flasche mit der bekannten Mitteilung des spanischen Häftlings Miguel Justo vom 18. Dezember 1944 wurde – wie w.o. schon erwähnt – geborgen und sichergestellt, ging aber wieder verloren. Die anderen Räume im Bereich der Tötungsstrecke wurden über all die Jahrzehnte von den Bewohnern ständig benutzt und verändert. So waren spätestens seit dem Umbau 1969 eindeutige, sichtbare Spuren der Tötungsmaschinerie aus den Jahren 1940 bis 1945 noch rarer geworden. Dies zeigte bereits die Begutachtung 1993. Die Situation wurde durch die archäologischen Untersuchungen 2000/01 zwar erheblich besser, doch scheinen fast mit jeder neuen bauarchäologischen Spur auch neue Fragen aufzutauchen.

Insgesamt jedoch ist die Beweislage vor allem durch Menge, Qualität und Eindeutigkeit der im östlichen Schlossgarten und im Wirtschafthof gefundenen Überreste entscheidend verbessert worden. Nicht mehr die wenigen, oft interpretationsbedürftigen und mit Fragen behafteten bauarchäologischen Spuren, sondern die massenhaften Gebrauchsgegenstände, Schlacken, Knochenreste und Verbrennungsasche stellen nunmehr den primären Nachweis für die ungeheuerlichen Vorgänge im Schloss Hartheim dar.

Literatur

Borsdorf Ulrich – Grütter Theodor Heinrich (Hg.), Orte der Erinnerung. Denkmal, Gedenkstätte, Museum, Frankfurt – New York 1999

Cramer Johannes, „Euthanasie"-Anstalt Schloß Hartheim (OÖ). Zusammenfassung von Ergebnissen der bauarchäologischen Untersuchung im Juli und August 1933, unveröffentlichtes Manuskript, o.O, 1993

Friedlander Henry, Der Weg zum NS-Genozid. Von der Euthanasie zur Endlösung, Berlin 1997

Kepplinger Brigitte – Marckhgott Gerhart – Reese, Hartmut, Forschungstagebuch Schloss Hartheim, unveröffentl. Manuskript, o.O., 2002

Klimesch Wolfgang, Veritatem dies aperit. Vernichtet – Vergraben – Vergessen. Archäologische Spurensuche in Schloss Hartheim, unveröffentl. Manuskript, Linz 2002

Zehethofer Florian, Das Euthanasieproblem im Dritten Reich am Beispiel Schloß Hartheim (1938-1945), in: Oberösterreichische Heimatblätter, Heft 1/2, 1978, 46-62

Quellen

NARA II, RG 549, Records of Headquaters, U.S. Army Europe (USAREUR), War Crimes Branch, War Crimes Case files (Cases not tired), 1944-48, Box 490, Case 000-12-463 Hartheim (P) Vol I/A

OÖLA, LG Linz, Sondergerichte: Polit. Gerichtsakte 1946, Sch. 1014/ Sch. 1192

DAS GEDENKEN IN HARTHEIM
Brigitte Kepplinger und Hartmut Reese

„Wir erlauben uns hiemit, Ihnen mitzuteilen, dass wir auf Grund längerer Nachforschungen jetzt zum Ergebnis gekommen sind, dass auf dem Gebiete Österreichs in den Jahren 1941-1943 eine Ausbildung von Mördern in einer Anstalt, die als Tötungsanlage bestimmt war, stattgefunden hat. (...) Bei der Tötungsanlage in Österreich handelt es sich um das Schloss Hartheim bei Eferding in Oberösterreich." Mit diesen Worten beginnt ein Brief Simon Wiesenthals vom 14. Februar 1964 an den damaligen Bundesminister für Justiz, Dr. Christian Broda.[1] Als Betreff zeigt der Brief „Ausbildung von Mördern (Mörderschule)". Im Folgenden wird dargelegt, was in Schloss Hartheim als einer der NS-Euthanasieanstalten geschah und dass das Personal dort schon auf seine spätere „Arbeit" im Rahmen der „Endlösung der Judenfrage" vorbereitet wurde. Es geht hier nicht um eine Prüfung der Tatsachen, die in diesem Brief beschrieben werden, es geht vielmehr darum, aufzuzeigen, welche Wege das Gedenken in Schloss Hartheim genommen hat. Dafür ist dieser Brief beispielhaft, denn er zeigt u.a., dass nahezu alle Anstöße, ein Erinnern an die Morde an diesem Ort als öffentliche und kollektive Erinnerung zu etablieren, von außen kamen.

Lange vor diesem Brief, im Frühjahr 1950, war auf Initiative der französischen Häftlingsorganisation der Überlebenden des Konzentrationslagers Mauthausen an der Nordseite des Schlosses ein kleines Denkmal zur Erinnerung an die Verbrechen errichtet worden. Da das Denkmal auf dem Grundstück des Schlosses stehen sollte, war der Eigentümer, der Oberösterreichische Landeswohltätigkeitsverein, um die Genehmigung dazu gebeten worden. Er hat diese Genehmigung erteilt, aber es ist nicht über-

Abb. 1: Französisches Mahnmal von 1950 – Foto: Hartmut Reese

---

[1] Simon Wiesenthal, Schreiben an den Bundesminister für Justiz, Dr. Christian Broda vom 14. Februar 1964: Ausbildung von Mördern (Mörderschule), Dokumentationszentrum des Bundes jüdischer Verfolgter des Naziregimes, Wien

liefert, ob er sich aktiv an der Realisierung des Denkmals beteiligt hätte. Die ehemaligen Räume der NS-Euthanasie im Schloss waren schon längst in den alltäglichen Gebrauch als Abstellräume übergegangen oder auch nur so belassen worden, wie sie 1945 vorgefunden worden waren. In den Folgejahren – vor allem nach 1954, dem Jahr des Einzuges der Hochwassergeschädigten ins Schloss – waren sie dann mehr und mehr Teil der Wohnanlage geworden. Auch im Ort Hartheim/ Alkoven finden sich keine Spuren der öffentlichen und kollektiven Erinnerung. Nachfragen nach standesamtlichen Dokumenten, die bei der Gemeinde eingingen, wurden bis in die jüngste Zeit wahrheitsgemäß dahingehend beantwortet, dass das Standesamt Alkoven nicht zuständig gewesen sei und daher nicht über solche Dokumente verfüge. Seit dem Bestehen des „Projekts Gedenkbuch" (1997) wurden die Anfragenden an das Oberösterreichische Landesarchiv weiterverwiesen.

Die Besuche österreichischer wie deutscher Strafverfolger, die zu Lokalterminen in den Jahren 1946/47 oder nach der Verhaftung Dr. Rennos in den sechziger Jahren nach Hartheim kamen, blieben ohne bleibende Spuren. 1965, ein Jahr nach dem Dossier von Simon Wiesenthal, kamen österreichische wie deutsche Journalisten nach Hartheim und suchten ähnlich wie Jahre später die Journalisten Walter Kohl und Tom Matzek nach Spuren und Zeugen[2]. Die Zeugnisse ihrer Suche geben möglicherweise nur einen beschränkten Ausschnitt des Umganges mit der Erinnerung wieder. Deutlich ist aber ihren Arbeiten zu entnehmen, wie schwierig und widerständig der Umgang der Umgebung mit dem Faktum des Schlosses als Mordstätte war[3]. Es geht hier nicht um die Bewertung der Art und Weise, wie sich einzelne Menschen mit der Geschichte, mit dem Schloss und den Morden auseinandersetzen, sondern es geht um den öffentlichen Raum, in dem sich Erinnerung manifestiert oder nicht.

Als Beispiel für einen unstrittigen und vom Großteil der Bevölkerung getragenen Erinnerungskult seien die Kriegerdenkmäler und die an ihnen abgehaltenen Gedenkfeiern genannt. Hinter diesen Denkmälern stehen Befindlichkeit und Empfindsamkeit der lokalen Gesellschaft und das, obwohl die Ereignisse, auf die sie sich beziehen, schon viele Jahrzehnte vorüber

---

[2] Beispielhaft die Berichte in 1-Schilling-Express (Wien) und im Linzer Volksblatt vom 21. Februar 1964 und später die Buchveröffentlichungen von Walter Kohl, Die Pyramiden von Hartheim, Grünbach 1997; Ders., Ich fühle mich nicht schuldig, Wien 2000; Tom Matzek, Das Mordschloss. Auf der Spur von NS-Verbrechen in Schloss Hartheim, Wien 2002

[3] Eine besonders kritische Auseinandersetzung findet sich in dem Artikel des deutschen Schriftstellers Christian Geissler, der Anfang 1965 Hartheim besuchte. Ende der Anfrage, in: werkhefte. zeitschrift für probleme der gesellschaft und des katholizismus, 3/65

sind. Hier gilt nicht der Satz, man möge das doch endlich alles einmal vergessen, es sei doch schon so lange her. Mit den Kriegerdenkmälern ist Geschichte, wie sie am Ort verstanden wird und weitestgehend unstrittig ist, festgeschrieben. Mit dieser Form der Erinnerung stimmt die lokale Gesellschaft überein. Aus diesem Verständnis heraus werden die Denkmäler gepflegt und wird noch heute jährlich derer gedacht, deren Namen dort angeführt sind.[4] Das Fehlen von Denkmälern und Erinnerungsorten ist also auch aufschlussreich. Es sagt zumindest, dass in einem konkreten Fall keine kollektive Erinnerung gefragt ist. Wie differenziert das Verhältnis zur Erinnerung sein kann, zeigt das französische

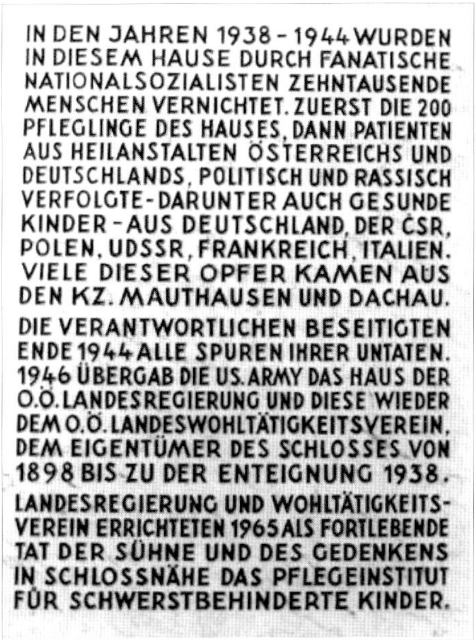

Abb. 2: Gedenktafel 1969 – Foto: Hartmut Reese

IN DEN JAHREN 1938-1944 WURDEN IN DIESEM HAUSE DURCH FANATISCHE NATIONALSOZIALISTEN ZEHNTAUSENDE MENSCHEN VERNICHTET. ZUERST DIE 200 PFLEGLINGE DES HAUSES, DANN PATIENTEN AUS HEILANSTALTEN ÖSTERREICHS UND DEUTSCHLANDS, POLITISCH UND RASSISCH VERFOLGTE - DARUNTER AUCH GESUNDE KINDER - AUS DEUTSCHLAND, DER CSR, POLEN, UDSSR, FRANKREICH, ITALIEN. VIELE DIESER OPFER KAMEN AUS DEN KZ. MAUTHAUSEN UND DACHAU. DIE VERANTWORTLICHEN BESEITIGTEN ENDE 1944 ALLE SPUREN IHRER UNTATEN. 1946 ÜBERGAB DIE US. ARMY DAS HAUS DER O.Ö. LANDESREGIERUNG UND DIESE WIEDER DEM O.Ö. LANDESWOHLTÄTIGKEITSVEREIN, DEM EIGENTÜMER DES SCHLOSSES VON 1898 BIS ZU DER ENTEIGNUNG 1938. LANDESREGIERUNG UND WOHLTÄTIGKEITSVEREIN ERRICHTETEN 1965 ALS FORTLEBENDE TAT DER SÜHNE UND DES GEDENKENS IN SCHLOSSNÄHE DAS PFLEGEINSTITUT FÜR SCHWERSTBEHINDERTE KINDER.

Denkmal am Schloss Hartheim. Obwohl es dort meines Wissens keine Gedenkakte aus dem Ort heraus gab und gibt, kam der Bürgermeister in Vertretung der Gemeinde auf Einladung der französischen Überlebenden öfter zur Gedenkfeier und legte selbst Blumen nieder. Solche Zeichen mögen auch von Anderen gesetzt worden sein, aber diese Geste blieb ein isoliertes Ereignis, ohne Beziehung zum Leben des Ortes.

1969 wurde im ehemaligen Aufnahmeraum und in der ehemaligen Gaskammer vom Oberösterreichischen Landeswohltätigkeitsverein[5] eine Gedenkstätte eingerichtet. Die zwei Räume wurden mit Symbolen eines christlichen Gedenkens ausgestattet: einem Kreuz von Helmut Berger und Glasfenstern von Rudolf Kolbitsch, wie sie in sakralen Räumen zu finden sind. Gleichzeitig wurde als Hinweis eine Gedenktafel gesetzt, die in knapper Form sowohl die historische Funktion des Ortes als auch das Motiv des Gedenkens umreißt. Die Tafel wurde unmittelbar unter der Stiftungstafel des Jahres 1898 angebracht. Die Einrichtung der Gedenkräume beseitigte

---

[4] Vgl. Reinhold Gärtner – Sieglinde Rosenberger, Kriegerdenkmäler, Innsbruck 1991
[5] Heute GSI Gesellschaft für soziale Initiativen, und über eine GmbH Eigentümerin des Schlosses

Abb. 3: Gedenktafeln aus den 50er und 60er-Jahren – Foto: Hartmut Reese

aber gleichzeitig eine Vielzahl der wohl noch vorhandenen Spuren vor allem im Bereich des Aufnahmeraumes und der Gaskammer.[6]
Man reagierte damit auf öffentliche Diskussionen, denn schon in den fünfziger und in den sechziger Jahre kamen immer wieder Angehörige von Opfern, vor allem aus Frankreich und Italien, nach Schloss Hartheim, um hier ihrer Toten zu gedenken. Was sie vorfanden, kränkte sie. Das Schloss war ein Wohngebäude, die Stätten der Verbrechen nicht zugänglich, sondern als Wohnungen oder Vorratsräume genutzt; im Schloss existierte kein Ort

---

[6] Vgl. Artikel zur Bauarchäologie von Marckhgott – Reese in diesem Band

des Gedenkens und der Erinnerung an die Opfer. Hinterbliebene brachten in Eigenregie Tafeln im Hof des Schlosses an oder versuchten, durch an Ort und Stelle verfasste Zettel, die sie an die Türen der ehemaligen Euthanasieräume hefteten, dem Gedenken Ausdruck zu verleihen. Die ersten Tafeln wurden von den Angehörigen der hier ermordeten italienischen und französischen Staatsbürger, meist Häftlingen aus den Lagern Mauthausen und Dachau, sowie von den verschiedenen Opferverbänden der Herkunftsländer der Opfer installiert. Für das Anbringen der Tafeln gab es kein Konzept; es gab auch keine weiterführenden Informationen seitens des Wohltätigkeitsvereines oder seitens derjenigen, die diese Tafeln anbrachten. Die Tafeln für im Rahmen der Aktion „14f13" ermordete KZ-Häftlinge bildeten das Gros der vorhandenen Objekte der Erinnerung. Erst spät kamen einige Gedenktafeln für die behinderten und psychisch kranken Euthanasieopfer, die erste Zielgruppe der NS-Euthanasie, hinzu.

Wollte man die Gedenkräume besuchen, musste man bei der Hausbesorgerin den Schlüssel erbitten. Oft standen die Besucher vor verschlossenen Türen. Manchmal führte das auch zu Konflikten, schienen doch die versperrten Türen geradezu symbolisch für das Verhältnis der Bewohner zu diesem Ort zu stehen. So gibt ein Brief des Hausverwalters an das Amt der OÖ Landesregierung wieder, dass ausländische Besucher „eine versperrte Tür samt Türstock im Parterre des Schlosses herausgerissen (hätten) und dies, obwohl ihnen vorher mitgeteilt wurde, dass für diesen Raum, der derzeit einer Wohnpartei als Kohlenkeller dient, (...) kein Schlüssel zur Verfügung stand."[7] Das Amt der OÖ Landesregierung wird dann aufgefordert, in Zukunft Vorsorge zu treffen, dass solche Beschädigungen und „Übergriffe seitens ausländischer Besucher" nicht mehr vorkommen. Vorstellbar ist die Empörung der Besucher, einen ihnen wichtigen Raum nicht betreten zu können, verstärkt durch die Vorstellung, dass das ehemalige Krematorium nun als profaner Kohlenkeller genutzt sei. Das Verhältnis der Bewohner des Schlosses zu den Besuchern, die hier ihrer ermordeten Angehörigen gedenken wollten, kann zumindest als schwierig bezeichnet werden. Es gab gegenseitiges Misstrauen; die spärlichen Kontakte schwankten zwischen höflicher Freundlichkeit und Distanz. An den Tagen, an denen größere Gruppen kamen, zogen sich die Bewohner zurück. Von all den Besuchen blieben nur Blumen, Kränze, manchmal schriftliche Botschaften.

---

[7] Schreiben des Hausverwalters vom 11. Mai 1954 an das Amt der oö. Landesregierung, Archiv GSI – Gesellschaft für soziale Initiativen, Alkoven

Abb. 4: Gedenkfeier 60er-Jahre – Foto: Privat

Ab 1969 fanden im Arkadenhof des Schlosses regelmäßig Gedenkfeiern im Zusammenhang mit der Mauthausener Befreiungsfeier statt, denn Schloss Hartheim galt als Nebenlager von Mauthausen[8]. Die vor allem aus dem Institut Hartheim und dem Oö. Landeswohltätigkeitsverein betriebene Gründung des Vereins Schloss Hartheim im Jahr 1995 setzte ein Signal, Hartheim als etwas Eigenständiges zu betrachten: als Stätte des ersten staatlichen Massenmords an behinderten und kranken Menschen. Erklärtes Ziel des Vereines war es, die Geschichte der NS-Euthanasie in Hartheim aufzuarbeiten und für das Schloss eine Nutzung zu finden, die der Geschichte des Hauses gemäß sein sollte. Der dann auf Drängen des Vereines 1997 von der Oberösterreichischen Landesregierung gefasste Beschluss, das Ausstellungs- und Renovierungsprojekt Hartheim zu finanzieren, umfasste auch die Neugestaltung der Gedenkstätte.

---

[8] Nicht unerwähnt für die Entwicklung des Gedenkens in Hartheim soll die erste wissenschaftliche Arbeit von Florian Zehethofer sein: Das Euthanasieproblem im Dritten Reich am Beispiel Schloss Hartheim (1938-1945), in: Oberösterreichische Heimatblätter, Heft 1/2 (1978), S. 46–62. Auch der wenige Jahre später erschienene Roman von Franz Rieger, Schattenschweigen oder Hartheim, Graz – Wien – Köln 1985, ist für das Gedenken in Hartheim nicht zu unterschätzen.

Abb. 5: Gedenkraum 1969-2001 – Foto: Norbert Breuer

Eine Neugestaltung der Gedenkstätte sollte all die Räume umfassen, die direkt und unmittelbar Schauplatz der Euthanasieverbrechen waren bzw. mit diesen Verbrechen in einem unmittelbaren Zusammenhang standen: den ehemaligen Aufnahmeraum, die Gaskammer, den technischen Raum für die Tötungsinstallationen, den Leichenraum und den Krematoriumsraum.

Schon frühere Entwürfe hatten eine künstlerische Gestaltung vorgesehen, ging man doch in den Diskussionen davon aus, dass es keine Spuren der ehemaligen Tötungseinrichtung mehr geben würde. Die Sicherung von Spuren und Beweisen für die Einrichtung der Tötungsanstalt war damals kein Ziel. Es ging vor allem um die Gestaltung des Gedenkortes. Die historische Tatsache der Ermordung der Menschen in Hartheim war weder in Frage gestellt, noch erschien es notwendig, diese in materiellen Spuren zu belegen. Die Sicherung der Spuren als „Sicherung des Gedächtnisses der Dinge" (Detlev Hoffmann) war jenseits des Problematisierungshorizontes. Es schien zu genügen, dass die Deutung des Ortes durch die religiös konotierte Bezeichnung der Taten geleistet wurde. So war es denn auch kein Problem, den Technik-, den Leichen- und den Krematoriumsraum weiter-

Abb. 6: Kreuz (Helmut Berger) im Gedenkraum 1969–2001 – Foto: Norbert Breuer

hin als Abstellkammern zu nutzen, nach Spuren dort weder zu suchen, noch sie zu sichern. Beispielhaft mag dafür sein, dass noch 1999 bei der Sichtung der Räume in Vorbereitung der Renovierung und Neugestaltung an der Innenseite der Krematoriumstür ein Jutesack der deutschen Wehrmacht entdeckt wurde, der dort wohl zum Schutz gegen das Eindringen der Kälte angenagelt worden war. Einen weiteren Hinweis auf den fast naiven Umgang mit diesen Räumen mag man darin sehen, dass die für die Gedenkfeiern genutzten Sessel im ehemaligen Leichenraum aufbewahrt wurden – ganz so als handele es sich eher um eine Art Friedhofskapelle. Aus dieser Sicht heraus folgten Konzept und Umsetzung des Gedenkens in einem religiös inspirierten Raum der Tradition, wie sie sich in den meisten Gedenkstätten in Österreich wie in Deutschland etabliert hatte.

Das neue Gestaltungskonzept ging anfangs ebenfalls vom Fehlen historischer Spuren der Euthanasieanstalt aus. Aus Begehungen mit Prof. Johannes Cramer und einem von ihm veranlassten Gutachten 1993[9] wurde angenommen, dass sich die Räume de facto in dem Zustand nach dem Rückbau

---

[9] Vgl. Cramer Johannes, „Euthanasie"-Anstalt Schloß Hartheim (OÖ). Zusammenfassung von Ergebnissen der bauarchäologischen Untersuchung im Juli und August 1993 (unveröffentlichtes Manuskript)

von 1945 befanden. Sein Urteil war, dass außer dem Fenster in der Gaskammer, dem Fliesenboden im Leichenraum und den Ofenfundamenten keine authentischen Spuren mehr vorhanden seien.

Das war der entscheidende Grund, einen Künstler mit der Gestaltung der Räume der Euthanasiemorde zu betrauen. Die Entscheidung fiel zugunsten einer behutsamen künstlerischen Neugestaltung der Gedenkstätte durch den oberösterreichischen Künstler Herbert Friedl unter Sicherung der historischen Spuren. So sollten keine Spuren zum Verschwinden gebracht, sondern ihnen eine künstlerische Interpretation des Ortes zur Seite gestellt werden. Keinesfalls war an eine Rekonstruktion der historischen Einrichtung, etwa in der Gaskammer oder im Krematorium, gedacht. Neben

Abb. 7: Tür des Gedenkraumes der eh. Gaskammer 1969 – Foto: Privat

einer verfehlten Annäherung an die Thematik würde damit revisionistischen Interpretationen Tür und Tor geöffnet worden sein. Ein Problem stellte in diesem Zusammenhang aber die zweifache „Überbauung" der historischen Spuren dar: zum einen die Rückbauten der Jahreswende 1944/45, als die Nationalsozialisten alle Spuren ihrer Verbrechen beseitigen wollten, zum anderen die Errichtung der Gedenkstätte im Jahr 1969.

Einig war man sich also auf keinen Fall Rekonstruktionen im Sinne von Nachbauten ehemals vorhandener oder als vorhanden vorausgesetzter Einbauten vorzunehmen. Das Konzept von Herbert Friedl, drückte dies so aus: „Wichtigstes Anliegen ist mir, einen Erinnerungsprozess in Gang zu halten. Erinnern bedeutet aber auch ein allmähliches Schwinden, ein Abstrahieren des Geschehenen. Es bedingt das Schaffen einer neuen Wirklichkeit, die in Distanz zum realen Geschehen steht. Darauf aufgebaut habe ich mein Gestaltungskonzept. Ziel ist nicht die Rekonstruktion dieser Einrichtungen bzw. Ereignisse oder gar deren Inszenierung, sondern mittels einer abstrahierten Gestaltung Geschehnisse ins Gedächtnis zurückzurufen. Demnach werden sich die Gedenk-Räume-Bereiche dem Besucher nicht als dreiste, sentimentale, schmerzvoll befangene Denkmalstätte präsentieren, sondern als ‚Leere', die ein wichtiges Element meines Konzeptes ist. Darüber hinaus möchte ich der Harmonie und Schönheit des

Abb. 8: Gedenkraum, eh. Aufnahmeraum mit Namenstafeln, 2003 – Foto: Hartmut Reese

Schlosses ‚Irritationen' entgegensetzen, die unaufdringlich auf die tragischen Ereignisse verweisen."[10]
Im südlichen Turmzimmer des Untergeschoßes wurde die Einrichtung eines ebenfalls von Herbert Friedl zu gestaltenden Raumes der Ruhe und der Besinnung vorgesehen, der nicht religiös dominiert und den Besuchern ein Ort des Gedenkens und der Meditation sein sollte, aber dennoch in gewissem Sinne einen „Ersatz" für die aufgelassene Kapelle darstellte.
Eine Herausforderung eigener Art stellte die bestehende Gedenkstätte dar. Sie war inzwischen ihrerseits ein historisches Denkmal, das den konkrethistorischen Zugang einer bestimmten Epoche zum Phänomen NS-Euthanasie charakterisierte. Trotz aller Bedenken entschloss man sich, die Räume der alten Gedenkstätte vollständig in die Neugestaltung einzubeziehen. Lediglich die künstlerischen Arbeiten und die Bronzetüren von 1969 wurden gesichert und archiviert. Damit aber waren die Spuren des seinerzeiti-

---

[10] Friedl Herbert, Künstlerisches Konzept der Gedenkräume Schloss Hartheim (unveröffentlichtes Manuskript)

Abb. 9: Grabungsblock im Gedenkraum, 2003 – Foto: Hartmut Reese

gen Zugangs zum Gedenken verschwunden und nur noch in schriftlichen wie bildlichen Zeugnissen und Erinnerungen vorhanden. Ohne diese Entscheidungen einer endgültigen Bewertung zu unterziehen, bleibt die Problematik bestehen, die darin besteht, einen Zugang zum Gedenken durch einen anderen zu ersetzen. Die Situation ähnelt darin der, die in der profanen Nutzung der Mordräume nach 1945 und in der Errichtung der Gedenkräume 1969 selbst enthalten ist: dass jede Zeit eine Anmaßung der richtigen Lesart enthält. Wollte man dagegen die Möglichkeit offen halten, dass spätere Generationen sich mit dem Ursprung und dem historischen Prozess des Ortes auseinandersetzen können, so wäre ein noch sorgfältigerer Umgang mit den Relikten – in diesem Fall der alten Gedenkstätte – notwendig gewesen.
Wie komplex der Prozess der Konstruktion des Erinnerbaren ist, macht folgende Skizze des Realprozesses deutlich: Gaskammer, Leichenraum und Krematoriumsraum zeigten nach ihrer Räumung entgegen der früheren Annahme doch Indizien für noch existente Spuren. Gleichzeitig aber

Abb. 10: Eh. Gaskammer mit Steg, 2003 – Foto: Hartmut Reese

war die zeitliche Einordnung der offen zutage liegenden Installationen nicht so einfach, wie zuerst angenommen worden war. Es mussten vielfach Experten befragt werden, oft auch nicht zu eindeutigen Ergebnissen kamen. Mehrere bauarchäologische Begehungen erbrachten nur teilweise brauchbare Resultate.

Mehrere Suchgrabungen im Boden und in den Wänden erbrachten dann aber Funde, mit denen man nicht gerechnet hatte: eine Vielzahl von Spuren – vom Fliesenbett über den Abfluss im Leichenraum bis zu den Halterungen des Gasrohres und die 1944/45 vermauerte Tür zwischen Gaskammer und Technikraum – kam zu Tage[11]. Die Auffindung dieser und weiterer Spuren führte zu einer Diskussion des künstlerischen Konzeptes, das zu dieser Zeit noch vorgesehen hatte, die Wände weiß zu tünchen. Das Wissenschaftsteam[12] entschied in Übereinstimmung mit dem Künstler, die

---

[11] Detailliert im Artikel zur Bauarchäologie von Marckhgott – Reese in diesem Band
[12] Brigitte Kepplinger – Gerhart Marckhgott – Hartmut Reese

Abb. 11: Eh. Leichenraum, 2003 – Foto: Hartmut Reese

Räume in dem baulichen Zustand zu belassen, in dem sie sich nach der Entfernung der offensichtlichen Nachkriegsinstallationen befanden. Damit stand das Projekt aber vor der Frage, wie weit die Nachforschungen nach Spuren gehen sollten und in welchem Zustand eventuelle Funde belassen bzw. welche Gestaltung möglich sein könnte. Die Literatur über Hartheim enthielt unbeantwortete Fragen, die nun möglicherweise doch über bauarchäologische Forschungen geklärt werden konnten.

Das Spannungsverhältnis zwischen den historischen Spuren, ihrer archäologischen Freilegung und der folgenden „Fassung" durch die künstlerische Gestaltung führte zu einer neuerlichen Revision des Konzeptes. Die symbolische Lichtspur, die Herbert Friedl an der Innenleiste der Außenmauer und zwar in das Bodenmaterial versenkt, ziehen wollte, war nicht mehr haltbar. Diese Installation hätte die historische Substanz zugunsten einer symbolischen Gestaltung verletzt und wäre Gefahr gelaufen, die Ereignisse zu ersetzen, auf die die Spuren verwiesen. Es wurde spürbar, dass das Friedlsche Konzept der „Leere" angesichts der nun aufgefunde-

Abb. 12: Eh. Krematoriumsraum, 2003 – Foto: Hartmut Reese

nen Spuren auch in eine Art von „Zeitlosigkeit" übergehen könnte, mit der die Geschichtlichkeit des Ortes und der Taten verloren zu gehen drohte.
Ein ähnlicher Spannungszustand war an der Westseite des Schlosses an der Stelle entstanden, an der der Busschuppen für die Transportbusse gestanden hatte. Dort waren schon bei einer ersten Suche nach Spuren 1993 Reste einer Nagelleiste gefunden worden, die als Überreste der Dachvernagelung für den Busschuppen angesehen wurden. Hier wurde von Anfang an festgelegt, die Spur zu erhalten und in das künstlerische Konzept einzubinden. Bei den Arbeiten an dem Stahlgeviert, das symbolisch die Größe und Ausdehnung des Busschuppens aufnahm, wurde aber aufgrund seiner massiven Ausführung der Boden bis in eine Tiefe von ca. 1 ½ Metern abgetragen, ohne dass dort nach Spuren gesucht worden wäre. Das künstlerische Werk hat damit die möglicherweise noch vorhandenen Spuren ersetzt; der symbolische Ausdruck für den Ort ist an die Stelle des Reliktes getreten. Auch hier bleibt die Frage zu stellen nach dem Verhältnis der Relikte zu den Denkmalen, was Detlev Hoffmann auch als „Verhältnis vom Ge-

dächtnis der Dinge auf der einen Seite, der vergegenständlichten Erinnerung auf der anderen" bezeichnet hat.[13]

Die Beantwortung dieser Frage war im Werden der neuen Gedenkstätte ein komplexer Prozess, der nicht in jedem Fall zugunsten der Relikte entschieden wurde. Hinzu kam, dass auch ein Verhältnis zu anderen älteren Spuren wie denen der ehemaligen Anstalt (1898-1940) gefunden werden musste. Als Beispiel sei hier der Umgang mit der ehemaligen Kühlkammer der Anstalt angeführt. Sie befand sich nordseitig unmittelbar neben dem ehemaligen Aufnahmeraum der Euthanasieanstalt, hatte aber keinen direkten Zugang zu diesem. Die Kühlkammer war im Jahre 1928 eingerichtet worden: sie war gefliest worden, hatte eine moderne elektrische Kühlung erhalten und war mit massiven eisernen Fleischerhaken bestückt. Die Funktion als Kühlkammer hatte sie auch während der Zeit der Euthanasieanstalt. In Zeugenaussagen während der Prozesse gegen Täter von Hartheim spielt diese Kammer mehrfach eine Rolle, zumal bäuerliche Nachbarn des Schlosses dort zeitweise ihr Fleisch lagern durften und so einen Einblick in die Vorgänge erhalten konnten. Im Rahmen der Planungen für die historischen Informationsräume zur Gedenkstätte wurde sowohl aus Gründen des knappen Raumangebotes als auch wegen der problematisch erscheinenden Assoziationen, die der verfliese Raum mit den martialisch wirkenden Fleischerhaken auslösen könnte, dafür plädiert, das gesamte vorhandene Inventar zu entfernen, um den Raum für die Ausstellung nutzbar zu machen. Von Seiten des Denkmalschutzes gab es keine Bedenken, aber auch das wissenschaftliche Team entschloss sich nach Abwägung des Für und Wider für die Entfernung. Die Fleischerhaken wie die Reste der technischen Kühleinrichtung wurden archiviert. Der entscheidende Grund für ihre Beseitigung lag in der Argumentation, dass dieser Raum während der Zeit der Euthanasieanstalt keine spezifisch auf die Ermordung der Menschen bezogene Funktion hatte. Die Möglichkeit, den Raum als Teil des Gesamtkomplexes zu sehen, wurde nicht weiter in Erwägung gezogen. Auch andere Räume, die z. T. sogar spezifischere Funktionen gehabt hatten wie der Raum der Sektionen oder der Werkstattraum, waren wegen starker Veränderung in der über fünfzigjährigen Nutzung und nicht gesicherter Situierung für die Spurensuche bzw. Einbindung in das Konzept der Gedenkstätte nicht beachtet worden.

---

[13] Hoffmann, Detlev: Das Gedächtnis der Dinge, in: Ders. (Hg.), Das Gedächtnis der Dinge. KZ-Relikte und KZ-Denkmäler 1945-1995, 10

Abb. 13: Steg durch die eh. Tötungsräume, 2003 – Foto: Hartmut Reese

In diesem Zusammenhang wäre die Frage nach der Auswahl der Räumlichkeiten in ehemaligen NS-Lagern u.ä. Einrichtungen, die als „zugehörig" zum Gedenkort und damit als zu sichern angesehen werden, genauer zu betrachten. Vor allem die ehemaligen Verwaltungsräume werden fast nie in die Erinnerungskultur einbezogen; in vielen Fällen besitzen diese Räume, in denen die Morde seinerzeit administrativ bearbeitet wurden, heute wiederum die Funktion von Verwaltungsräumen – nur eben für die Gedenkstätten selbst. Die Problematik dieser tradierten Verwendung ist m. E. noch nicht ausreichend beachtet worden. Auch in Hartheim haben wir die Frage nach dieser Seite hin gar nicht gestellt, selbst wenn die ehemaligen Verwaltungsräume nicht wieder als solche Verwendung gefunden hatten, sondern die Ausstellung „Wert des Lebens" in ihnen etabliert wurde. Die Adaptierung dieser Räume für die Ausstellung hat aber alle greifbaren, wahrnehmbaren Spuren nicht nur der NS-Zeit, sondern auch aller vorherigen Nutzung, radikal beseitigt.

Abb. 14: Paneele Arkadenhof (Herbert Friedl), 2003 – Foto: Hartmut Reese

Dagegen hat die künstlerische Fassung der nordseitige Arkade durch über zwei Meter hohe oberflächenrostende Stahlpaneele, mit der die Verbretterung der Arkaden während Zeit der Euthanasieanstalt symbolisch aufgenommen wurde, weder Spuren tangiert noch in die Substanz eingegriffen. Das Gleiche gilt für die Verschließung der Fenster durch Stahlläden entlang der Nord- und Ostseite. Hier stehen sich die Relikte und der materiell gewordene Ausdruck des Gedenkens in Distanz gegenüber. Ihr Verhältnis beginnt sich jetzt erst und im „Gebrauch" zu definieren.
Als im Herbst 2001 auf der Ostseite des Schlosses die ersten Gruben mit Überresten von Habseligkeiten der Opfer, aber auch von Geschirr und anderem Haushaltsgegenständen und (noch) nicht zuordenbaren Gegenständen, wenig später Gruben mit menschlicher Asche und Knochenresten und danach auch Überreste des Rückbaues der Euthanasieeinrichtung gefunden wurden, stellte sich sofort die Frage nach dem Umgang mit diesen Funden und mit dem Gelände selbst. Unstrittig war, dass die sterblichen Überreste der Opfer so sorgfältig und umfassend wie möglich geborgen werden

müssten und dann der Gesetzeslage entsprechend an diesem Ort auch bestattet werden sollten. Das Gelände wurde in Folge dann zum Friedhof erklärt und ist damit auf Dauer nicht mehr für anderen Gebrauch zu nutzen. Die Gegenstände aber wurden im Zuge der Abgrabung des gesamten – ursprünglich innerhalb einer Mauereinfriedung gelegenen – östlichen Schlossgeländes fachgerecht von der Archäologieabteilung des Landesmuseums geborgen und für die wissenschaftliche Bearbeitung wie für die teilweise Präsentation in der Ausstellung vorbereitet. Darüber hinaus stellte sich die Frage, ob nicht das Gelände selbst, die Gruben und möglicherweise auch ein Teil der Gegenstände in Situ zugänglich und damit der Nachwelt erhalten bleiben sollten. Die Anlage der Gruben, ihr Charakter als Müllplatz und ihre eilige Aushebung für die Beseitigung der Spuren waren selbst historische Zeugnisse der Verbrechen. Auch hier fiel die Entscheidung, das Gelände ganz abzugraben, es fotografisch und kartografisch zu dokumentieren, aber es dann in einen Friedhof umzuwandeln[14]. Ergänzend wurde beschlossen, die erste Grube mit Gegenständen im Ganzen zu heben und zu konservieren, um sie im Rahmen des Projektes zu zeigen.

Im Zuge der Diskussion um die Situierung dieses ca. 2,50 Meter hohen, 1,70 Meter breiten und 1,50 Meter tiefen Blocks kam man zu der Auffassung, dass das Stück für die Ausstellung selbst zu groß und zu dominant sein würde. Es sollte aber auf die Präsentation nicht verzichtet werden, denn dieses Stück einer Grube mit den Habseligkeiten der Opfer besaß auch den Charakter eines unmittelbaren Beweises für die Verbrechen. So wurde nach längerer Diskussion beschlossen, den Künstler eine Fassung für den Grabungsblock entwerfen zu lassen, die sich in seine Gesamtgestaltung einfügte. Da die Aufstellung des Blockes im Informationsteil der Gedenkstätte verworfen wurde, stellte sich die Frage nach dem Ort neu. Man entschied sich für den Aufnahmeraum und die Stelle, an der in der früheren Gedenkstätte das Kreuz gehangen und ein kleiner Altar gestanden hatte. Obwohl es pragmatische Gründe gab, die sich aus der Größe des Blockes, der Raumaufteilung und den Blickachsen ergaben, fand die Entscheidung keine ungeteilte Unterstützung. Gerade die Platzierung an der Stelle von Kreuz und Altar schienen aus dem Beweis ein als problematisch empfundenes Symbol zu machen. Religiöse Konnotation, Überhöhung und

---

[14] Auf dem Friedhof hat Herbert Friedl ebenfalls das Grabmal gestaltet. Es ist materiell und konzeptionell in sein künstlerisches Konzept eingebunden. Es erhebt sich als Kubus über dem Sarkophag, in den im September 2002 die sterblichen Überreste der Opfer bestattet wurden.

Abb. 15: Paneele Ankunftsort (Herbert Friedl), 2003 – Foto: Hartmut Reese

damit Aushöhlung des Beweischarakters des Fundes, aber auch Entrückung ins rein Symbolische waren die Gegenargumente.

Die Argumente konnten nicht völlig entkräftet werden, dennoch wurde entschieden, den Block in diesem Raum und an der Stelle aufzustellen. Es überwog das Argument, dass dieses Dokument sowohl ein Beweis als auch ein Symbol darstellte und somit eine Aufstellung in diesem zentralen Gedenkraum gerechtfertigt wäre. Der Raum war auch von Beginn an als der zentrale und erste Raum der neuen Gedenkstätte geplant. In diesem Raum sollten die Namen der Opfer auf Glaspaneele aufgetragen an den umlaufenden Wänden angebracht werden[15]. Ansonsten würde der Raum leer sein. Die Namen erhalten nun mit dem Grabungsblock, in dem die

---

[15] Die Namen sind nach einem Zufallsprinzip gereiht und bestehen aus Namen, Vornamen und dem offiziellen Todesdatum. Die Begründung für die Zufallsreihung besteht darin, dass es weder Listen, wie sie die Täter und alle bürokratischen Ordnungen verwenden, noch eine Hierarchie der Opfer geben sollte. Daher auch keine Trennung in Euthanasieopfer, KZ-Opfer und andere oder dort nach Ländern geordnete Listen

Überreste der Habseligkeiten der Opfer sichtbar sind, eine Entsprechung, als es greifbare Dinge sind, die zu den Namen gehören.

Die hier beschriebenen Prozesse zeigen, dass das Neuentstehen oder die Konstruktion des (neuen) Gedenkortes Schloss Hartheim selbst ein komplexer Prozess der Deutung ist. Scheint dies für die künstlerische Fassung, Gestaltung, Interpretation noch geradezu offensichtlich, wird doch den Relikten etwas hinzugefügt, das sie in einen neuen Kontext stellt, so gilt dies auch für die archäologische Situation. Der Entschluss, Spuren zu suchen, von denen man zu Beginn der Arbeiten angenommen hatte, es gäbe sie nicht mehr, verweist schon auf den Willen und Wunsch, dem Versuch, Spuren zu verwischen und damit Erinnerung zu verunmöglichen, etwas entgegenzusetzen. Es manifestiert sich die Absicht, das Relikt wieder hervorzuholen und sichtbar, zugänglich und damit deutbar zu machen. Interessanterweise stand am Anfang des Entschlusses auch eine Scheu, ein Widerstand. Da die historische Substanz nicht eindeutig erkennbar war und somit die Gefahr bestand, sie zu zerstören, dauerte es eine Zeit, bis der Entschluss, den Spuren nachzugehen, umgesetzt wurde. Der erste Schritt war die Freilegung der vermauerten Zwischentür von der Gaskammer zum Technikraum. Diese vermauerte Tür, von der man wusste, dass sie vorhanden war, war gleichzeitig der symbolische Verschluss der Mordstätte durch die Täter. Indem die Gaskammer 1944/45 zugemauert worden war, wurden die Taten sozusagen vor der Nachwelt verschlossen. Die Auffindung und das Offenlegen dieser Tür eröffnete den Zugang zu einem historischen Beweis in der materiellen Substanz dieses Ortes. Dies galt nun für alle entdeckten Spuren, von der Halterung des Gasrohres bis zu den Gruben im ehemaligen Schlossgarten. Die alte Gedenkstätte war noch vollständig ohne historische Beweissicherung am Ort selbst ausgekommen. Nicht zufällig vielleicht verschwand daher auch die Flasche mit der Notiz des spanischen Häftlings, die man beim Aufbrechen des Zugangs zur Gaskammer vom Aufnahmeraum her gefunden hatte[16].

Eine zentrale Frage, die zu monatelangen Diskussionen führte, war, ob und wie weit die Euthanasieräume zugänglich gemacht werden sollten. Es schien nur zwei Möglichkeiten zu geben: die Wiederherstellung des zugemauerten Durchgangs oder das Betreten der Räume vom Arkadenhof aus, was allerdings im Fall des Technikraums nicht möglich war. Eine Wiederherstellung des Durchgangs hätte aber die bis dahin wichtigste Spur – die

---

[16] Vgl. dazu die Erläuterungen im Artikel zur Bauarchäologie von Marckhgott – Reese in diesem Band

Zumauerung der Gaskammertür – vernichtet und verbot sich daher von selbst. Die Variante, das Betreten der Euthanasieräume nicht zu gestatten und den Besuchern nur einen – voyeuristischen – Blick von außen zu ermöglichen, wurde nicht ernsthaft in Erwägung gezogen.

Die Zugänglichkeit der Räume kristallisierte sich in den Diskussionen als eines der Grundprinzipien des Gedenkens heraus, um eine Annäherung an den Ort des Verbrechens zu ermöglichen.

Vor diesem Hintergrund fiel die Entscheidung, die Räume im Wege eines Mauerschnittes durch die Kubatur und über einen durch diesen Schnitt gelegten Steg zu erschließen. Diese Entscheidung, die die Bedenken der Verletzung eines „authentischen Ortes" sowie die Überzeugung, die Räume müssten aus ethischen Gründen unberührt bleiben[17], zurückwies, ist damit – neben der künstlerischen Gestaltung und Fassung des Ortes – ein zentrales Element der Gestaltung der Gedenkstätte geworden. Ihr liegt zum einen die Überzeugung zu Grunde, dass es einen authentischen Zustand historischer Räume grundsätzlich nicht gibt. Welcher Zustand wäre im konkreten Fall der authentische: der von 1941? Oder von 1945? Der von 1969 oder vom Zeitpunkt des Beginns der bauarchäologischen Untersuchung im Jahr 1999? Zum anderen festigte sich in den Diskussionen mehr und mehr die Überzeugung, dass die Konstruktion des Steges die Entscheidung für Distanz oder Annäherung an das Geschehen den Besuchern selbst überlässt. Es wurde also als Prinzip formuliert, nicht „den Weg der Opfer nachgehen", nicht „sich Einfühlen", indem man den historischen Ort des Mordes selbst berührt und begeht, sondern aus der Distanz zur Anschauung des Ortes und seiner Bedeutung zu gelangen. Dass dieses Konzept nur in Verbindung mit der Entscheidung, eine künstlerische Fassung und damit Lesart der historischen Stätte anzubieten, gesehen werden kann, hat uns den Schritt des radikalen „Offenlegens" der Räume erleichtert, trotzdem bleibt immer ein Zweifel, ob es statthaft ist, in solche Räume in dieser Weise einzugreifen[18].

Die Diskussionen, die vor allem in Deutschland heute in diesem Bereich geführt werden, zeigen, dass der Zugang zur Neu-Konstruktion eines solchen Gedenkortes sehr verschieden sein kann. In vielen Fällen wird deut-

---

[17] Vor dem Hintergrund einer geradezu gleichgültigen oder gar rücksichtslosen Behandlung des Ortes über Jahrzehnte und eines fast vollkommenen Beseitigens, Vernutzens und Verschwindens der Spuren der Verbrechen erschien uns dieses Argument von weniger Gewicht, auch wenn uns klar war, dass Angehörige oder gar Überlebende einen vollkommen anderen Zugang zu diesem Ort haben können.

[18] Das gilt, obwohl wir bei der Wahl des Schnittes Mauerabschnitte gewählt haben, in denen nachweisliche Spuren nicht auffindbar gewesen waren.

lich, dass neben der Sicherung von Spuren sehr stark abstrahierende Zeichen gesetzt werden, die die vielfältigen Bedeutungsdimensionen der Orte unterstreichen[19]. Für uns stellt der Schnitt einen solchen Abstraktionsschritt dar, der seine Entsprechung in den Prinzipien der künstlerischen Fassung des Gesamtraumes findet. Der Schnitt ist gleichzeitig Dekonstruktion und Voraussetzung für eine Annäherung an das historische Geschehen.

Dekonstruiert wird die Faszination des scheinbar authentischen Ortes. Dem gegenüber steht der Aufriss des Ortes, ein analytischer Zugang, der der Versuchung entgegen wirken soll, Authentizität zu suggerieren. Der Ort setzt die BesucherInnen gerade durch die Erzeugung von Distanz der Erfahrung aus, selbst ihren Grad der Annäherung bestimmen zu müssen. Die BesucherInnen werden also die historischen Euthanasieräume nicht direkt betreten können. Sie gehen auf einem Steg durch die Räume. Der Steg selbst ist eine zurückhaltende schmale Stahlkonstruktion, die mit einem dunklen Belag gedeckt ist. Der Durchgang endet an der Ausgangstür des Krematoriumsraumes. Der Wandschnitt wird als solcher deutlich erkennbar bleiben, da die Schnittkanten nicht verputzt sind und der Schnitt bis zur Decke reicht, so dass nicht der Eindruck historischer resp. neuer Türdurchgänge entsteht. Die Räume werden mit sehr knappen Informationen über ihre historische Funktion versehen. Es wird hier keine Didaktisierung geben. Auch soll diese Art der Gestaltung der Gedenkstätte und der historischen Räume keine Art von Identitätsstiftung ex negativo sein, die den Gedenkstätten neuerdings von Zeithistorikern vorgeworfen wird und die eine differenzierte Annäherung an die Vergangenheit erschwere[20]. Gerade die Distanz und Abstraktion in den historischen Räumen soll den Besuchern die Differenzierung ermöglichen und ein rationales statt ein emotionales Verhältnis zur Geschichte des Ortes zu gewinnen helfen. In diesem Sinne versteht sich das Angebot der den Gedenkräumen vorgelegenen historischen Dokumentation schon als subsidiär zu den gesicherten Erkenntnissen der Geschichtsforschung, wenn auch die Auseinandersetzung mit dem Gedächtnisort und den vielfältigen Formen der Erinnerung, die hier

---

[19] Exemplarisch gilt dies besonders für das hoch abstrakte Holocaust-Mahnmal in Berlin, das aus 2711 einfachen Betonstelen besteht und über dessen Bedeutung sein Architekt, Peter Eisenmann, gesagt hat, er habe keine bestimmte Bedeutung außer der, dass er nicht imstande sind, ihm zu geben. Mit dem Bauwerk wolle er zeigen, dass es „kein Ziel, kein Ende, keinen Weg hinein oder hinaus" aus der Erinnerung gebe und das Ausmaß des Holocaust jeden Versuch unmöglich mache, ihn mit traditionellen Mitteln zu repräsentieren; vgl. http://www.faz.net (13.03.2005)
[20] Vgl. Konrad H. Jarausch, Überlegungen zur Positionsbestimmung ‚deutscher Geschichtswissenschaft', in: zeitenblicke 4 (2005), Nr. 1, [09.03.2005], URL: http://www.zeitenblicke.historicum.net (13.03.2005)

sichtbar werden können, individuelle Erfahrungen ganz eigener Art ermöglichen. Das aber ist deutlich unterschieden von moralisierender Beurteilung oder gar Legitimierung gegenwärtigen politischen Handelns. Eine Gedenkstätte wie Hartheim ist ein historischer Ort, also Gedächtnisort, mit einer authentischen Möglichkeit der Erinnerung und individuellen wie wissenschaftlichen Auseinandersetzung mit der eigenen und der politischen wie gesellschaftlichen Geschichte.

„WIR BEDAUERN IHNEN MITTEILEN ZU MÜSSEN…"
DIE OPFER VON HARTHEIM UND DER VERSUCH, IHNEN EINEN NAMEN ZU GEBEN
Magdalena Peherstorfer

„Wir bedauern Ihnen mitteilen zu müssen, dass Ihre Tochter Helene A. am 10.12.1940 infolge Lungenentzündung verstorben ist."[1] Tausende von Briefen, beginnend mit diesem Satz, verließen zwischen Mai 1940 und August 1941 die „Landesanstalt Hartheim".[2] Es handelte sich hierbei um die so genannten Beileidsschreiben, durch welche die Angehörigen über den plötzlichen Tod informiert wurden. Dem Schreiben beigefügt waren zwei Sterbeurkunden.

Die sofortige Einäscherung der Leiche wurde als Schutzmaßnahme zur Bekämpfung übertragbarer Krankheiten gerechtfertigt.

Wollten die Angehörigen die Urne im Familiengrab beisetzen, konnten Sie diese anfordern: *„Falls Sie die Urne auf einem bestimmten Friedhof beisetzen lassen wollen – die Überführung erfolgt kostenlos – bitten wir Sie unter Beifügung einer Einverständniserklärung der betreffenden Friedhofsverwaltung um Nachricht. Sollten Sie uns diese innerhalb 14 Tagen nicht zusenden, werden wir die Beisetzung anderweitig veranlassen (…)".*[3]

In dieser Urne befanden sich nicht die Überreste des jeweiligen Ermordeten, sondern irgendwelche Asche- und Knochenreste. Wie viele Angehörige dies wohl ahnten?

Helene Hintersteiner, seit Mai 1940 Sekretärin in der NS-Euthanasieanstalt und bestens vertraut mit den Vorgängen im Schloss, gab unmittelbar nach Kriegsende bei der Vernehmung durch die Amerikaner zu Protokoll:

---

[1] Beileidsschreiben der „Landesanstalt Hartheim" an die Mutter der Helene A., welche aus der Anstalt „Am Steinhof" nach Hartheim transportiert wurde
[2] Offiziell wurde die Euthanasieanstalt Hartheim als „Landesanstalt Hartheim" geführt.
[3] Beileidsschreiben an die Mutter der Helene A.

Landesanstalt Hartheim
14166 Tr.

Tgb.-Nr. 8414
(Bei Antwort stets angeben!)

Hartheim, den 10. Dezember 1940.
über Linz (Donau), Postschließfach Linz 324
Fernruf: Alkoven 9
Postscheckkonto: Postsparkassenamt Wien 96614

Frau

Sehr geehrte Frau !

    Wir bedauern Ihnen mitteilen zu müssen, daß Ihre Tochter Helene A... am 10.12.1940 infolge Lungenentzündung verstorben ist. Die Verlegung in unsere Anstalt stellt eine Kriegsmaßnahme dar und erfolgte aus mit der Reichsverteidigung im Zusammenhang stehenden Gründen.
    Nachdem unsere Anstalt nur als Durchgangsanstalt für diejenigen Kranken bestimmt ist, die in eine andere Anstalt unserer Gegend verlegt werden sollen und der Aufenthalt hier lediglich der Feststellung von Bazillenträgern dient, deren sich solche bekanntlich immer wieder unter derartigen Kranken befinden, hat die zuständige Ortspolizeibehörde Hartheim, um den Ausbruch und die Verschleppung übertragbarer Krankheiten zu verhindern, im Einvernehmen mit den beteiligten Stellen weitgehende Schutzmaßnahmen angeordnet und gemäß § 22 der Verordnung zur Bekämpfung übertragbarer Krankheiten die sofortige Einäscherung der Leiche und die Desinfektion des Nachlasses verfügt. Einer Einwilligung der Angehörigen bedarf es in solchem Falle nicht.
    Der Nachlaß der Verstorbenen wird nach erfolgter Desinfektion hier zurückgelegt, weil er in erster Linie als Pfand für den Kostenträger der Anstaltsunterbringung dient.
    Bei dieser Gelegenheit erlauben wir uns Sie darauf hinzuweisen, daß sich eine Beschädigung des Nachlasses durch die Desinfektion infolge Verwendung nachhaltigster Mittel sehr oft nicht vermeiden läßt und vielfach sowohl Versendung wie Herbeiführung eines Entscheides über Zuweisung des Nachlasses mehr Zeit und Kosten verursacht, als der Nachlaß wert ist. Wir schlagen Ihnen aus diesem Grunde vor, auf ihn zu verzichten, sodaß wir ihn im Falle der Beschädigung der NSV und im anderen Falle ohne gerichtlichen Entscheid dem Kostenträger zur Verfügung überlassen können.
    Falls Sie die Urne auf einem bestimmten Friedhof beisetzen lassen wollen – die Überführung erfolgt kostenlos – bitten wir Sie unter Beifügung einer Einverständniserklärung der betreffenden Friedhofverwaltung um Nachricht. Sollten Sie uns diese innerhalb 14 Tagen nicht zusenden, werden wir die Beisetzung anderweitig veranlassen, wie wir auch annehmen würden, daß Sie auf den Nachlaß verzichten, wenn Sie uns innerhalb gleicher Zeit hierüber keine Mitteilung zukommen lassen sollten.
    Zwei Sterbeurkunden, die Sie sorgfältig aufbewahren wollen, fügen wir bei.

2 Anlagen

Heil Hitler!

Abb. 1: Beileidsschreiben der „Landesanstalt Hartheim" an die Mutter der Helene A. vom 10. Dezember 1940 — Foto: Oö. Landesarchiv

„Es kamen in den ersten Maitagen, also vor meinem Eintreffen in Hartheim die ersten Transporte aus Eglfing-Haar bei München an. Ab dieser Zeit bis ungefähr Juli 1941 kamen ausschließlich Transporte mit Geisteskranken und Idioten an, die im Schloß Hartheim getötet wurden. (...) An manchen Tagen sind 2 oder 3 Autos mit Kranken angekommen, das waren ungefähr 100 bis 120 Menschen, dies dauerte 2 bis 3 Tage bis alle verbrannt waren (...). Schätzungsweise ab Juli 1941 bis zum vollkommenen Verbot Geisteskranke zu töten, ungefähr Mitte August 1941 kamen auch Transporte mit KZ-Häftlingen aus Mauthausen hier an, die ebenfalls getötet wurden."[4]

Die Opfer von Hartheim: Wer waren sie? Woher kamen sie? Warum waren sie so lange in Vergessenheit geraten? Wie viele Menschen wurden tatsächlich in Hartheim ermordet?

Im Zuge des Projektes „Gedenkbuch Hartheim" versuchen wir, Antworten auf all diese Fragen zu finden. Dieser Artikel soll einen Einblick in die Arbeit geben.

Viele Menschen sind bis heute der Meinung, dass in Hartheim nur schwer körperlich und geistig behinderte Menschen ermordet wurden. Doch dies trifft keineswegs zu. So fielen unter die Opfer beispielsweise alkoholkranke Menschen, Epileptiker und Schizophrene, viele blinde und taubstumme Menschen so wie so genannte Schwachsinnige. Auch Soldaten mit Kriegsverletzungen, obwohl ursprünglich aus dem Programm ausgeschlossen, findet man unter den Opfern, wie z. B. die Geschichte des Johann B. zeigt. Laut Erzählungen seiner Tochter erlitt er im Ersten Weltkrieg eine Kopfverletzung. Wenn Beschwerden auftraten, wurde er in die Heil- und Pflegeanstalt Regensburg eingeliefert. Die Tochter kann sich erinnern, dass die Familie eines Tages eine Sterbeurkunde aus Hartheim erhielt. Herr Johann B. wurde am 4.11.1940 gemeinsam mit 117 weiteren Patienten aus der Anstalt Regensburg nach Hartheim transportiert und dort ermordet.[5]

Zu den Opfern von Hartheim zählen auch KZ-Häftlinge aus den Konzentrationslagern Mauthausen, Gusen und Dachau. Betroffen waren vor allem kranke Häftlinge, deren Arbeitskraft man nicht mehr nutzen konnte.

---

[4] NARA II, RG 549, Records of Headquarters, U.S. Army Europe (USAREUR), War Crimes Branch, War Crimes Case files („Cases not tried"), 1944-48, Box 490, Case 000-12-463 Hartheim (P), VOL I/A, Niederschrift Helene Hintersteiner vom 29. Juni 1945

[5] Chronik der Dokumentationsstelle Hartheim des Oberösterreichischen Landesarchivs, Band 1, Gespräch vom 8. September 2003 mit der Tochter des Johann B.

All diese Menschen wurden getötet, um Kosten zu sparen. In den Augen der Nationalsozialisten galten sie als „Ballastexistenzen", als „unnütze Esser", welche nicht mehr arbeiten konnten.
Doch auch die ideologische Zwangsvorstellung von einem rassisch homogenen und gesunden Volk war ein nicht zu unterschätzender Beweggrund für die Ermordung dieser Menschen. Die Tötungsvorgänge in Hartheim sind in ihren Grundzügen weitgehend bekannt. Wir kennen die Namen der Täter und Mitschuldigen. Die Namen der Opfer dagegen sind in Vergessenheit geraten.
Ende 1944/Anfang 1945, als KZ-Häftlinge mit dem Rückbau der Tötungseinrichtungen beschäftigt waren, versuchte man auch möglichst viele Unterlagen über die im Schloss ermordeten Menschen zu vernichten. Auch in den Zeugenaussagen kam dies zur Sprache. So erinnerte sich Helene Hintersteiner: *„Alle die hier eingelagerten Akten und Schriftstücke sind in der Zeit vom Oktober 1944 bis Dezember 1944 entweder zur Papiermühle gefahren und vernichtet worden und ein Teil in Waggons mit Einrichtungsgegenständen nach Bad Schönfließ in der Neumark, Gut Steineck versandt worden."*[6]
Marianne Kaltenböck, welche Mitte Jänner 1945 nach Schloss Hartheim kam, um im neu eingerichteten Waisenhaus als Lehrerin zu arbeiten, berichtete: *„Zu Ostern kam Lorent wieder und verbrannte Filmstreifen und verschiedene andere Schriftstücke."*[7]
Durch diese genaue Beseitigung der Unterlagen geriet eine wesentliche NS-Opfer-Gruppe langsam in Vergessenheit. Es gab keine Überlebenden, welche das Geschehen bezeugen konnten. Auch kam angesichts Millionen ermordeter Menschen in den Konzentrations- und Vernichtungslagern und Millionen getöteter Soldaten lange niemand auf die Idee, sich dieser verschwindend kleinen Opfergruppe anzunehmen.
Ein halbes Jahrhundert lang haben der Mangel an Primärquellen und die Unzugänglichkeit der Sekundärquellen, einhergehend mit dem mangelndem Interesse am Thema, die Erhebung der Opferidentitäten verhindert.

---

[6] NARA II, Niederschrift Helene Hintersteiner vom 29. Juni 1945
[7] NARA II, RG 549, Records of Headquarters, U.S. Army Europe (USAREUR), War Crimes Branch, War Crimes Case files („Cases not tried"), 1944-48, Box 490, Case 000-12-463 Hartheim (P), VOL I/A, Niederschrift Marianne Kaltenböck vom 5. Juli 1945

Die eigentliche Idee zum Projekt „Gedenkbuch Hartheim" entstand anlässlich der Forschungstätigkeit in den Akten der Heil- und Pflegeanstalt Niedernhart, dem heutigen Wagner-Jauregg-Krankenhaus. Der praktisch vollständig erhaltene Bestand an Akten- und Protokollbüchern ist im Oberösterreichischen Landesarchiv gelagert. Die Bearbeitung dieses Bestandes zeigte, dass anhand von Sekundärquellen ein erheblicher Teil der Opfer namentlich identifiziert werden kann, da die Transporte in den Büchern der Anstalt sehr genau verzeichnet wurden.

Bei den ersten Transporten aus der Anstalt Niedernhart wurde sogar Hartheim als Zielort angegeben. Dies änderte sich jedoch bald und es folgten als Ziel die Namen der anderen Euthanasie-Anstalten, welche verstreut im gesamten Deutschen Reich lagen. Oft wurde auch ganz einfach die Bezeichnung „Sammeltransport" eingetragen.

Einige Hunderte Opfer aus Niedernhart konnte man auf diese Weise namentlich erfassen.

Auf einmal war klar, dass man, vorausgesetzt die einzelnen Anstalten hatten ihre Unterlagen aufbewahrt, die in Hartheim ermordeten Menschen auf diese Weise identifizieren konnte.

Diese Erkenntnis und der vom Land Oberösterreich bestätigte Beschluss, Schloss Hartheim in eine Gedenkstätte umzugestalten, führten zur Realisierung des Projektes.

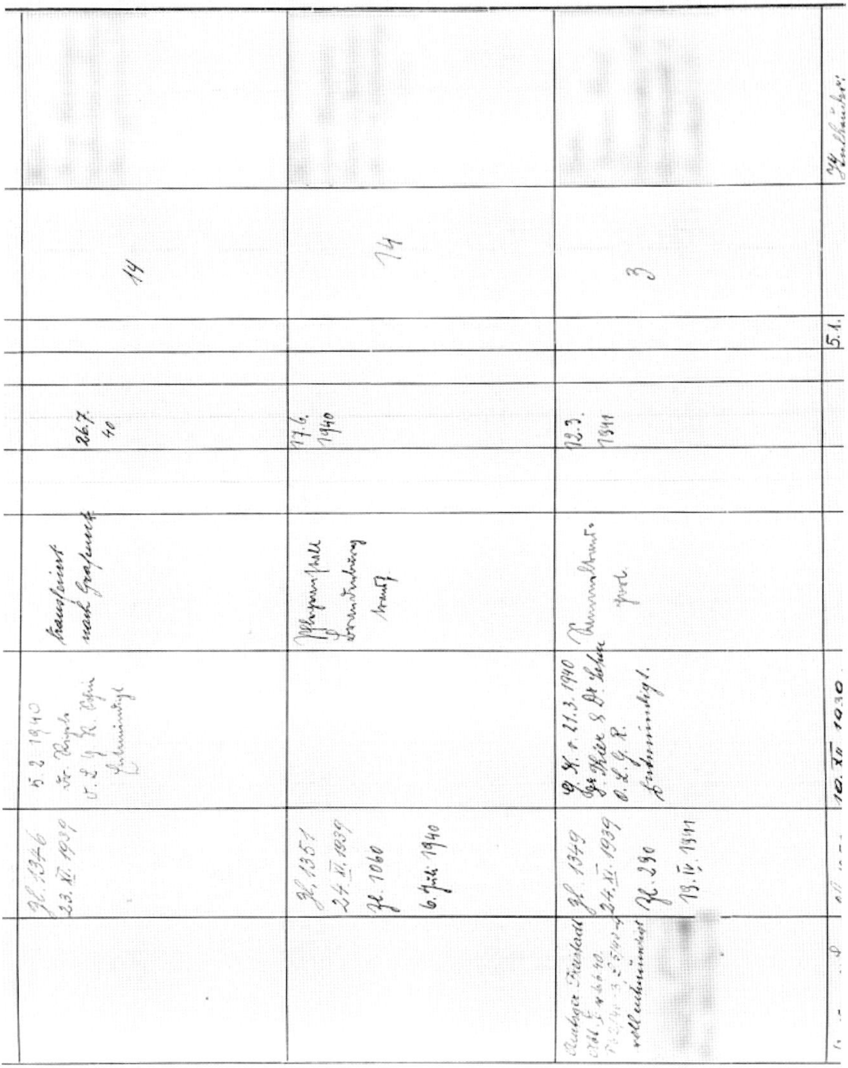

Abb. 2: Auszug aus dem Hauptbuch der Landes-Nervenheilanstalt Niedernhart IX, 3.9.1939-28.4.1943, Stammnummern 15.443-17.135 — Oö. Landesarchiv

Das Projekt „Gedenkbuch Hartheim"

Das Projekt wurde mit Unterstützung des Landes Oberösterreich und des Bundesministeriums für Unterricht und Kunst im Jahr 1998 ins Leben gerufen. Leiter und treibende Kraft des Projektes war Dr. Gerhart Marckhgott.
Mit Herbst 2002 erfolgte die Übernahme durch die Dokumentationsstelle Hartheim, einer Außenstelle des Oberösterreichischen Landesarchivs, welche als Forschungsstelle im Zuge der Sonderausstellung des Landes Oberösterreich „Wert des Lebens" im Schloss Hartheim eingerichtet wurde.
Ziel war und ist die namentliche Erfassung jener Menschen, welche zwischen 1940 und 1944 in der Tötungsanstalt Hartheim ermordet wurden.
Es ist den Ermordeten gegenüber eine moralische Verpflichtung, sie nicht in der Anonymität verschwinden zu lassen, in welche die Nationalsozialisten sie gedrängt hatten. Jedem einzelnen Opfer, so weit möglich, die Identität zurück zu geben, ist ein wesentliches Anliegen des Projektes.
Ein wesentlicher Punkt ist auch die Unterstützung der Angehörigen bei der Suche nach den letzten Spuren ihrer getöteten Verwandten. Wie groß das Bedürfnis diese letzten Spuren aufzunehmen auch heute, nachdem mehr als 60 Jahre vergangen sind, noch ist, zeigen die vielen Anfragen, die täglich an die Dokumentationsstelle Hartheim gerichtet werden.
Die aus den Quellen gewonnen Informationen werden in einer Datenbank erfasst, welche den Kern des Projektes bildet. Diese Datenbank ist nur in der Dokumentationsstelle einsehbar, an eine Drucklegung ist nicht gedacht.
Die Opferzahl von Hartheim wird auf etwa 30.000 geschätzt. Obwohl sich diese Zahl auf eine relativ schwache Quellenbasis stützt, wird sie in der wissenschaftlichen Forschung anerkannt.
Die Zahl der im Zuge der Aktion „T4" ermordeten Menschen kennen wir aus der so genannten Hartheimer Statistik,[8] wo sie mit 18.269 angegeben wird. Die Zahl der Opfer der Aktion „14f13" wird auf 10.000-12.000 geschätzt, eine Summierung der mehr oder weniger exakten Aufzeichnungen der Konzentrationslager.
30.000 ist auch jene Zahl, welche Vincenz Nohel, Brenner in Hartheim, bei seiner Einvernahme durch die Linzer Kriminalpolizei am 4. September

---

[8] Zur Hartheimer Statistik siehe den Beitrag in diesem Band „Die Hartheimer Statistik. Bis zum 1. September 1941 wurden desinfiziert: Personen: 70.273" von Andrea Kammerhofer

1945 angab: *„Nach meiner Schätzung dürften im ganzen etwa 30.000 Menschen ums Leben gekommen sein."*[9]
Durch das Projekt „Gedenkbuch Hartheim" soll diese Zahl möglichst exakt bestätigt oder korrigiert werden. Aufgrund fehlender Quellen wird jedoch die vollständige Erfassung ein unerreichbares Ziel bleiben.

Die Opfer der Aktion „T4"

Die erste und größte Opfergruppe von Hartheim sind die Opfer der so genannten Aktion „T4", welche in Hartheim zwischen Mai 1940 und August 1941 lief. Darunter versteht man die Ermordung von Insassen der Heil- und Pflegeanstalten in einer der sechs Euthanasie-Tötungsanstalten.
Der Name geht auf jene Straße in Berlin zurück, wo sich die Zentrale der Aktion befand: Tiergartenstraße 4.[10]
Der Großteil der in Hartheim ermordeten Menschen kam aus österreichischen Anstalten. Neben Behinderteneinrichtungen wurden auch psychiatrische Abteilungen in Krankenhäusern und so genannte Armen- und Siechenhäuser von der Meldebogenaktion[11] erfasst.
Nach der Kapitulation Jugoslawiens im April 1941 zählte auch die so genannte Untersteiermark zum Einzugsgebiet Hartheims.
Ebenso wurden aus einigen bayerischen Anstalten Menschen zur Ermordung nach Hartheim gebracht.
Ferner gibt es Aussagen und Hinweise darauf, dass auch der Sudetengau zum Einzugsgebiet Hartheims gehörte. So sagte z. B. Franz Hödl, während der NS-Zeit als Kraftfahrer in Hartheim tätig und somit zuständig für den Transport der Opfer aus den Einrichtungen in die Tötungsanstalt, bei seiner Vernehmung im Zuge des Prozesses gegen Dr. Georg Renno am 18.11.1964 aus: *„Wir hatten mit den Omnibussen Geisteskranke aus österreichischen Anstalten zum Teil auch von Deutschen (Eglfing-Haar) und aus tschechischen (Pilsen, Wiesengrund) herangeholt."*[12]

---

[9] OÖLA, Vg 8 Vr 2407/46, Vernehmung von Vincenz Nohel durch die Kripo Linz am 4. September 1945
[10] Zur Aktion „T4" siehe auch den Beitrag in diesem Band „Die Aktion T4" von Wolfgang Neugebauer
[11] Die in den Heil- und Pflegeanstalten untergebrachten Patienten wurden durch Meldebögen erfasst. Gutachter entschieden anhand der in den Meldebogen angegebenen Daten über Leben und Tod der Patienten.
[12] Hessisches Hauptstaatsarchiv Wiesbaden 631a/822, LG Frankfurt/Main Ks 1/69, Vernehmung von Franz Hödl vom 18.11.1964

Für den Zeitraum zwischen Mai 1940 und August 1941, als die Aktion „T4" in Hartheim lief, besitzen wir eine sehr genaue und auch realistisch erscheinende Zahl, was die Opfer betrifft. Am 27. Juni 1945 stieß der Leiter des War Crimes Investigation Teams No. 6824, Major Charles Haywood Dameron, bei seinen Untersuchungen im Schloss Hartheim auf ein 39seitiges gebundenes Heft, welches gemeinsam mit anderen Büchern in einem Metallschrank verwahrt war. Eines der wenigen Beweisstücke, das die Nationalsozialisten bei ihren Vernichtungsaktionen offensichtlich vergessen hatten, heute bekannt unter „Hartheimer Statistik".

Das erste Kapitel beschäftigt sich mit den Opferzahlen. Daraus ist ersichtlich, dass in den Jahren 1940 und 1941 in den sechs Euthanasieanstalten insgesamt 70.273 Menschen ermordet wurden.

Hartheim, geführt als Anstalt C, weist mit einer Zahl von 18.269 die höchste Opferzahl auf.

Auch Helene Hintersteiner erwähnte bei Ihrer Vernehmung durch die Amerikaner eine Zahl, die jener in der „Hartheimer Statistik" sehr nahe kommt: *„Im Februar 1942 weiß ich, dass von einer Nr. 20.000 die Rede war, das weiß ich ganz sicher."*[13]

Quellen und Erfassung

Wie bereits oben erwähnt, hat die Vernichtung jeglicher Personen bezogenen Unterlagen in Hartheim zur Folge, dass wir bei der Erfassung der Opfernamen auf Sekundärquellen angewiesen sind.

Die wichtigsten Quellen betreffend Erfassung der Opfer der Aktion „T4" sind die Aufzeichnungen jener Anstalten, in welchen die Patienten vor ihrer Ermordung untergebracht waren (Abgabeanstalten). Hier wiederum spielen vor allem die Aufnahme- und Abgangsbücher, oft auch Hauptbücher, Standesprotokolle oder Indexbücher genannt, eine große Rolle. Dort wurde in der Regel genau verzeichnet, welche Patienten wann und wohin verlegt oder entlassen wurden. Die Erfahrung zeigt, dass diese Bücher in sehr vielen Anstalten aufbewahrt werden. Oft reichen sie bis ins 19. Jahrhundert zurück.

In einem ersten Schritt gilt es herauszufinden, welche Anstalten im Einzugsgebiet von Hartheim von der Aktion betroffen waren. Einen wesentli-

---

[13] NARA II, Niederschrift Helene Hintersteiner vom 29. Juni 1945

chen Anhaltspunkt bietet die überlieferte *„Liste der deutschen Anstalten für Geisteskranke und Schwachsinnige"*, welche per 31.8.1941 von der Verwaltung der „T4" erstellt wurde.

Auf dieser Liste sind 161 Anstalten vermerkt, welche nach derzeitigem Forschungsstand zum Einzugsgebiet der Euthanasieanstalt Hartheim gehörten (diese Zahl beinhaltet auch die im Sudetengau gelegenen Anstalten).

Die Unterlagen dieser Anstalten werden, soweit sie noch vorhanden und zugänglich sind, auf Euthanasiefälle durchgesehen.

Die Transporte nach Hartheim sind meist auf den ersten Blick zu erkennen. Anmerkungen oder Stempel wie „transferiert in unbekannte Anstalt", „In nicht genannte Anstalt transferiert", „transferiert in das Generalgouvernement Polen/Anstalt für Geisteskranke", „Reichsanstalt", „Sammeltransport" geben rasch einen Überblick über die Todestransporte.

Sehr oft findet man als Verlegungsziel auch *„Niedernhart"*. Die Transporte gingen tatsächlich oft zuerst nach Niedernhart, bevor sie von dort nach Hartheim weitergeleitet wurden, denn Niedernhart fungierte als Zwischenanstalt der Tötungsanstalt Hartheim.

Eine weitere wichtige Quelle betreffend Erfassung dieser Opfer sind die Transportlisten. Es gibt erhalten gebliebene Transportlisten der so genannten GEKRAT, die „Gemeinnützige Kranken-Transport-GmbH", welche für den Transport der Patienten in die jeweilige Tötungsanstalt zuständig war.

Listen von Opfern finden sich auch sehr häufig im Aktenmaterial der Nachkriegsprozesse, welche in der unmittelbaren Nachkriegszeit gegen einige Anstalten geführt wurden. Problematisch bei diesen Listen ist, dass sie meist im Nachhinein erstellt wurden und sehr oft die Angabe jeglicher Quellen fehlt.

Die Aufzeichnungen der Friedhofsverwaltungen stellen ebenfalls eine wichtige Quelle dar. Diese werden auf Urnenbeisetzungen aus Hartheim überprüft. So fanden sich in einem im Krematorium aufbewahrten Buch vom Nürnberger Westfriedhof mit der Aufschrift *„Urnen von Auswärts im Westfriedhof beigesetzt ab 1941"* über 300 Urnen aus der Tötungsanstalt Hartheim.[14] In diesen Büchern sind meist auch die wichtigsten persönlichen Daten der Personen verzeichnet, so dass eine eindeutige Identifizierung auf jeden Fall möglich ist.

---

[14] Forschungsbericht Norbert Aas – Auswertung der Urnenbestattungen auf dem Westfriedhof Nürnberg

Auch Melderegister können sich als nützliche Quellen erweisen. Bei der Durchsicht der Unterlagen des Klagenfurter Meldeamtes stellte sich heraus, dass von den aus dem Klagenfurter Siechenhaus abtransportierten Patienten mindestens 60 % beim Meldeamt angemeldet waren und auf einer eigenen Meldekarte registriert waren. Auf diesen Meldekarten fand sich der Abgangshinweis „Niedernhart". Abgemeldet wurden die Insassen an einem der Transporttage oder kurz darauf.[15]

Eine Ergänzung all dieser Quellen bieten die Privatunterlagen von Nachkommen und Verwandten der Opfer. Sehr viele Familien sind im Besitz von Sterbeurkunden und Beileidsschreiben aus der damaligen Tötungsanstalt Hartheim. Auch Partezettel oder Einträge in den Sterbematriken weisen sehr oft auf die Ermordung in Hartheim hin und können als Quelle dienen. Auf diese Weise können weitere Menschen als Opfer identifiziert werden, welche aus unterschiedlichen Gründen in unseren Forschungen nicht aufscheinen.

Was die Zugänglichkeit der Quellen betrifft, so ist abschließend festzuhalten, dass in den meisten betroffenen Anstalten und in den Archiven die grundsätzliche Bereitschaft vorhanden ist, die Quellen zur Bearbeitung zur Verfügung zu stellen. In vielen Anstalten gibt es bereits eigene Projekte, in denen versucht wird, die NS-Geschichte des Hauses kritisch aufzuarbeiten. Vor einigen Jahren wurden in den früheren Aktenbeständen des MfS (Ministerium für Staatssicherheit der DDR) die seit Kriegsende verschollen geglaubten so genannten „Euthanasie-Akten" von 1940/41 aufgefunden.[16] Die Akten werden heute im Bundesarchiv Berlin aufbewahrt und bilden dort den größten geschlossenen Bestand zu den nationalsozialistischen Euthanasieverbrechen (Bestand R179).

Der Bestand R179 besteht vorwiegend aus personenbezogenen Akten jener psychisch kranken und geistig oder körperlich behinderten Menschen, welche im Zuge der Aktion „T4" in einer der sechs Euthanasieanstalten ermordet wurden.

Die Krankenakten bestehen in der Regel aus einer Krankengeschichte (ärztliche Akte) und einer Personalakte (Verwaltungsdokumente). Sie enthalten sowohl medizinische und pflegerische als auch administrative Schriftstücke und enden meist mit dem letzten Eintrag „*Verlegt in eine an-*

---

[15] Forschungsbericht Helge Stromberger – Erläuterungen zur Datenbank Kärntner T4-Opfer 1940/41
[16] Zum Bestand R179 siehe auch Peter Sandner, „Die Euthanasie-Akten im Bundesarchiv. Zur Geschichte eines lange verschollenen Bestandes.", in: Vierteljahreshefte für Zeitgeschichte, Jg. 1999, H3, 385-400

dere Anstalt". Die Akten enthalten also weder Angaben zum Sterbeort noch zum Sterbedatum oder zur Todesursache.

Mit diesen Akten verbanden sich große Erwartungen hinsichtlich der Erforschung der Aktion „T4", vor allem auch betreffend der Patienten, welche in das Programm mit einbezogen wurden.

Die anfängliche Hoffnung auf eine relative Vollständigkeit wurde bald zerschlagen. Von den laut „Hartheimer Statistik" 70.273 im Zuge der Aktion „T4" ermordeten Menschen sind 30.371 Krankenakten erhalten geblieben, etwas weniger als 50 %. Der Rest dürfte den Aktenvernichtung in Hartheim zum Opfer gefallen sein, wo die Akten bis Dezember 1944 gelagert waren.

Durch diese Unvollständigkeit hat sich natürlich die anfangs erhoffte Bedeutung des Bestandes für das Projekt „Gedenkbuch Hartheim" um einiges reduziert.

Dennoch soll der Bestand auf jeden Fall in die Opferdatenbank mit einbezogen werden. Die Erfahrung zeigt, dass man auf diese Weise einzelne Opfer eruieren kann, welche aus Anstalten abtransportiert wurden, deren Unterlagen heute nicht mehr existieren.

Eine wichtige Orientierungshilfe stellt auch die von Harald Jenner im Auftrag des Bundesarchives verfasste Arbeit „Quellen zur Geschichte der Euthanasie-Verbrechen 1939-1945 in deutschen und österreichischen Archiven. Ein Inventar" dar.

Im Anhang dieser Arbeit findet sich eine Liste der Kranken- und Pflegeanstalten, deren Patientenakten im Bundesarchiv (Bestand: Kanzlei des Führers, Hauptamt II b – R 179 – „Euthanasiepatientenakten") archiviert sind. Auf dieser Liste sind Anstalten aufgeführt, welche auf der oben genannten *„Liste der deutschen Anstalten für Geisteskranke und Schwachsinnige"* fehlen, was eindeutig auf die Unvollständigkeit dieser Liste hinweist. Diese zusätzlichen Anstalten bedeuten eine wichtige Ergänzung für die Recherchen.

In einem Punkt spielt der Bestand R179 eine sehr wichtige Rolle: Angehörige können auf den Bestand der Krankenakte im Bundesarchiv verwiesen werden. Beim Nachweis von Unterschriften von noch näher lebenden Angehörigen des/der Ermordeten wird den Anfragenden in der Regel eine Kopie der Krankenakte ausgehändigt. Die Erfahrung zeigt, dass der Besitz dieser Krankenakte für die Angehörigen sehr wichtig ist, da sie dadurch neue Informationen über die Lebensgeschichte des Opfers gewinnen können.

Für die Erfassung der Opfer werden Werkverträge für einzelne Bundesländer oder Anstalten vergeben. Nach der gründlichen Recherche, welche Anstalten von der Aktion betroffen waren und in welchen Einrichtungen noch relevante Unterlagen existieren, arbeiten die jeweiligen Personen vor Ort.
Die am häufigsten verwendeten Quellen sind die oben erwähnten Aufnahme- und Abgangsbücher der Anstalten. Im Idealfall können diese mit anderen überlieferten Quellen abgeglichen werden. Ziel ist es, eine möglichst genaue Opferzahl der einzelnen Anstalten zu ermitteln.
Die so erfassten Daten werden in elektronischer Form gemeinsam mit einem Projektbericht der Dokumentationsstelle Hartheim übergeben und dort in die gemeinsame Opferdatenbank integriert.
Die sich mit der Zeit als doch ziemlich aufwendig erwiesenen Recherchen in Bayern führten dazu, dass für diese Region ein eigenes Subprojekt gestartet wurde. 2001 konnte der bereits erfahrene Forscher Dr. Norbert Aas aus Bayreuth für unser Projekt gewonnen werden. Er ist ausschließlich für die namentliche Erfassung der in Hartheim ermordeten bayerischen Patienten zuständig.
Einen völlig weißen Fleck stellt bis jetzt der Sudetengau dar. Es gilt als sehr sicher, dass dieses Gebiet ebenfalls zum Einzugsgebiet der Tötungsanstalt Hartheim gehörte. Forschungen in diese Richtung sind bis jetzt, auch von Seiten Südböhmens, noch völlig ausständig. Es ist jedoch ein EU-Projekt für die Erfassung der südböhmischen Euthanasie-Opfer in Planung. Der Kontakt zum Direktor des südböhmischen Gebietsarchives, dem wiederum sämtliche Archive Südböhmens unterstellt sind, ist bereits hergestellt. Auch die Gedenkstätte Pirna-Sonnenstein, welche ebenfalls Ziel von Transporten aus dem Sudetengau war, wird in das Projekt involviert sein.
Die aus den Quellen gewonnen Informationen werden in einer Datenbank (ms Access) erfasst, wobei für möglichst jede Abgabeanstalt eine eigene Tabelle und ein eigenes Formular angelegt wird. Zu Beginn des Projektes wurde vereinbart, dass für jedes Opfer nur die Grunddaten erfasst werden, damit eine eindeutige Identifizierung der jeweiligen Person möglich ist. Diese Identifizierung ist durch Vor- und Familienname, Geburtsdatum und/oder Geburts- oder Heimatort gegeben. Weitergehende Daten wurden nicht erfasst, denn die Datei sollte nicht als Archiversatz dienen, sondern nur zur Informationsvermittlung. Die Anfragenden wurden an die jeweilige Abgabeanstalt oder an ein Archiv weiter verwiesen, um dort nähere Informationen gewinnen zu können.

Das Transportdatum spielte bei der Erfassung immer eine große Rolle. Einerseits ist es wichtig für die Aufarbeitung der Geschichte der Tötungsanstalt Hartheim, um feststellen zu können wann und von wo Transporte nach Hartheim kamen. Andererseits spielt das Transportdatum für die Angehörigen eine nicht zu unterschätzende Rolle, denn damit kann man das Todesdatum ungefähr zeitlich einordnen. Häufig ist das Todesdatum ident mit dem Transportdatum, vor allem wenn die Patienten aus näher gelegenen Anstalten abgeholt wurden. Sehr oft wurden die Patienten jedoch für einige Tage in Niedernhart untergebracht, bevor sie nach Hartheim weitertransportiert wurden. In diesem Fall verschob sich das Todesdatum um einige wenige Tage.

Der genaue Todestag kann jedoch in beiden Fällen nicht mehr festgelegt werden, da keine Aufzeichnungen darüber existieren, welche Transporte direkt nach Hartheim gingen und bei welchen Transporten Niedernhart als Zwischenanstalt fungierte. Das Datum auf den Sterbeurkunden und in den Beileidsschreiben wurde auf jeden Fall gefälscht. Die Erfahrung zeigt, dass zwischen dem Transport und der Datierung etwa zwei bis vier Wochen liegen. Die Erkenntnis dieser Tatsache löst bei vielen Angehörigen, welche heute in den Lern- und Gedenkort Schloss Hartheim kommen, Verwirrung und auch Traurigkeit aus, da für sie die ganze Zeit über das Datum auf den Sterbeurkunden als tatsächlicher Todestag galt.

Im Laufe der Zeit änderten sich die Ansprüche, was die Erhebung der Opferdaten betrifft. In der Zwischenzeit streben wir das Ziel an, möglichst viele Daten zu erfassen, vor allem auch um eventuelle Statistiken erstellen zu können. Eine wesentliche Bedeutung hat inzwischen der Geburts- und/oder Heimatort. Man kann dadurch feststellen, wie viele Opfer aus den einzelnen Regionen stammen. Zusammenfassend kann man auf jeden Fall sagen, dass aus fast jeder Gemeinde Menschen der NS-Euthanasie zum Opfer gefallen sind. Würde man auf einer Landkarte mit Stecknadeln jeden Ort fixieren, aus welchem Euthanasie-Opfer zu beklagen sind, wäre diese mit Nadeln übersät.

Auch die Diagnosen versuchen wir zu erfassen, falls diese aus den Quellen hervorgehen, um eine Antwort auf die Frage zu finden, welche Menschen tatsächlich in Hartheim ermordet wurden.

Bei der Arbeit ergeben sich natürlich auch einige Problemstellungen, auf welche an dieser Stelle etwas näher eingegangen werden soll. Bei vielen, vor allem größeren Anstalten, konnten durch die Aufarbeitung des noch vorhandenen Quellenmaterials die Opfer bereits eruiert werden. Ein Problem bilden jedoch jene Anstalten, in denen keine Unterlagen mehr vorhanden sind. Sehr häufig betrifft dies kleine Einrichtungen wie Versorgungs- oder Armenhäuser, welche durch die Aktion „T4" völlig geleert und anschließend aufgelöst wurden. Oft sind mit der Leerung auch die Unterlagen verloren gegangen und somit auch die Namen der abtransportierten Personen. Diese Opfer können meist nur durch aufwendige Einzelrecherchen oder noch vorhandene Dokumente der Angehörigen ermittelt werden. Natürlich kommt es auch vor, dass in noch bestehenden Einrichtungen die Unterlagen verloren gegangen sind oder vernichtet wurden. Ein typisches Beispiel stellt die Anstalt Gschwendt dar, damals eine Außenstelle von Niedernhart. Aufgrund der *"Liste der deutschen Anstalten für Geisteskranke und Schwachsinnige"* wissen wir, dass diese Anstalt von der Aktion „T4" betroffen war. Bei seiner Vernehmung am 1. Februar 1965 sagte Dr. Renno aus: *"Die Zweiganstalt Gschwendt der Anstalt Niedernhart ist mir bekannt. Ich habe mich im Laufe des Jahres 1940 mehrmals in Gschwendt aufgehalten. Ich habe mir dort Patienten angesehen, die von den Gutachtern und Obergutachtern der T4 Aktion bereits ausgesucht worden waren."*[17]

In der Chronik der Barmherzigen Schwestern zu Gschwendt findet man am 13. Mai 1940 folgenden Eintrag: *"Am 13. Mai kamen Dr. Lonauer und Dr. Renno und sagten, das Haus muß geräumt werden, ich brauche Platz für die Männer."* Weiters heißt es: *"16. Mai Räumung durch Dr. Lonauer und Dr. Renno: 101 weibliche Patienten angeblich ins Altreich und nach Budweis überführt, dafür kamen 42 männliche Patienten von Niedernhart hierher, von denen am 18. Mai wieder 12 und am 28. Mai wieder 30 fortgekommen sind."*[18]

Da nach bisherigem Wissensstand in Gschwendt keine Unterlagen aus der Zeit des Nationalsozialismus mehr existieren, abgesehen von der Chronik, kann man nicht mehr nachvollziehen, was mit diesen Patienten passiert ist. Die Wahrscheinlichkeit, dass sie in Hartheim ermordet wurden, ist sehr groß, doch der endgültige Beweis dafür fehlt. Leider kann man dadurch einige Schicksale nicht mehr klären, wie z. B. jenes von Franz Xaver L. Laut der im Oberösterreichischen Landesarchiv gelagerten Krankenakte wurde er am 16. Mai 1940 aus Niedernhart nach Gschwendt überstellt,

---

[17] Hessisches Hauptstaatsarchiv Wiesbaden 631a/827, LG Frankfurt/Main Ks 1/69, Vernehmung von Dr. Georg Renno vom 1.2.1965
[18] Chronik der Barmherzigen Schwestern zu Gschwendt 1894-1965 (Kopie der Chronik aufbewahrt im Schloss Gschwendt – Oö. Landes-Pflege- und Betreuungszentrum

also gemeinsam mit jenen in der Chronik erwähnten 42 männlichen Patienten, welche nach einigen Tagen wieder weggebracht wurden.
Laut Erzählungen von Angehörigen des Franz Xaver L. wurde dieser in Hartheim ermordet, es existieren jedoch keine Dokumente mehr, welche die Ermordung tatsächlich beweisen könnten.[19] Der Tod in Hartheim gilt also als sehr wahrscheinlich, doch die Spur verliert sich mit dem Abtransport aus der Anstalt Niedernhart nach Gschwendt.
Es tauchen auch immer wieder Hinweise darauf auf, dass Menschen direkt von daheim abgeholt wurden und die Angehörigen nach kurzer Zeit eine Sterbeurkunde erhielten. So z. B. die typische Geschichte von Maria und Rudolf R., Cousine und Cousin. Laut Aussagen einer Verwandten waren sie beide behindert. Sie lebten daheim und wurden eines Tages mit einem Autobus abgeholt. Etwas später kam eine Todesnachricht.[20]
Ähnlich die Geschichte der beiden Geschwister Franz und Ernst B. Die beiden behinderten Kinder wuchsen bei den Eltern auf, bis sie eines Tages plötzlich weggebracht wurden. In der Familie war später oft davon die Rede, dass eine Todesnachricht bei den Eltern eintraf, in welcher es hieß, die beiden Kinder seien an den Folgen einer Lungenentzündung gestorben.[21]
Ein weiterer ähnlicher Fall ist jener von Maria P. Laut Erzählungen ihres Enkelsohnes litt sie an Epilepsie. Sie war jedoch in keiner Anstalt untergebracht, sondern wohnte daheim. Eines Tages wurde sie von zuhause abgeholt und den Erzählungen der Familie zufolge nach Hartheim transportiert. Es dauerte nicht lange, bis die Familie eine Sterbeurkunde erhielt mit der Todesursache Lungenentzündung.[22]
Diese Geschichten ließen sich noch beliebig fortsetzen, es gibt sehr viele davon. Doch keine dieser Aussagen konnte bis heute anhand von Quellen belegt werden. Es fand offenbar auch keine Registrierung in einer Zwischenanstalt statt. Ob also tatsächlich Menschen direkt von daheim abgeholt und zur Ermordung nach Hartheim gebracht wurden, muss nach wie vor offen bleiben.
Ein weiteres Problem, mit welchem man bei diesen Forschungen konfrontiert wird, ist jenes, dass einzelne Forscher oft unterschiedliche Opferzah-

---

[19] Schriftliche Anfrage in der Dokumentationsstelle vom Neffen des Franz Xaver L. im Februar 2005
[20] Chronik Dokumentationsstelle, Band 1, Gespräch vom 20.8.2003 mit einer Verwandten von Maria und Rudolf R.
[21] Chronik Dokumentationsstelle, Band 1, Gespräch vom 3.9.2003 mit Walter L., dessen Vater bei jener Pflegefamilie aufwuchs, aus welcher die Geschwister Franz und Ernst L. angeblich abtransportiert wurden
[22] Chronik Dokumentationsstelle, Band 1, Gespräch vom 8.9.2003 mit dem Enkelsohn von Maria P.

len ermitteln. Dies hängt letztendlich mit den verschiedenen Quellen zusammen. Durch Abgleich der Quellen soll eine möglichst exakte Opferzahl ermittelt werden, was sich oft als äußerst schwierig erweist. So bedeutet das Auftauchen eines Patienten auf einer Transportliste noch lange nicht die tatsächliche Ermordung in Hartheim, auch wenn diese Listen in vielen Fällen Bearbeitungsvermerke tragen. Wir wissen, dass vor allem bei späteren Transporten mehr Namen auf die Liste gesetzt wurden als tatsächlich Patienten verlegt wurden. Die Leiter der Anstalten hatten dadurch mehr Spielraum und konnten gewisse Patienten vor dem Abtransport bewahren. Der Abgleich der Transportlisten mit den Aufzeichnungen in den Abgangsbüchern ist daher sehr wichtig und oft ergeben sich auch gravierende Unterschiede. Wenn die Verlegung des Patienten im Abgangsbuch verzeichnet ist, bedeutet dies mit großer Sicherheit den Tod, was auch die Wichtigkeit dieser Quelle erklärt.

Abschließend gilt festzuhalten, dass in den wenigsten Fällen die Ermordung in Hartheim bewiesen werden kann. Durch die Auswertung der Quellen kann man die Verlegung im Rahmen der Aktion „T4" nachweisen, jedoch selten den Tod, es sein denn erhalten gebliebene Dokumente, vor allem eine Sterbeurkunde, weisen darauf hin.

Transportkalendarium der Aktion „T4" in Hartheim

Das vorliegende Transportkalendarium stützt sich auf die bisherigen Forschungen (Stand Projekt „Gedenkbuch Hartheim" vom Februar 2005) betreffend der Aktion „T4" und soll einen Überblick über die Transporte aus österreichischen und bayerischen Anstalten in die Tötungsanstalt Hartheim geben.

Das Transportkalendarium kann auf keinen Fall als vollständig gelten, da einzelne Anstalten noch nicht oder nicht vollständig erfasst sind. Eine Überarbeitung und Ergänzung der bisher erfassten Daten ist geplant und teilweise auch schon in Arbeit.

Ferner ist wichtig, dass das Kalendarium den Tag des Abtransportes aus den Abgabeanstalten darstellt und nicht die Anzahl der jeweils ermordeten Menschen in Hartheim an den einzelnen Tagen. Wie viele Menschen an den einzelnen Tagen in Hartheim ermordet wurden, ist nicht mehr nachvollziehbar, da wir nicht wissen, ob die Ermordung am gleichen Tag des

Transportes stattfand oder, im Falle einer Zwischenstopps in Niedernhart, sich um einige Tage verschob.

1940

ohne Datum		Mai	Juni	Juli	Aug.	Sept.	Okt.	Nov.	Dez.
2 KL	1		1 NHT	1 NHT 50 MÖ	100 ST			122 KU	
97 HA 18 Y	2						7 NHT		16 EH 71 Y
	3			50 MÖ		121 EH	186 EH	1 Y	47 GU 137 AN
	4		89 BA				25 WE 100 LO 1 BA	23 EK 117 RE	49 GU
	5				411 ST		117 BA	118 KU	62 GU
	6		120 NHT				4 Y	62 Y	105 Y
	7								
	8			50 MÖ	100 ST		1 Y		
	9			36 ST		2 Y	97 Y		
	10			51 MÖ			21 Y		67 MI 257 HA
	11			40 ST	1 Y	103 Y	10 NHT 79 EH	11 NHT	
	12		63 NHT	67 MÖ	399 ST	57 Y		64 GU	
	13		140 MÖ			1 Y	200 FH	47 GU	37 GU
	14								1 NHT
	15		9 MÖ	284 ST			1 EK 140 EH		
	16					123 Y			96 Y
	17		43 NHT		20 ST				
	18		51 NHT				102 Y		3 NHT
	19		60 MÖ					129 RE	
	20	50 BA	42 SCHL	30 NHT	64 Y	1 Y 193 EH 1 KL			
	21		66 MÖ		83 Y	1 Y	60 Y		
	22			250 ST				129 KU	
	23	12 NHT	6 BR		100 Y	78 Y 12 EH	100 Y		
	24		50 MÖ		49 Y		120 EH		
	25		48 NHT		1 Y 232 KL	152 Y	106 Y		
	26		50 MÖ	68 NHT			1 Y 8 NHT		

"Wir bedauern Ihnen mitteilen zu müssen ..."

	27	204 FH				73 Y 47 EK			
	28		50 MÖ		4 Y	2 Y	2 NHT 113 MAK	65 ST 28 EH	
	29		199 KL	324 ST	64 Y	1 Y	75 Y		
	30				149 EH	78 Y 172 EK			
	31				100 Y		78 MAK		
117		266	1087	1301	1877	1218	1613	1057	948

Gesamtzahl 1940: 9.484

1941

	Jänner	Februar	März	April	Mai	Juni	Juli	August
1				139 KU			8 NHT	
2					138 RE			
3		78 FH						
4		71 FH		142 AN		70 KB	142 MAK	70 MÖ
5						71 KB		140 RE
6			31 Y 26 ST		132 MAK 1 Y	117 RE		
7		76 FH	1 Y	69 MÖ	30 Y		83 KL 23 TA	63 MÖ
8		70 FH						140 KB
9	27 GU				2 Y 11 GU	357 CI 37 FH		
10		70 KI 132 VA 1 Y	59 NHT				102 MÖ	
11								
12		52 FH	36 NHT		70 MÖ			
13	60 GA	72 FH	21 ST 18 MÖ		69 MÖ	14 ST		
14		71 FH 81 SW			46 MÖ			
15	70 FH		2 GU					
16		58 SW		67 SA	36 Y			
17	149 EH		87 VA	82 SA				
18		1 KL 27 Y		29 SA				
19			20 GU					
20	70 FH	1 Y	100 HA 3 EK		2 GU 8 SE	135 EH		
21	123 KU			115 SE	86 SA			
22								

23	35 Y				61 MA			
24	140 EH	1 KU	121 KL			143 KU		
25		132 EH 68 KI	133 KU	1 KL 133 EH				
26								
27						137 MAK		
28	139 AN		140 AN					
29				134 EH	32 ST 43 HA			
30	55 Y							
31	4 GA 14 NHT 1 Y		69 MÖ					
	887	**1062**	**867**	**911**	**767**	**1081**	**358**	**413**

Gesamtzahl 1941: 6.346   **Gesamtzahl: 15.830**

AN:	Ansbach	MA:	Mariatal
BA:	Baumgartenberg	MAK:	Mainkofen
BR:	Bruck	MI:	Mils
CI:	Cilly	MÖ:	Mauer-Öhling
EH:	Eglfing-Haar	NHT:	Niedernhart
EK:	Ecksberg	RE:	Regensburg
FH:	Feldhof	SA:	Salzburg
GA:	Gallneukirchen	SE:	Schernberg
GU:	Gugging	SCHL:	Schlierbach
HA:	Hall	SW:	Schwanberg
KB:	Kaufbeuren	ST:	Steinhof
KI:	Kindberg	TA:	Tainach
KL:	Klagenfurt	VA:	Valduna
KU:	Kutzenberg	WE:	Werneck
LO:	Lohr	Y:	Ybbs

Legende zum Transportkalendarium

Wie aus dem Kalendarium ersichtlich ist, begannen die Transporte im Mai 1940 und endeten im August 1941, kurz vor dem offiziellen Stopp der Aktion „T4" am 24. August 1941. Der letzte bis jetzt verzeichnete Transport fand am 8. August 1941 aus der bayerischen Anstalt Kaufbeuren statt. Die ersten Transporte kamen laut bisherigem Forschungsstand aus den nahe gelegenen Anstalten Niedernhart und Baumgartenberg, wohin auch die vorher in der „Anstalt für Schwachsinnige in Hartheim" untergebrachten behinderten Menschen nach deren Auflösung verlegt wurden. Im Zuge der Erfassung der aus Baumgartenberg abtransportierten Frauen und Mädchen, als Quelle diente das Aufnahmebuch mit der Aufschrift „Fürsorgeheim 1939-1946", konnten 50 Frauen und Mädchen, mehr als die Hälfte der einst im Schloss untergebrachten Pfleglinge, namentlich identifiziert werden. Hier scheint in den Aufzeichnungen die Anmerkung „Aufnahmebescheid GFV Linz, Hartheim" auf. All diese Frauen und Mädchen wurden in einem der vier Transporte nach Hartheim zurück gebracht und dort ermordet.[23] Für die Männer und Buben fehlen diese Auswertungen noch weitgehend, da die dazu benötigten Unterlagen der Abteilung VIII von Niedernhart, welche als Durchgangsstation für Hartheim diente, offensichtlich nicht mehr existieren.

Bereits im Mai 1940 ging auch ein Transport aus der Grazer Anstalt „Am Feldhof" Richtung Hartheim ab, wobei die späteren Verlegungen aus dieser Anstalt, ausgenommen ein weiterer Transport im Oktober 1940, alle im Jahr 1941 stattfanden.

Im Juni 1940 kam es meist zu Verlegungen aus den oberösterreichischen Anstalten. In diesem Monat setzten auch die Transporte aus der niederösterreichischen Anstalt Mauer-Öhling ein. Auch ein erster Transport aus Klagenfurt ist im Juni 1940 zu verzeichnen, die weiteren Transporte aus Kärnten fanden verstreut über die ganzen Monate 1940 und 1941 statt.

Verlegungen aus Niedernhart und Mauer-Öhling dominierten auch den Juli 1940, kleinere Transporte aus Niedernhart fanden auch in den restlichen Monaten bis inklusive Juli 1941 statt. Aus der Anstalt Mauer-Öhling sind erst wieder ab März 1941 Transporte nach Hartheim zu verzeichnen, welche jedoch bis August 1941 weitergeführt wurden. Im Juli 1940 wird auch Wien von der Aktion erfasst, es begannen die großen Verlegungsaktionen aus der Anstalt „Am Steinhof" und Ybbs. Aus der Anstalt Ybbs gingen offensichtlich in den Monaten des Jahres 1940 und auch 1941 ständig kleinere Transporte nach Hartheim ab, wogegen die sehr großen Transporte aus der Anstalt „Am Steinhof" im Jahre 1940 weitgehend endeten.

Im August 1940 begannen auch die Verlegungen aus den bayerischen Anstalten, welche bis August 1941 fortgesetzt wurden.

Im Oktober 1940 schließlich erfolgte der letzte Transport aus der Anstalt Baumgartenberg nach Hartheim, womit dieses Haus laut Anmerkung im Aufnahmebuch völlig geräumt wurde.

---

[23] Forschungsbericht Magdalena Peherstorfer – Baumgartenberg: Projektbericht über die Erfassung der Opfer für das Projekt Gedenkbuch Hartheim

Erst im November 1940 begannen die Verlegungen aus der niederösterreichischen Anstalt Gugging, welche bis Mai 1941 andauerten.
Im Dezember 1941 griff die Aktion „T4" auch auf die Anstalten in Tirol und Vorarlberg über. Der letzte große Transport im Jahre 1940 ging laut derzeitigem Forschungsstand am 16. Dezember aus der Anstalt Ybbs ab. Relativ knapp vor Weihnachten, nämlich am 18. Dezember, wurden noch drei Patienten aus Niedernhart überstellt.
Im Jänner 1941 fanden neben weiteren Verlegungen auch zwei Transporte aus der oberösterreichischen Anstalt Gallneukirchen statt.
Ab Februar 1941 rollten verstärkt Transporte aus der Steiermark nach Hartheim, im April 1941 dann auch aus Salzburg. Dieser Gau wurde, abgesehen von einem kleinen Transport im Juni 1940, als letztes von der Aktion erfasst.
Im Juni 1941 wurde durch eine große Verlegung aus der Anstalt Cilly auch eine Einrichtung in der Untersteiermark in die Vernichtungsaktion miteinbezogen.
Summiert man die Anzahl der Personen der einzelnen Transporte, so ergibt sich eine Opferzahl von 15.830, welche der in der Hartheimer Statistik genannten Zahl von 18.269 schon sehr nahe kommt.
Aufgeteilt auf die Jahre 1940 und 1941 bedeutet dies folgendes Ergebnis:

	Hartheimer Statistik	Forschungen Hartheim
1940	9.670	9.484
1941	8.599	6.346

Die Opfer der Aktion „14f13"

Nach dem offiziellen Stopp der Aktion „T4" am 24. August 1941 wurde die Tötungsanstalt Hartheim nicht geschlossen, sondern dazu genutzt, um die von Ärzten selektierten kranken und arbeitsunfähigen Häftlinge aus den Konzentrationslagern zu ermorden. Diese Aktion lief unter dem Tarnnamen „14f13".[24]

---

[24] „14" war das Kürzel für Todesfälle in den Konzentrationslagern, „13" für die Todesart (Gas)

Geplant wurde die Aktion bereits im Frühjahr 1941. Die Bedingungen in den Konzentrationslagern wurden immer katastrophaler, die Zahl der „Körperschwachen" stieg rasant an. Durch den Stopp der Aktion „T4" konnte man die Kapazitäten der frei gewordenen Tötungsanstalten nutzen, um sich dieser Häftlinge zu entledigen.[25]

Die Erfassung der Namen der in Hartheim ermordeten KZ-Häftlinge bildet den zweiten Schwerpunkt des Projektes „Gedenkbuch Hartheim".

Als Quellen dienen die erhalten gebliebenen Aufzeichnungen aus den Konzentrationslagern wie die Lagerbücher, Veränderungsmeldungen, Transport- und Überstellungslisten.

Im Schloss wurden neben Häftlingen aus dem Konzentrationslager Mauthausen und seinem Nebenlager Gusen auch Häftlinge aus dem nahe bei München gelegenen Konzentrationslager Dachau ermordet. Gerüchte, denen zufolge auch aus Ravensbrück und Buchenwald Transporte Richtung Hartheim rollten, konnten bis jetzt anhand von Quellen nicht belegt werden.

In Hartheim begann die Vergasung von KZ-Häftlingen bereits vor dem offiziellen Stopp der Aktion „T4". Es gibt einige Zeugenaussagen, die dies belegen. So gab z. B. Helene Hintersteiner zu Protokoll: *„Im Juli 1941 kamen auch Transporte aus dem KZ Lager Mauthausen und wurden hier vernichtet."*[26] Auch Dr. Georg Renno, welcher stets bestritt, bei der Abwicklung der Transporte aus den Konzentrationslagern mitgeholfen zu haben, wies bei seiner Einvernahme 1961 auf diese ersten Transporte hin: *„Von in Hartheim eingetroffenen KZ-Transporten habe ich weder etwas wahrgenommen noch gehört. Ich weiss allerdings, dass etwa im Sommer 1941 mehrere Transporte mit Häftlingen des KL Mauthausen in Hartheim eingetroffen sind, wo die Häftlinge nach dem bekannten Verfahren getötet worden sind."*[27]

Im Jahr 1942 trafen vor allem Transporte aus dem Konzentrationslager Dachau in Hartheim ein. 1943 ruhte die Aktion völlig, zumindest ist bis heute in diesem Jahr kein einziger Transport aus einem Konzentrationslager nach Hartheim nachweisbar. Die erste Phase der Aktion „14f13" war zu Ende.

---

[25] Zur Aktion „14f13" siehe auch den Beitrag in diesem Band „Die Kranken sind dann vergast worden. Die Ermordung von KZ-Häftlingen in Hartheim" von Andreas Baumgartner
[26] NARA II, Niederschrift Helene Hintersteiner vom 29. Juni 1945
[27] Hessisches Hauptstaatsarchiv Wiesbaden 631a/827, LG Frankfurt/Main Ks 1/69, Vernehmung von Dr. Georg Renno vom 31.10.1961

Erst im Frühjahr 1944 wurde die Aktion wieder reaktiviert. Bis in den späten Herbst hinein kamen Transporte mit KZ-Häftlingen aus Mauthausen und Dachau in Hartheim an: *„Die Transporte von Mauthausen wurden bis zum Oktober 1944 durchgeführt und verbrannt und vielleicht auch noch einige Transporte bis Anfang November 1944 gebracht, und ebenfalls vernichtet."*[28]

Die Opferzahlen aus dem Konzentrationslager Mauthausen und seinem Nebenlager Gusen wurden im Zuge eines eigenen Projektes der für die Gedenkstätte Mauthausen zuständigen Dienststelle des Innenministeriums erhoben und im November 1999 für das Projekt „Gedenkbuch Hartheim" zur Verfügung gestellt. Die Opferzahl, welche aufgrund des zur Verfügung stehenden Materials erhoben werden konnte, beläuft sich auf 3784. Es handelt sich hier jedoch um keine definitive Opferzahl da nach wie vor Dokumentationslücken bestehen.

Die Zahlen betreffend Dachau wurden freundlicherweise von der dortigen Gedenkstätte zur Verfügung gestellt. Die dort ermittelte Opferzahl beträgt 2534, es handelt sich jedoch auch hier um keine endgültigen Zahlen.

Somit ergibt sich eine Zahl von 6318 namentlich bekannten Opfern der Aktion „14f13" in Hartheim. Choumoff spricht von einer Zahl von 8066, weist jedoch darauf hin, dass diese unter der tatsächlichen Zahl liege.[29]

Die Ermordung von Ostarbeiter/innen in Hartheim

Die dritte Opfergruppe von Hartheim betrifft die so genannten Ostarbeiter, vorwiegend Russen und Polen, welche freiwillig oder auf Grund von Zwangsmaßnahmen in der deutschen Wirtschaft im Einsatz waren. Arbeitsunfähige Ostarbeiter wurden, beruhend auf einem Erlass des Innenministeriums vom 6. September 1944, in insgesamt 11 Sammelanstalten untergebracht, von wo sie, für den Fall dass ihre Arbeitsfähigkeit nicht wieder hergestellt werden konnte, in einer Tötungsanstalt ermordet wurden.[30]

Die Sammelanstalt für die „Alpen- und Donaugaue" wurde in der Anstalt Mauer-Öhling eingerichtet, jene für Bayern in der Heil- und Pflegeanstalt Kaufbeuren.

---

[28] NARA II, Niederschrift Helene Hintersteiner vom 29. Juni 1945
[29] CHOUMOFF, Pierre Serge: Nationalsozialistische Massentötungen durch Giftgas auf österreichischem Gebiet 1940-1945. Mauthausen-Studien, Band 1a, Wien 2000, 78
[30] CHOUMOFF, Nationalsozialistische Massentötungen, 48; zum Thema Ostarbeiter siehe auch den Beitrag in diesem Band „Die Tötungsanstalt Hartheim 1940-1945" von Brigitte Kepplinger

Wie viele Ostarbeiter tatsächlich in Hartheim ermordet wurden, ist bis jetzt noch nicht bekannt, da Recherchen hierzu noch ausständig sind.

Dass Ostarbeiter in Hartheim ermordet wurden, erwähnt z. B. Helene Hintersteiner, welche zu dieser Zeit in der Zentralverrechnungsstelle tätig war, in ihrer Niederschrift: *„Auch für Herrn Becker mußte ich Briefe schreiben, wenn seine Schreibkraft nicht anwesend war. Aus dieser Korrespondenz entnahm ich, daß noch Transporte kamen und zwar weiß ich von dieser Arbeit her, daß es sich um geisteskranke Ostarbeiter und Ostarbeiterinnen, es waren russische und polnische Namen, handelte. Von wo die kamen ist mir nicht bekannt. Briefe die ich in dieser Sache schrieb gingen an Behörden und Arbeitsämter. (...) Ich selbst habe diese getöteten Ostarbeiter und Ostarbeiterinnen nicht gesehen, weiß aber bestimmt aus Gesprächen mit anderen Gefolgschaftsmitglieder und aus der mit den Arbeitsämtern geführten Korrespondenz, daß sämtliche verstorben sind und nie jemand mehr lebend aus dem Hause kam."* An späterer Stelle heißt es wiederum: *„Ab Juli 1944 arbeitete ich in der Zentralverrechnungsstelle [...]. Während dieser Zeit sind Transporte mit Ostarbeitern und Ostarbeiterinnen, bestehend aus Russen und Polen gekommen, die hier getötet wurden [...]."*[31]

Die Anfragen in der Dokumentationsstelle und die Öffentlichkeit des Gedenkbuches

Wie bereits oben erwähnt, handelt es sich beim Gedenkbuch um kein Buch im eigentlichen Sinne, sondern um eine Opferdatenbank, in welcher die Namen und Daten der im Schloss ermordeten Menschen verzeichnet werden.

Der primäre Adressatenkreis des Gedenkbuches sind einerseits die Angehörigen und andererseits die wissenschaftlichen Forscher. Interessenten haben die Möglichkeit, nach bestimmten, durch Name und Geburtsdatum bzw. Geburt- oder Heimatort identifizierten Personen, zu fragen. Da im Datenschutzgesetz 2000 Krankenakten als „sensible Daten" bezeichnet werden, welche besonderen Schutz genießen, werden die Opfer-Daten grundsätzlich nur an die zwei oben genannten Gruppen weitergegeben.

---

[31] NARA II, Niederschrift Helene Hintersteiner vom 29. Juni 1945

Die zahlreichen Anfragen zeigen, dass viele Opfer bis heute nicht vergessen sind. Angeregt durch die Sonderausstellung „Wert des Lebens" des Landes Oberösterreich im Jahre 2003 hat eine erneute bzw. in vielen Fällen sicherlich erste Spurensuche nach den in Hartheim ermordeten Menschen begonnen. Durch diese Ausstellung, welche von Dokumentationen und Fernsehberichten sowie Zeitungsartikeln begleitet war, wurde die Geschichte des Schlosses erst so richtig bekannt. Vielen Menschen wurde es auf einmal bewusst, was es heißt, eine Sterbeurkunde eines Angehörigen aus der NS-Zeit zu besitzen, welche den Stempel der „Landesanstalt Hartheim" trägt. Es gibt tatsächlich Menschen, die bis heute glaubten oder immer noch glauben, ihre Angehörigen seien dort eines natürlichen Todes gestorben. So lange hatten die Verschleierungsmaßnahmen der Nationalsozialisten ihren Dienst erfüllt.

Aufgrund der wissenschaftlichen Forschung kennen wir heute das Einzugsgebiet der damaligen Tötungsanstalt Hartheim. Wir wissen, dass dort vor allem Patienten aus österreichischen und bayerischen Anstalten ermordet wurden. Die sechs Euthanasieanstalten tauschten jedoch häufig Akten untereinander aus, um die Tötungsvorgänge zu verschleiern. So kam es oft vor, dass die Angehörigen eine Sterbeurkunde und ein Beileidsschreiben aus einer weit entfernt liegenden Tötungsanstalt erhielten, obwohl die Ermordung in Hartheim stattfand. So auch die Familie des in Hartheim ermordeten Gustav K., welche diese Schreiben aus Brandenburg erhielt. Die Tochter des Ermordeten, welche damals 10 Jahre alt war, kann sich gut an diese Zeit erinnern. Auch daran, dass ihre Mutter, als die Todesnachricht eintraf, nach Brandenburg fuhr, um die Überführung des Leichnams zu veranlassen. Diesen weiten Weg wagten wohl nur wenige Angehörige, was auch einer der wichtigsten Gründe für den Aktenaustausch war. In Brandenburg wurde ihr die Auskunft erteilt, es werde eine Urne geschickt. Diese wurde schließlich auch in der Familiengruft beigesetzt, wo sie sich bis heute befindet. Über den Tod von Gustav K. wurde in der Familie geschwiegen. Die Tochter erzählte, dass sie als Kind ständig hoffte, der Vater würde doch noch nach Hause kommen *„…so wie Soldaten oft wieder heimkamen…"*. Als die Enkeltochter des Ermordeten im Jahre 2003 zu einem Studienaufenthalt nach Berlin fuhr, wurde sie von der Mutter gebeten, nach Brandenburg zu fahren, an jenen Ort, wo ihr Vater starb. Als die Enkeltochter in Brandenburg anrief, wurde sie über den tatsächlichen Tod ihres Großvaters aufgeklärt. Über die Gedenkstätte Grafeneck wurde sie schließlich an die Dokumentationsstelle Hartheim verwiesen. Dies war im

November 2003. In den Opferdaten des Gedenkbuches fand sich erstmals ein Hinweis auf Gustav K. Erst seitdem weiß die Familie über das tatsächliche Schicksal des Ermordeten bescheid.[32]

All diese Gespräche stellen eine wichtige Ergänzung des Projektes dar. Zu einer wesentlichen Aufgabe der Dokumentationsstelle entwickelte sich auch die Idee, Unterlagen über die in Hartheim ermordeten Menschen entgegenzunehmen und zu verzeichnen. Mit Hilfe der Angehörigen werden Dokumente, Fotos sowie Kurzbiographien der Opfer gesammelt. Durch diese Dokumentation, welche in absehbarer Zeit auch in der Gedenkstätte öffentlich gezeigt werden soll, möchten wir den Opfern ein Gesicht geben, sie endgültig aus der Anonymität herausheben. Die Besucher der Gedenkstätte sollen eine Antwort auf die schon eingangs formulierten Fragen finden: Wer waren die Opfer von Hartheim? Woher kamen sie? Wie lebten sie vor ihrer Einweisung in eine Anstalt? Wie krank waren sie wirklich?

Das Thema der Öffentlichkeit des Gedenkbuches ist ein sehr Schwieriges. Die Opfer der nationalsozialistischen Euthanasie haben ein Recht darauf, öffentlich als Opfer genannt und anerkannt zu werden. Dies ist auch das Anliegen vom Großteil der Angehörigen der in Hartheim ermordeten Menschen. Doch es gibt auch sehr strenge Datenschutzbestimmungen betreffend kranken Menschen, welche natürlich einzuhalten sind. Aus diesen Gründen wird das Gedenkbuch in absehbarer Zeit auf keinen Fall öffentlich einsehbar sein. Wie bereits oben erwähnt, ist an eine Drucklegung, vor allem aus Gründen des Datenschutzes, nicht gedacht.

Eine kleine Ausnahme vom Veröffentlichungsverzicht findet sich jedoch in der Gedenkstätte selber. Im ehemaligen Aufnahmeraum, in welchem die Patienten vor ihrer Ermordung zum letzten Mal untersucht und fotografiert wurden, befinden sich Glaspaneele, welche Teil des künstlerischen Konzeptes sind. Auf diesen Glaspaneelen findet man Vor- und Nachname sowie Transportdatum der Opfer. Die dort aufgeführten Namen sollen vor allem das Ausmaß der Verbrechen deutlich machen. Für den Großteil der Angehörigen ist es auch sehr wichtig, dass der Name in der Gedenkstätte öffentlich zu sehen ist. Angehörige, Anstalten sowie Opferverbände haben auch die Möglichkeit, im Arkadenhof des Schlosses eine Gedenktafel anbringen zu lassen.

---

[32] Chronik Dokumentationsstelle, Band 2, Gespräch vom 21.4.2004 mit der Tochter sowie der Enkeltochter des Gustav K.

Kooperation mit anderen Euthanasie-Gedenkstätten

Seit 2002 bestehen Bestrebungen einer intensiveren Zusammenarbeit zwischen den Euthanasie-Gedenkstätten im Bereich der Erforschung der Opferdaten. Ziel war von Anfang an eine gemeinsame Opferdatenbank, in welcher die bereits gesammelten Daten aller Euthanasie-Gedenkstätten zusammengeführt werden sollten.
Hintergrund dieses Gedankens ist die Tatsache, dass durch die Verschleierungsmaßnahmen der Nationalsozialisten viele Familien des ehemaligen Reichsgebietes Sterbeurkunden z. B. von Hartheim besitzen, auch wenn ihre Angehörigen nicht in dieser Tötungsanstalt ermordet wurden. Durch die Zusammenführung der Opferdaten könnten solche Schicksale geklärt und die Tarnmaßnahmen transparenter werden.
Anfang des Jahres 2005 konnte dieses Vorhaben schließlich realisiert werden. Bei einer im Frühling 2004 stattfindenden Tagung in Grafeneck wurde die Zusammenführung der Opferdaten der Gedenkstätten Bernburg, Grafeneck, Hartheim, Hadamar und Sonnenstein beschlossen. Die Dokumentationsstelle Hartheim hat sich bereit erklärt, die Zusammenführung sowie die ständige Wartung der Daten zu übernehmen. Die gemeinsame Opferdatenbank beinhaltet folgende Daten: Familienname, Vorname, Geburtsdatum und Anstaltskürzel der jeweiligen Euthanasieanstalt. Somit ist eine eindeutige Identifizierung der gesuchten Person gegeben und die Anfragenden können an die zuständige Gedenkstätte verwiesen werden. Updates werden zweimal jährlich durchgeführt. Die Datenbank beinhaltet momentan nur die Opfer der Aktion „T4", soll aber auf jeden Fall auch auf die anderen Opfergruppen ausgeweitet werden.
Die Forschungen für das Projekt „Gedenkbuch Hartheim" werden noch viele Jahre in Anspruch nehmen. Durch die teilweise verloren gegangenen Unterlagen wird man das Projekt auch nie als abgeschlossen bezeichnen können, da es dadurch nicht mehr möglich sein wird, die Namen aller hier ermordeten Menschen zu erfassen. Immer wieder wird man durch noch vorhandene Dokumente von Angehörigen neue Opfer identifizieren können. Dem Großteil der in Hartheim ermordeten Menschen konnte jedoch ihr Name bereits zurück gegeben werden. Die Nationalsozialisten löschten deren Leben aus, doch nicht die Erinnerung an sie. Diese wird durch die Nennung ihres Namens in der Gedenkstätte und nicht zuletzt durch die alljährlich stattfindenden Gedenkfeiern bewahrt.

GEDENKSTÄTTEN FÜR DIE OPFER DER NS-EUTHANASIE IN ÖSTERREICH

Brigitte Kepplinger

Der historische Hintergrund

1938 erfolgte im Zuge des Umbaus des politischen und wirtschaftlichen Systems Österreichs nach den Grundsätzen des Nationalsozialismus auch die Gleichschaltung der Sozialpolitik. Damit erlangten auch hier die Gestaltungsprinzipien der nationalsozialistischen Gesellschaftspolitik – Ausmerzung „unwerten Lebens" und Förderung der „erbgesunden arischen Volksgenossen" – Gültigkeit. Ab Anfang 1940 gingen die Experten der „T4"-Zentralstelle[1] in Berlin daran, auch in österreichischen Krankenhäusern bzw. Heil- und Pflegeanstalten die personellen und organisatorischen Voraussetzungen für die Realisierung ihres Euthanasieprogramms zu schaffen. Wie im „Altreich" wurde eine „erbbiologische Bestandsaufnahme" der Bevölkerung angestrebt; die Daten hierfür sollten im wesentlichen von den Ärzten, dem Personal der Krankenanstalten, den kommunalen Gesundheits- und Fürsorgeämtern bzw. von den Bezirksfürsorgerinnen erhoben werden. Voraussetzung für die reibungslose Umsetzung dieser Vorgaben durch die Sozialbürokratie bildete die breite Akzeptanz der Diskussion um eugenische Maßnahmen als Sozialtechnologie, die seit der Jahrhundertwende in Europa und den USA geführt worden war und in einigen skandinavischen Staaten sowie in einigen Bundesstaaten der USA zur gesetzlichen Fixierung der Möglichkeit der Sterilisation von Behinderten und psychisch Kranken geführt hatte.[2] Eugenische Zwangsmaßnahmen zur Verbesserung der Volksgesundheit wurden vor 1933 nicht nur von Angehörigen des völkischen Spektrums befürwortet, sondern auch von Teilen der christlichen Kirchen, vor allem der evangelischen Kirche, von Teilen der Sozialdemokratie und der Kommunisten. Für die Letztgenannten bein-

---

[1] Die Bezeichnung „T4" wurde von der NS-Bürokratie als Tarnname gewählt. Grundlage bildete die Adresse der Euthanasie-Behörde in Berlin: Tiergartenstraße 4.

[2] Vgl. hierzu etwa: Ian Robert Dowbiggin, Keeping America Sane: Psychiatry and Eugenics in the United States and Canada, 1880-1940, Ithaca NY [u.a.] 1997 (= Cornell Studies in the History of Psychiatry)

haltete die Konstruktion des „Neuen Menschen" – gesund, stark, intelligent und schön – die strikte Abgrenzung zum „Lumpenproletariat" und führte in logischer Konsequenz auch zur Befürwortung von Zwangsmaßnahmen gegenüber uneinsichtigen Individuen, die durch ihre Lebensweise den Weg zum „Neuen Menschen" verlassen hatten bzw. die Realisierung dieses Konzepts gefährdeten. Behinderte und psychisch Kranke bildeten auch in dieser Betrachtungsweise bloß gesellschaftlichen Ballast, den es zu verhindern galt.[3] Hier konnte die NS-Gesundheitspolitik anschließen. Weiters wurde per 1.1.1940 das „Gesetz zur Verhütung erbkranken Nachwuchses" in der Ostmark in Kraft gesetzt[4], allerdings trat durch die ebenfalls 1940 beginnenden Tötungen in der neugeschaffenen NS-Euthanasieanstalt Hartheim bei Linz die Sterilisation als Mittel der nationalsozialistischen Sozial- und Bevölkerungspolitik in den Hintergrund. 1940 wurde in Wien zur Durchführung der Kindereuthanasie eine sogenannte „Kinderfachabteilung" eingerichtet („Heilpädagogische Klinik ‚Am Spiegelgrund'")[5]; auch in Graz, an der Heilanstalt für Geisteskranke des Reichsgaues Steiermark „Feldhof", wurde zwischen Ende 1941 und Anfang 1942 eine Kinderfachabteilung eingerichtet.[6]

Schon 1939 hatte die Übernahme des weitverzweigten Netzes kirchlicher bzw. privater Fürsorgeinstitutionen durch die Gauverwaltungen oder durch Parteiorganisationen der NSDAP, vor allem durch die NSV (Nationalsozialistische Volkswohlfahrt), begonnen.[7] Ab 1940 wurden die PatientInnen

---

[3] So schrieb der sozialdemokratische Arzt und Sozialreformer Julius Tandler, in der Ersten Republik Wiener Stadtrat für Gesundheit und Fürsorge, im Jahr 1932: „Die Zahl der Minderwertigen ist im Steigen begriffen, weil die Eltern der Minderwertigen selbst minderwertig sind und nicht über ein genügendes Maß an Verantwortung verfügen. Ich bin nicht der Meinung, daß bei der heutigen Einstellung der Menschheit, ja vielleicht auch bei der nach 100 Jahren, jemals der Arzt das Recht haben wird, Minderwertige zu töten. Ich bin aber der Meinung, daß wir das Recht haben, ihre Geburt zu verhindern. Es ist hier der Ort zu bekennen, daß Minderwertige zu sterilisieren sind. Gegen die Minderwertigen aufzutreten, ist ein Akt der Notwehr der menschlichen Gesellschaft, sie muß wissen, daß sie selbst gefährdet ist." Zur Abwehr der fortschreitenden Degeneration, die Tandler konstatiert, sei es notwendig, „daß (...) nicht alle Minderwertigen sich fortpflanzen, zügellos und maßlos Kinder in die Welt setzen dürfen, so daß die Tüchtigen nicht mehr fortkommen können. Soll das Wort von der freien Bahn für die Tüchtigen zur Wahrheit werden, dann bin ich der Meinung, soll man endlich der größten Hindernisse auf dieser Bahn, die Unzahl der Minderwertigen und Minderwertigsten, beiseite schaffen." Julius Tandler: Arzt und Wirtschaft, in: Volksgesundheit. Zeitschrift für soziale Hygiene. Organ der österreichischen Gesellschaft für Volksgesundheit 6 (1932), 22 ff.
[4] Vgl. Helfried Pfeifer, Die Ostmark. Eingliederung und Neugestaltung, Wien 1941, 186 ff.
[5] Peter Malina – Wolfgang Neugebauer, NS-Gesundheitswesen und -Medizin, in: Emmerich Tálos – Ernst Hanisch – Wolfgang Neugebauer – Reinhard Sieder (Hg.), NS-Herrschaft in Österreich. Ein Handbuch, Wien 2000, 696-720, hier 708-712
[6] Vgl. hierzu Thomas Oelschläger, Zur Geschichte der „Kinderfachabteilung" des „Reichsgau Steiermark", in: Wolfgang Freidl – Alois Kernbauer – Richard H. Noack – Werner Sauer (Hg.), Medizin und Nationalsozialismus in der Steiermark, Innsbruck 2001, 119-136, hier: 124 f.
[7] Allein in Oberösterreich existierten über dreißig solcher Institutionen, die vorwiegend von kirchlichen Organisationen betreut wurden. Vgl. Jugend-Fürsorge in Oberösterreich. Ein Orientierungs- und Hilfsbuch, hg. anlässlich d. zehnjährigen Bestandes d. oberösterr. Landes-Jugendamtes v. Amtsleiter, Linz 1930

der psychiatrischen Krankenhäuser, Kliniken, Heil- und Pflegeanstalten nach den vorgegebenen Kriterien selektiert und sukzessive nach Hartheim abtransportiert, wobei die Gau-Heil- und Pflegeanstalt Niedernhart in Linz (die frühere Landes-Heil- und Pflegeanstalt) als „Zwischenanstalt" auf dem Weg nach Hartheim fungierte. An insgesamt 96 einschlägige Institutionen in der Ostmark versandte die Zentralstelle der „T4" im Jahr 1941 Fragebögen zur Ausforschung potentieller Opfer.[8]

Im Rahmen der Aktion „T4" wurden in Schloss Hartheim zwischen Mai 1940 und August 1941 18.269 Menschen ermordet.[9] Die Euthanasie-Anstalt Hartheim war damit die größte der sechs einschlägigen Institutionen, und sie war auch am längsten in Betrieb. Schon vor dem Euthanasie-Stopp Ende August 1941 vollzog sich in Hartheim nämlich bruchlos der Übergang zur Aktion „14f13", der kranke und arbeitsunfähige Häftlinge der Konzentrationslager zum Opfer fielen. In Schloss Hartheim wurden mindestens 8000 Häftlinge der Lager Mauthausen und Dachau ermordet.[10]

Wie viele Patienten einschlägiger Anstalten nach der offiziellen Einstellung der Erwachsenen-Euthanasie im Rahmen von regionalen Euthanasiemaßnahmen in den psychiatrischen Kliniken Österreichs ermordet wurden, wie viele Kinder der Kinder-Euthanasie zum Opfer fielen, kann nach dem heutigen Forschungsstand nicht genau gesagt werden. Jedenfalls entsprach dieses „therapeutische Töten" durch den behandelnden Arzt den Vorstellungen der NS-Gesundheitspolitiker und sollte nach dem Abbau des „Überhangs" an „unwertem Leben" in den Tötungsanstalten zur normalen ärztlichen Praxis in Kliniken und Krankenhäusern werden.[11]

Der Befund der bisherigen Forschungen über Organisation und Ablauf der NS-Euthanasie sowie über Beteiligung bzw. Widerstand der Ärzteschaft, des medizinischen Personals und der Gesundheitsbürokratie ist deprimierend: nicht wenige Ärzte nutzten das Angebot an Karrieremöglichkeiten, die ihnen die nationalsozialistische Gesundheitspolitik eröffnete, und beteiligten sich aktiv an der Entwicklung und Durchführung der einschlägi-

---

[8] Liste der deutschen Anstalten für Geisteskranke und Schwachsinnige per 31.8.1941, erstellt von der Verwaltung der T4-Zentrale Stelle der Landesjustizverwaltung Ludwigsburg, Heidelberger Dokumente, Ordner Nr. 131. Diese Erhebungen wurden ab 1940 mehrmals durchgeführt.

[9] Über die Opfer der Aktion T4 existiert eine genaue Aufstellung durch die T4-Stellen, die sogenannte „Hartheimer Statistik". Sie wurde im Juni 1945 von einem War Investigation Team der US-Army unter Major Charles Dameron in Schloss Hartheim gefunden und befindet sich in den National Archives in Washington D.C.

[10] Hans Maršálek: Die Geschichte des Konzentrationslagers Mauthausen, Wien ²1980, 88. – 14f13 ist das Aktenzeichen im Schriftverkehr der NS-Institutionen für die Ermordung kranker bzw. nicht mehr arbeitsfähiger KZ-Häftlinge in den Euthanasie-Anstalten.

[11] Klaus Dörner, Tödliches Mitleid, Gütersloh 1993, 48 ff.

gen Programme, auch und gerade an dem Komplex der Euthanasie.[12] Die medizinische und pharmazeutische Forschung profitierte direkt und unmittelbar von dieser Politik: ein nahezu unerschöpfliches Reservoir an „Menschenmaterial" – in den Konzentrationslagern wie in den Euthanasieanstalten – ermöglichte direkte Menschenversuche und den unmittelbaren Zugriff auf Lehr- und Anschauungsmaterial für Aus- und Weiterbildung der Mediziner.[13] Nach vorsichtiger Interpretation scheint gerade die Zuspitzung des utilitaristischen, naturwissenschaftlich-technischen Machbarkeitsdogmas im Nationalsozialismus, das für gesellschaftliche und medizinische Problemkomplexe rationale Lösungsmöglichkeiten auf wissenschaftlicher Basis vorsah, für die medizinische Intelligenz ungemein attraktiv gewesen zu sein. Der gordische Knoten der Degenerationsproblematik, die die Eugeniker der industrialisierten Welt seit dem 19. Jahrhundert intensiv beschäftigte und eine Reihe von Konzepten zum „human betterment" hervorbrachte, war nun durch die Vorgaben der NS-Politik lösbar. Die beteiligten Ärzte stilisierten ihre Aktivitäten als Aufgabe einer Avantgarde, als eine schwere Bürde, die sie im Interesse einer Verbesserung der Erbsubstanz des deutschen Volkes auf sich genommen hatten.[14]

Zum Diskurs über die NS-Euthanasie nach 1945

Nach 1945 reagierten die österreichischen Medien auf das Bekanntwerden der Euthanasiemorde mit Abscheu und Empörung. In der Berichterstattung über die entsprechenden Volksgerichtsprozesse der ersten Nachkriegsjahre wurde die Beteiligung von ÖsterreicherInnen an den Euthanasiemorden durchaus anerkannt; allerdings wurden diese Feststellungen durch die Probleme der Organisation des Alltags, durch die allgegenwärtige Präsenz des Kriegstods – an der Front, bei den Luftangriffen, auf der Flucht – verschüttet. Die Ausgrenzung aus der gesellschaftlichen Wahrnehmung wurde er-

---

[12] Vgl. hierzu: Hans Walter Schmuhl, Rassenhygiene, Nationalsozialismus, Euthanasie. Von der Verhütung zur Vernichtung „lebensunwerten Lebens" 1890-1945, 2. Aufl., Göttingen 1992, 261 ff.

[13] So stellte der Expertenbericht über die Rolle der Wiener Anatomie in den Jahren 1938-1945 fest, dass die Leichname von mindestens 1377 Personen, die während der NS-Zeit in Wien hingerichtet worden waren, am damaligen anatomischen Institut „verwertet" wurden. Vgl. Der Standard, 2.10.1998, 25

[14] Dies wird aus den Feldpostbriefen deutlich, die Rudolf Lonauer 1943 und 1944, während seines Dienstes bei der Division „Prinz Eugen" der Waffen-SS in Bosnien, an seine Frau schrieb. Die Briefe wurden 1997 dem Institut für Gesellschafts- und Sozialpolitik der Universität Linz übergeben und werden derzeit transkribiert und ausgewertet.

gänzt durch das Verhalten der Sozial- und Gesundheitsbürokratie und der auf welche Weise immer beteiligten Wissenschaft: Die nahtlose Rückkehr zum „business as usual" machte eine Befassung mit der Rolle der einschlägigen Personen und Institutionen im Nationalsozialismus obsolet. Zusätzlich begann auch im Fall der Euthanasiemorde schon bald jene Interpretation Platz zu greifen, die in der Folge jahrzehntelang die bestimmende bleiben sollte: der Vernichtungsprozess sei von Berlin aus gesteuert worden, die leitenden Ärzte seien Deutsche gewesen, man sei unter Befehlsnotstand gestanden und habe unter Zwang gehandelt. Eine der zentralen Personen der NS-Euthanasie in der Ostmark, der Linzer Rudolf Lonauer, ärztlicher Leiter der Euthanasieanstalt Hartheim und Direktor der Gau-Heil- und Pflegeanstalt Niedernhart in Linz, hatte sich am 5. Mai 1945 durch Selbstmord der Verantwortung entzogen. Damit war eine der wichtigsten österreichischen Bezugspersonen verschwunden, und bezeichnenderweise gibt es bis heute in der Fachliteratur keine ausführlichere Befassung mit der Person Lonauers, obwohl seine Entwicklung und sein soziales, politisches und kulturelles Umfeld in vieler Hinsicht typisch ist für die Generation der jungen, erfolgshungrigen und rational planenden Akademiker, die den Aufbau der nationalsozialistischen Gesellschaftsordnung so entscheidend prägten.[15] Als Lonauers Stellvertreter, Georg Renno, Mitte der 60er Jahre der Prozess gemacht wurde (er konnte nach Kriegsende untertauchen und jahrelang unbehelligt unter einem angenommenen Namen in Deutschland praktizieren[16]), war die Umdeutung der Euthanasiemorde in ein deutsches, nationalsozialistisches Verbrechen ohne engere Verbindung zur österreichischen Gesellschaft längst vollzogen.

Die organisatorischen, personellen und auch inhaltlichen Kontinuitäten in der Sozial- und Gesundheitsbürokratie der Zweiten Republik waren demgemäß jahrzehntelang kein Thema der Auseinandersetzung. Auch die Rolle der österreichischen Ärzteschaft und der medizinischen und philosophischen Fakultäten, deren Ausbildungsinhalte schon in der Ersten Republik vielfach Elemente rassenhygienischer Theorien enthalten hatten, wurde erst in den 80er Jahren thematisiert, wobei eingehendere Forschungen noch ausstehen. Michael Hubenstorf wies darauf hin, dass die für die

---

[15] Vgl. hierzu etwa: Götz Aly – Susanne Heim, Vordenker der Vernichtung, Frankfurt/Main 1993

[16] Vgl. Ernst Klee, Was sie taten, was sie wurden. Ärzte, Juristen und andere Beteiligte am Kranken- oder Judenmord, Frankfurt/Main 1986, 108 ff. In einem 1997 von Walter Kohl geführten Interview vertritt Renno nach wie vor die Ansicht, die Euthanasie sei für die Betroffenen „eine Erlösung" gewesen. Walter Kohl, Die Pyramiden von Hartheim. „Euthanasie" in Oberösterreich 1940 bis 1945, Grünbach 1997, 463

Durchführung des Euthanasie-Programms in der Ostmark maßgeblichen österreichischen Mediziner aus der Grazer Schule des Psychiaters Fritz Hartmann stammten: Maximilian de Crinis, Rudolf Lonauer, Hans Bertha, Oskar Begusch, Ernst Sorger.[17]

Die oben erwähnten inhaltlichen Kontinuitäten bei der Interpretation bestimmter Krankheitsbilder im Bereich psychischer Erkrankungen bzw. geistiger Behinderung oder abweichenden Verhaltens (nach wie vor vielfach als „Asozialität" bezeichnet) hatte zur Folge, dass überlebenden Opfern der NS-Erbgesundheitspolitik vielfach eine Entschädigung vorenthalten wurde, weil sich die österreichischen Opferfürsorgebehörden der nationalsozialistischen Begründung für diese Maßnahme anschlossen: sie „legten ihren Entscheidungen die von den nationalsozialistischen Institutionen angegebenen quasi-medizinischen Gründe als rechtmäßige Indikationen für Zwangssterilisationen zugrunde."[18] In der Hierarchie der Opfer des Nationalsozialismus – an deren Spitze sich die aus politischen Gründen Verfolgten befanden – hatten die Opfer der NS-Euthanasie, zusammen mit Roma und Sinti, Homosexuellen und „Asozialen", keinen Platz. Die nach dem Ende des Nationalsozialismus andauernde gesellschaftliche Ausgrenzung dieser Bevölkerungsgruppen manifestierte sich auch in der Aberkennung des Opferstatus. Erst 1995 erhielten sie im Zuge der Novellierung des Opferfürsorgegesetzes und mit der Schaffung des Nationalfondsgesetzes diesen Status zuerkannt.

Das Fehlen eines breiteren gesellschaftlichen Diskurses war auch eine der wesentlichen Ursachen für die langjährige Abwesenheit eines wie immer gearteten öffentlichen Gedenkens. In den ersten Jahrzehnten nach dem Ende des Nationalsozialismus wurden in einigen Krankenhäusern und Behindertenheimen Gedenktafeln angebracht, und 1969 wurde die vom Oberösterreichischen Landes-Wohltätigkeitsverein initiierte Gedenkstätte in der ehemaligen NS-Euthanasieanstalt Schloss Hartheim eingerichtet. So anerkennenswert diese Aktivitäten auch sind, ist doch zu anzumerken, dass die überwiegende Mehrheit aller Denkmäler auf private Initiativen zurückgeht und durch ihre Errichtung im halböffentlichen Raum einer breiteren Wahrnehmung entzogen ist – in der Erinnerung des offiziellen Österreich existieren die Orte der Euthanasie als Gedächtnisorte lange Zeit de facto nicht. Auch die größte und bedeutendste Gedenkstätte in Schloss Hartheim

---

[17] NS-Behindertenmorde: Österreichische Vordenker, in: Der Standard, 2.2.1998, 8
[18] Brigitte Bailer, Wiedergutmachung kein Thema. Österreich und die Opfer des Nationalsozialismus, Wien 1993, 186

geht auf eine private Initiative zurück. Seitens der österreichischen Bundesregierung bzw. der Oberösterreichischen Landesregierung war die Übernahme des Schlosses und die Errichtung einer Gedenkstätte jahrzehntelang kein Thema, zumal Hartheim auch in der einschlägigen Forschung bis in die 80er Jahre als Außenlager von Mauthausen definiert wurde und eine entsprechende Verpflichtung von Bund oder Land offenbar durch die Entwicklung der Gedenkstätte im ehemaligen KZ Mauthausen zum „nationalen Denkmal" als erfüllt angesehen wurde.

Diese Situation hat sich allerdings mit der Etablierung des „Lern- und Gedenkortes Schloss Hartheim" im Jahr 2003 grundlegend geändert. Durch die Absichtserklärung der Oberösterreichischen Landesregierung, die Finanzierung des „Lern- und Gedenkort Schloss Hartheim" dauerhaft zu sichern, existiert nunmehr ein zentraler Ort des Gedenkens für die Opfer der NS-Euthanasie.

Gedenkstätten und Mahnmale für Euthanasieopfer

„Gewöhnlich gelten Denkmäler als Erinnerungszeichen. Tatsächlich signifizieren sie jedoch das Vergessen. Erinnert wird, dass ein erinnerungswürdiges Ereignis unweigerlich in Vergessenheit geriete, würde es nicht – durch einen Stein, durch einen Ritus, durch einen Feiertag – dem Vergessen regelrecht abgetrotzt. Erinnert wird, dass etwas vergessen wurde, und häufig wirkt diese Erinnerung nicht als Korrektur, sondern als Affirmation der Vergesslichkeit."[19] Dies trifft in besonderem Ausmaß auf die Denkmäler und Gedenkstätten für die Opfer der NS-Euthanasie zu: diese Opfer wurden in Österreich tatsächlich jahrzehntelang „vergessen". Die gesellschaftliche Amnesie war in diesem Bereich besonders tief, mit gutem Grund: eine adäquate Untersuchung der Voraussetzungen und der Durchführung der NS-Euthanasiemorde hätte große personelle, ideologische und strukturelle Kontinuitäten in der Behandlung behinderter und psychisch kranker Menschen zutage gefördert. Die Basis dieser Kontinuitäten besteht aber darin, dass NS-Euthanasie und Holocaust nicht einen „Zivilisationsbruch" (Dan Diner) darstellen, ein einmaliges Abweichen vom zivilisatori-

---

[19] Thomas Macho, Erinnertes Vergessen. Denkmäler als Medien kultureller Gedächtnisarbeit, in: Manuel Köppen – Klaus R. Scherpe (Hg), Bilder des Holocaust, Köln – Weimar – Wien 1997, 215-229, hier: 215

schen Pfad der Moderne, sondern vielmehr eine der Moderne inhärente Möglichkeit. Zygmunt Bauman hat diesen Zusammenhang in „Dialektik der Ordnung" eindrucksvoll begründet.[20] Die Beseitigung „lebensunwerten Lebens" war als Vernichtungs- und Züchtungsideologie eine Variante des „social engineering" und damit Bestandteil der Fortschrittsutopien der Industriegesellschaft.[21]

Eine Akzeptanz dieser Zusammenhänge hätte weitreichende Konsequenzen für Manifestationen, Formen und Verfahren der Erinnerungskultur im Bereich der NS-Euthanasie nach sich gezogen, denn Deutungs- und Identifikationsangebote für die BetrachterInnen und BesucherInnen von Denkmälern und Gedenkstätten werden von der Interpretation der historischen Ereignisse ebenso determiniert wie von der Aneignung und Bewertung dieser Ereignisse im Kontext ihrer Aufnahme in das kulturelle Gedächtnis – oder aber ihrer Ausblendung.

Erst ab den 80er Jahren, parallel bzw. im Gefolge einschlägiger Forschungsaktivitäten, wurden Mahnmäler in nennenswerter Anzahl errichtet. Vielfach kamen die Initiativen zur Aufarbeitung der Geschichte der NS-Euthanasie aus der Ärzteschaft der betreffenden Krankenhäuser; auch der Anstoß zur sichtbaren Verdeutlichung des Gedenkens in einem Objekt der Erinnerung kam in vielen Fällen aus der gleichen Personengruppe. Für die realisierten Gedenkstätten und Mahnmäler für Opfer der NS-Euthanasie ist charakteristisch, dass ihre Aussage sich zumeist in der Anklage der Grausamkeit und des Unrechts der Euthanasiemorde erschöpft. Opfer und Täter bleiben abstrakt und gesichtslos. Die denkmalkünstlerische Symbolisierung erscheint eigenartig beliebig, fast hilflos, die beigefügten Texte weisen, wenn überhaupt, nur verschlüsselt auf das historische Geschehen hin.

Im folgenden soll anhand einiger ausgewählter Gedenkstätten versucht werden, diese Zusammenhänge zu verdeutlichen. Eine Dokumentation der österreichischen Euthanasie-Gedenkstätten würde den Rahmen sprengen, daher konzentriert sich die Darstellung einerseits auf die zentralen Orte der NS-Euthanasie, vor allem die Euthanasieanstalt Hartheim und die jeweiligen Landes-Nervenkliniken, wobei versucht wurde, möglichst aus allen Bundesländern Beispiele zu finden.

---

[20] Zygmunt Bauman, Dialektik der Ordnung. Die Moderne und der Holocaust, Hamburg 1992
[21] Wie tief diese Utopie der Konstruktion einer idealen Gesellschaft durch Beseitigung der „kranken" Elemente verankert ist, zeigt die gegenwärtige Diskussion um die Bioethik und das sukzessive Vordringen bioethischer Sichtweisen in die medizinische und gesellschaftliche Praxis.

Der „Lern- und Gedenkort Schloss Hartheim"

Das Renaissance-Schloss Hartheim bei Linz war – wie andere Orte der Euthanasie-Morde, etwa Sonnenstein oder Hadamar – vor der Übernahme durch „T4" eine Pflegeeinrichtung für behinderte Menschen gewesen. 1896 hatte Fürst Camillo Starhemberg Schloss Hartheim der Oberösterreichischen Landesregierung zum Zwecke der Errichtung eines „Asyls für Schwach- und Blödsinnige, Idioten und Cretinöse" übereignet, diese übergab es 1898 dem 1892 gegründeten Oberösterreichischen Landes-Wohltätigkeitsverein. Der Landes-Wohltätigkeitsverein, getragen von Persönlichkeiten aus dem katholisch-konservativen Milieu Oberösterreichs, hatte sich die Verbesserung des Loses der geistig Behinderten zum Ziel gesetzt, die im 19. Jahrhundert zu den absoluten Randgruppen der Gesellschaft zählten. Aus bescheidenen Anfängen entwickelte sich ein nach zeitgenössischen Maßstäben modernes Projekt der Behindertenbetreuung. 1936 lebten 174 Pfleglinge in der Anstalt. Ihre Betreuung oblag Barmherzigen Schwestern vom Orden des Hl. Vinzenz von Paul.[22]

Im Dezember 1938 wurde der Landes-Wohltätigkeitsverein aufgelöst und sein Vermögen von der Gauverwaltung beschlagnahmt. Nach dem Umbau wurde das Schloss 1940 zu einem zentralen Ort der NS-Euthanasie-Aktionen „T4" bzw. „14f13". Insgesamt wurden hier ungefähr 30.000 Menschen ermordet, denen der Nationalsozialismus aufgrund von geistiger oder körperlicher Behinderung, Krankheit, altersbedingter Beeinträchtigung etc. das Lebensrecht absprach oder die aufgrund ihrer als mangelhaft eingeschätzten Nützlichkeit aus den Konzentrationslagern Dachau, Mauthausen und Ravensbrück zur Ermordung hierher gebracht wurden. 1943 wurde aufgrund der Bombenangriffe auf Berlin die „Zentralverrechnungsstelle Heil- und Pflegeanstalten" nach Hartheim bzw. nach Weissenbach am Attersee ausgelagert. Als die militärische Niederlage des Dritten Reiches absehbar war, begannen die Verantwortlichen, in Hartheim die Spuren zu verwischen: die Räumlichkeiten wurden in den ursprünglichen Zustand versetzt und die Dokumente vernichtet. Zur Verschleierung der Geschehnisse der vergangenen Jahre wurden im Schloss Anfang 1945 Schülerinnen der Gauhilfsschule Baumgartenberg mit ihren Betreuerinnen, geistlichen Schwestern, untergebracht. Im Mai 1945 wurde das Schloss von der ameri-

---

[22] Anstaltsbericht pro 1936, erstattet in der Hauptversammlung des OÖ Landes-Wohltätigkeitsvereins am 3.6.1937, S. 22, S. 29. Archiv des Oberösterreichischen Landeswohltätigkeitsvereins (OÖ LWV), Institut Hartheim

kanischen Militärverwaltung übernommen; 1948 wurden Schloss und Gut Hartheim an den reaktivierten Landes-Wohltätigkeitsverein zurückgestellt. Der Verein hatte bald nach Kriegsende mit seinen Bemühungen begonnen, die Behindertenbetreuung wieder aufzunehmen. Da Schloss Hartheim den einzigen Aktivposten des Vereinsvermögens darstellte und der Betrieb der Anstalt in Schloss Hartheim der zentrale Vereinszweck des Landes-Wohltätigkeitsvereines gewesen war, traf der Vereinsvorstand die Entscheidung, im Schloss neuerlich eine Pflegeeinrichtung für geistig behinderte Kinder zu etablieren.[23] Dieser aus heutiger Sicht nur schwer nachvollziehbare Schritt, am Ort des Massenmords an Behinderten wiederum die Unterbringung von Behinderten anzustreben, ist zunächst wohl als rein pragmatische Maßnahme zu interpretieren und steht durchaus im Einklang mit dem Verhalten der anderen Euthanasie-Institutionen: so vollzog sich der Übergang zur Normalität nach 1945 im Klinikbetrieb in Bernburg, Hadamar und Pirna/Sonnenstein bruchlos. In Bernburg beispielsweise blieben die Räumlichkeiten, in denen die Euthanasiemorde stattgefunden hatten, im Keller der Anstalt unverändert erhalten,[24] zum Teil auch in Hadamar.[25]
Den Bestrebungen des OÖ Landes-Wohltätigkeitsvereins stand allerdings die Tatsache entgegen, dass Schloss Hartheim von der amerikanischen Militärverwaltung als Flüchtlingsquartier genutzt wurde: von 1946 bis 1954 waren hier „Displaced Persons" bzw. volksdeutsche Flüchtlinge untergebracht. Dem Landes-Wohltätigkeitsverein gelang es nicht, das Schloss freizubekommen. Als im Juli 1954 im Zuge einer Hochwasserkatastrophe die Gemeinde Alkoven schwer in Mitleidenschaft gezogen wurde, wurden von der Gemeindeverwaltung in die nunmehr teilweise leerstehenden Räume des Schlosses Menschen eingewiesen, die durch das Hochwasser ihre Wohnung verloren hatten. Die langfristigen Mietverträge mit den Schlossbewohnern, die der Landes-Wohltätigkeitsverein im Jahr 1956 abschloss, zementierten diesen Zustand.[26]
In den 60er Jahren wurde vom Landes-Wohltätigkeitsverein erstmals die Errichtung einer Gedenkstätte für die Opfer der NS-Euthanasie themati-

---

[23] Bericht des Vereinsobmanns Regierungsrat Direktor Mittermayr in der Sitzung vom 24.4.1947. Sitzungsprotokolle des OÖ Landes-Wohltätigkeitsvereins 1946-1960, Archiv des OÖ LWV, Institut Hartheim
[24] Vgl. Ute Hoffmann, Todesursache: „Angina". Zwangssterilisation und „Euthanasie" in der Landes-Heil- und Pflegeanstalt Bernburg, Magdeburg 1996, 96 ff.
[25] Dorothee Roer – Dieter Henkel (Hg), Psychiatrie im Faschismus. Die Anstalt Hadamar 1933-1945, Bonn 1986, 380
[26] Sitzungsprotokolle des OÖ Landes-Wohltätigkeitsvereins 1946-1960, Sitzung vom 13.7.1956. Archiv des OÖ LWV, Institut Hartheim

siert. Der Verein reagierte damit auch auf Anregungen und Druck von außen: Schon Ende der 50er bzw. Anfang der 60er Jahre kamen immer wieder Angehörige von Euthanasie-Opfern, vor allem der im Zuge der Aktion „14f13" ermordeten französischen und italienischen Häftlinge der Konzentrationslager Dachau und Mauthausen, nach Schloss Hartheim, um hier ihrer Toten zu gedenken. Was sie vorfanden, kränkte sie tief: das Schloss war ein Wohngebäude, die Stätten der Euthanasie nicht zugänglich, sondern als Wohnung oder Vorratsräume genutzt, nirgends existierte ein Ort des Gedenkens und der Erinnerung an die Opfer. Hinterbliebene brachten in Eigeninitiative Gedenktafeln im Hof des Schlosses an oder versuchten, durch an Ort und Stelle verfasste Zettel, die sie an die Wände hefteten, ihrem Gedenken Ausdruck zu verleihen.[27] Anfang der 60er Jahre schließlich wurde unmittelbar nördlich des Schlosses an der Grundgrenze ein Denkmal der Internationalen Lagergemeinschaft errichtet, der an die hier im Rahmen der Aktion „14f13" ermordeten Häftlinge der Konzentrationslager Mauthausen und Dachau erinnert.

Der Text in Französisch und Deutsch – „Honneur aux Français victimes de la barberie Nazie morts à Hartheim pour la France et la liberté du monde / Zehntausende Freiheitskämpfer wurden von den Nazi in das Vernichtungslager Schloß Hartheim verschleppt. Keiner verließ es lebend" – erwähnt die behinderten Euthanasie-Opfer nicht. 1969 wurde in jenen Räumen des Erdgeschoßes, die für die Realisierung der Euthanasiemorde die zentrale Rolle spielten, eine Gedenkstätte eingerichtet: im ehemaligen Aufnahmeraum und im ehemaligen Vergasungsraum. Dazu mussten zunächst die 1944/45 erfolgten Rückbauten teilweise entfernt werden. Die Gestaltung des Gedenkraumes wurde dem oberösterreichischen Maler Helmut Berger übertragen, die Glasfenster stammen von Rudolf Kolbitsch. Berger hatte sich durch die Gestaltung von Sakralräumen einen Namen gemacht, wobei die Erarbeitung eines einheitlichen Konzepts von Architektur und Malerei sein vordringliches Anliegen war. Der große Gedenkraum in Schloss Hartheim ist als christliche Kapelle gestaltet. Im Erker des nordöstlichen Schlossturms, wo sich die Fotozelle befand, von der aus die Opfer vor ihrer Ermordung fotografiert wurden, befindet sich ein kleiner Altar mit einem frei darüber schwebenden großen Metallkreuz in Rot-, Orange- und Bronzetönen, das den Raum dominiert. Kolbitschs Glasfenster dämpfen mit ihren kühlen Blau- und Türkistönen das Rot des Kreuzes. Die ehemali-

---

[27] OÖ Landes-Wohltätigkeitsverein: Protokoll der Ordentlichen Jahreshauptversammlung 1964 (8.6.1964). Archiv des OÖ LWV, Institut Hartheim

ge Gaskammer wurde aus der künstlerischen Gestaltung ausgespart; hier sollen die geweißten Wände und der raue Betonboden für sich sprechen.
Beide Künstler, Berger wie Kolbitsch, besitzen einen persönlichen Zugang zum Thema Behinderung; für den Landes-Wohltätigkeitsverein war dies, neben ihrer Verankerung im christlich-katholischen Weltbild, ein wesentlicher Grund für die Auftragserteilung. Helmut Berger, 1925 geboren, erkrankte 1939 an Gehirnhautentzündung und verlor durch die Krankheit vollständig sein Gehör. Nach seiner Ausbildung an der Akademie der bildenden Künste in Wien und der Kunstschule in Linz war er vor allem im Bereich der Sakralkunst tätig.[28] Rudolf Kolbitsch, 1922 in Wels geboren, erlitt 1943 an der Ostfront eine schwere Verwundung. Sein linker Arm blieb vollständig gelähmt. 1947 begann er ein Studium an der Linzer Kunstschule. Neben Graphik wurde Glasmalerei einer seiner Arbeitsschwerpunkte; er gestaltete zahlreiche Fenster, vor allem für Sakralräume.[29]
Am 23. Mai 1969 wurde die Gedenkstätte mit einer Messe im Schlosshof und anschließender Segnung der Gedenkräume eingeweiht.[30] Die katholische Prägung des Gedenkraums war für die Initiatoren der Gedenkstätte selbstverständlich und zu keiner Zeit Gegenstand einer Reflexion, spiegelt sie doch das christliche Weltbild des Wohltätigkeitsvereins, das auch die Basis für die Gründung der Pflegeanstalt im Jahr 1898 gebildet hatte.
Im großen Gedenkraum wurde vom Landes-Wohltätigkeitsverein eine Tafel mit folgendem Text angebracht: „Dieser Gedenkraum wurde für die 200 schwerstbehinderten Pfleglinge errichtet, die in diesem Schlosse die ersten Opfer des n.s. Vernichtungsprogrammes ‚Lebensunwertes Leben' waren. Das Behinderteninstitut Hartheim für Geistig- und Mehrfachbehinderte ist die lebende Sühnestätte für alle Opfer im Schloss Hartheim. R.I.P." Weitere Hinweise auf die Geschichte des Schlosses finden sich auf zwei Gedenktafeln im Torbogen des Hauptportals: Unmittelbar unter der Tafel, die an die Widmung des Schlosses durch Fürst Starhemberg im Jahr 1898 erinnert, befindet sich folgende Information: „In den Jahren 1938-1944 wurden in diesem Hause durch fanatische Nationalsozialisten Zehntausende Menschen vernichtet. Zuerst die 200 Pfleglinge des Hauses, dann Patienten aus Heilanstalten Österreichs und Deutschlands, politisch und

---

[28] Oberösterreich: Bildende Kunst 1945-1955. Kataloge des OÖ. Landesmuseums, Neue Folge Nr. 87, Linz 1995, 321
[29] Ebd., 333
[30] OÖ Landes-Wohltätigkeitsverein: Protokoll der Jahreshauptversammlung 1969. Archiv des OÖ LWV, Institut Hartheim

rassisch Verfolgte – darunter auch gesunde Kinder – aus Deutschland, der CSR, Polen, UdSSR, Frankreich, Italien. Viele dieser Opfer kamen aus den KZ Mauthausen und Dachau. / Die Verantwortlichen beseitigten Ende 1944 alle Spuren ihrer Untaten. 1946 übergab die U.S.Army das Haus der O.Ö. Landesregierung und diese wieder dem O.Ö. Landeswohltätigkeitsverein, dem Eigentümer des Schlosses von 1898 bis zu der Enteignung 1938. / Landesregierung und Wohltätigkeitsverein errichteten 1965 als fortlebende Tat der Sühne und des Gedenkens in Schloßnähe das Pflegeinstitut Hartheim für schwerstbehinderte Kinder."

Der Subtext, den diese Gedenktafel transportiert, ist geeignet, die beabsichtige Botschaft entscheidend abzuschwächen oder tendenziell ins Gegenteil zu verkehren: die Hervorhebung der gesunden Kinder, die in Hartheim ermordet wurden, bestätigt und verfestigt die Hierarchie der Opfer. Der Tod der behinderten Menschen wird dadurch implizit als weniger tragisch gewertet. Auffallend ist auch, dass das Kriterium der Behinderung bzw. psychischer Krankheit, das für NS-Gesundheitsbehörden und Ärzte die Leitlinie für die Auswahl der Euthanasieopfer darstellte, nicht explizit genannt wird. Der Text spricht vage von „Patienten aus Heilanstalten Österreichs und Deutschlands". Die Charakterisierung der Täter als „fanatische Nationalsozialisten" externalisiert diese Personengruppe und interpretiert damit die NS-Euthanasie als irrationalen Einbruch der Barbarei. Gleichzeitig aber nimmt der letzte Absatz Bezug auf das neue Institut Hartheim und bezeichnet es als „fortlebende Tat der Sühne" für die nationalsozialistischen Verbrechen, mit der Absicht, in christlicher Demut die Schuld der Nationalsozialisten auf sich zu nehmen.

Im Gedenkraum, dem ehemaligen Aufnahmeraum, befanden sich 39 fix montierte Gedenktafeln, dazu zwei im ehemaligen Vergasungsraum. Die ersten dieser Tafeln wurden von den Angehörigen der hier ermordeten italienischen und französischen Staatsbürger, meist Häftlinge aus Mauthausen und Dachau, sowie von den diversen Opferverbänden ihrer Herkunftsländer installiert. Diese Tafeln für im Rahmen der Aktion „14f13" ermordete KZ-Häftlinge bildeten das Gros der vorhandenen Objekte der Erinnerung. Seitens des Landes-Wohltätigkeitsvereins wurden die Gedenkräume für alle Personen, Gruppen und Institutionen geöffnet, die hier der Erinnerung an die Opfer der NS-Euthanasie ein Denkmal setzen wollten. Auf eine Steuerung diese Prozesses wurde verzichtet. So war ein in seiner Art einmaliges Modell des Erinnerungsprozesses entstanden, das eine vielschichtige Aussage transportierte.

Der Gedenkraum, ausdrücklich allen Euthanasie-Opfern zugeeignet, wurde durch die absolute Dominanz der Gedenktafeln für die hier ermordeten (politischen) Häftlinge aus Dachau und Mauthausen zu einem steinernen Zeugnis für die schon angesprochene Hierarchie der Opfer. Dem Besucher, der Besucherin bot sich die auf den ersten Blick paradoxe Situation, dass in einer Gedenkstätte für alle Opfer der NS-Euthanasieaktionen die Erinnerung an die behinderten und psychisch kranken Menschen an den Rand gedrängt wurde. Nur 3 der 39 Tafeln im ehemaligen Aufnahmeraum waren behinderten Opfern gewidmet, eine einzige erinnerte an eine konkrete Person. Diese Absenz von Gedenktafeln für konkrete Personen ist als Ausdruck der immer noch andauernden Stigmatisierung behinderter und psychisch kranker Menschen in unserer Gesellschaft zu interpretieren: Die betroffenen Familien scheuten davor zurück, dieses Stigma öffentlich zu machen, und sei es durch das Anbringen einer Gedenktafel.

Im ehemaligen Vergasungsraum, dem beeindruckendsten Teil der Gedenkstätte, konzentrierte eine große Bronzetafel der Lagergemeinschaft Dachau ein weiteres Mal die Aufmerksamkeit auf die Opfergruppe der KZ-Häftlinge: „Hier wurden unter dem ns. Regime unschuldige Menschen, darunter 3166 Häftlinge des Konzentrationslagers Dachau, in den Jahren 1942-1944 vergast. Denkt daran! Das Internationale Dachau-Komitee. Gestiftet von der Österreichischen KZ-Gemeinschaft Dachau". Die daneben befindliche Votivtafel für Olimpio Muratore, der als politischer Häftling von Mauthausen hier am 2.9.1944 ermordet worden war, spezifizierte und bekräftigte diese Schwerpunktsetzung. Darüber hinaus wurden in der Gedenktafel der Lagergemeinschaft Dachau die behinderten Opfer von Hartheim wiederum nicht als solche genannt, der Text spricht nur von „unschuldige(n) Menschen", als ob eine Gleichsetzung mit den behinderten Opfern eine Abwertung der politischen Opfer bedeuten würde.

Die Errichtung der Gedenkstätte konnte allerdings das grundsätzliche Problem des Schlosses nicht lösen: Nach wie vor wurde das Schloss für Wohnzwecke genutzt, im Erdgeschoß und den drei Obergeschoßen lebten an die dreißig Wohnparteien. Die beiden Gedenkräume im Erdgeschoß wirkten wie Fremdkörper im Hinblick auf die sie umgebenden Wohnungen und Vorratsräume. Konfliktsituationen waren vorprogrammiert. Die Besucher der Gedenkstätte wurden mit dem Alltagsleben der Bewohner konfrontiert: spielende Kinder, Bettzeug, das zum Lüften über die Brüstung des Arkadenhofes gehängt wurde, Essensgeruch, der den Hof durchzog.

Die Bewohner ihrerseits empfanden die Gedenkstättenbesucher als Eindringlinge und reagierten auf Vorhaltungen abweisend bis feindselig.

Abb. 1: Denkmal – Foto: Wiener Kreativkurs für Behinderte

In den 70er und 80er Jahren wurde diese Situation immer wieder Gegenstand von Kritik, vorgetragen von verschiedenen Initiativen und Gruppierungen. So arbeitete der Wiener „Kreativkurs für Behinderte"[31] im Rahmen eines Projekts ab Herbst 1984 an dem Thema „Zur Vernichtung lebensunwerten Lebens, ein Denkmal für die in Hartheim ermordeten Behinderten".[32] Unter der Betreuung der Künstler Helmut Kurz-Goldenstein und Walter Angerer entstanden über 100 Bilder und Graphiken zum Thema. Das Denkmal selbst wurde in Form eines großen „T" konstruiert (Höhe: 2,70 m, Breite: 4 m, Tiefe: 70 cm), in Anlehnung an die Bezeichnung „T4", und mit Motiven zur NS-Mordaktion bemalt. So entstand ein Kunstwerk, das in seinem Zugang zur Thematik wohl einmalig war. Aus finanziellen Gründen konnte das Denkmal nicht in einer dauerhaften Ausführung – etwa als keramische Plastik – hergestellt werden; die Skulptur war daher nicht witterungsbeständig, an eine Aufstellung im Freien war also nicht zu denken. Versuche seitens des Kreativkurses, für das Denkmal einen Platz in Hartheim zu finden, waren „wegen strikter Ablehnung der dortigen Bevölkerung, Behörden und Institute"[33] nicht erfolgreich. Letztlich wurde die Plastik im Jugendzentrum Ottakring aufgestellt; 1988 allerdings kam es unter nicht geklärten Umständen zu einer Zerstörung des Kunstwerks.[34]

Eine weitere Dimension erhielt die Grundproblematik durch die Haltung der Gemeinde, die von sich aus nicht bereit war, sich der Thematik der NS-Euthanasie zu stellen und – zum Beispiel – ein Zeichen des Gedenkens zu setzen. Die Proteste der (vor allem aus dem Ausland kommenden) GedenkstättenbesuchInnen wurden, soweit sie bei der Gemeinde deponiert wurden, ad acta gelegt. Der alljährliche Besucherandrang Anfang Mai, am Tag der Befreiungsfeier, war ein punktuelles Ereignis im Jahreslauf, das den Ort selbst in jeder Hinsicht unberührt ließ. Die vielfältigen Verbindungen, die durch den Betrieb der Euthanasieanstalt bzw. durch ihre Errich-

---

[31] Der Wiener Kreativkurs für Behinderte geht auf eine Initiative des „club handicap" zurück und wurde anlässlich des Jahres der Behinderten (1981) ins Leben gerufen, unterstützt vom Magistrat der Stadt Wien (MA 13), der Kammer für Arbeiter und Angestellte Wien, vom Bildungszentrum Aktiv (Volkshochschule für Behinderte) und dem Dramatischen Zentrum Wien. Seit 1994 ist der Kreativkurs für Behinderte ein eigener Verein, dessen wichtigstes Ziel die „Förderung des kreativen Potentials von geistig, körperlich, psychisch und mehrfach behinderten Menschen" (aus den Vereinsstatuten) ist. Ein wichtiges Anliegen ist die Förderung der Auseinandersetzung mit der eigenen Behinderung bzw. der eigenen Lebenssituation mit künstlerischen Mitteln.

[32] Walter Angerer, Kreativkurs für Behinderte, in: „Zur Vernichtung lebensunwerten Lebens". Symposion zum Gedenken an die in Hartheim ermordeten Behinderten. Mitteilungen des Instituts für Wissenschaft und Kunst 44 (1989) 2, 44 f., hier: 44

[33] handikap. zeitschrift für den körperbehinderten 14 (1985) 2 (Sondernummer), 3

[34] Angerer, Kreativkurs für Behinderte, 45

tung und die Aufrechterhaltung ihrer Infrastruktur zum Ort geknüpft worden waren, waren lange Zeit eben so wenig ein Thema wie der Widerstand gegen die NS-Euthanasie, der von einzelnen DorfbewohnerInnen aufzubauen versucht worden war. Man versuchte, wie auch in anderen Orten, der Kontamination durch den Nationalsozialismus die Strategie „Amnestie durch Amnesie" entgegenzusetzen. Dazu gehörten Versuche der Gemeinde, das Schloss als Veranstaltungsraum nutzbar zu machen ebenso wie die Verwendung einer Abbildung des Renaissance-Arkadenhofes als Logo der Gemeindezeitung, das erst zu Beginn der 90er Jahre aufgegeben wurde.

Der Wechsel in der Leitung des Instituts Hartheim zu Beginn der 90er Jahre brachte auch eine Änderung der Institutspolitik, was die Gestaltung der Außenbeziehungen des Instituts betraf. Für den vorliegenden Zusammenhang ist vor allem die Initiative des Instituts von Interesse, eine dauerhafte Lösung für das Problem einer würdigen Verwendung von Schloss Hartheim zu finden. Eine Bündelung mehrerer Impulse führte schließlich zum Erfolg: Der Linzer Dirigent Franz Welser-Möst setzte sich ab 1993 bei seinen regelmäßigen Besuchen im Institut Hartheim, bei denen er mit den Betreuten Musik macht, und in seinen Benefizkonzerten, deren Ertrag dem Institut und dem Projekt „Schloß Hartheim" gewidmet wurde, mit der Problematik auseinander und war damit zu einem wichtigen Proponenten des Projekts geworden. 1995 wurde der „Verein Schloss Hartheim" gegründet, dessen Vorstand Persönlichkeiten des öffentlichen Lebens, Fachleute aus dem Bereich der Behindertenarbeit und WissenschafterInnen angehören. Als Vereinsziel wurde die Erneuerung der Gedenkstätte im Schloss und die Realisierung einer Nutzung, die der Würde des Hauses entspricht, formuliert.

Es sollte bis 2003 dauern, bis dieses Vereinsziel realisiert werden konnte. Zunächst wurde 1999, als Voraussetzung für alle weiteren Maßnahmen, für die Schlossbewohner im Zusammenwirken von Land Oberösterreich, einer Wohnbaugenossenschaft, Gemeinde und Institut Hartheim ein Ersatzwohnbau errichtet, der den Mietern moderne Wohnungen zu ähnlich günstigen Konditionen wie im Schloss bot.[35] 2003 schließlich wurde im Schloss ein Ausstellungsprojekt des Landes Oberösterreich mit dem Titel „Wert des Menschen" realisiert, das die Entwicklung der Stellung von Menschen mit geistiger/körperlicher Beeinträchtigung in der modernen

---

[35] Allerdings waren nicht alle Mieter des Schlosses mit dieser Lösung zufrieden; manche konnten einer Übersiedlung nur schwer nähertreten. Vgl.: Schloß Hartheim-Ausstellung: Sozialwohnungen für Mieter, in: Oberösterreichische Nachrichten, 27.8.1998

Industriegesellschaft zeigt; der Bogen spannt sich von der Entstehung des Systems der sozialen Fürsorge und der Definition ihrer Klientel im 19. Jahrhundert bis zur neuen Infragestellung der Position behinderter Menschen in unserer Gesellschaft durch die Entwicklungen von Biotechnologie und Bioethik. Eine wesentliche Rolle spielt in diesem Zusammenhang die Aufarbeitung der Geschichte der NS-Euthanasie, deren Voraussetzungen, Ablauf und Auswirkungen am Beispiel der Euthanasie-Anstalt Schloss Hartheim dokumentiert wurde. Damit verbunden war eine Neukonzeption und Neugestaltung der Gedenkräume im Erdgeschoß des Schlosses, die der oberösterreichische Künstler Herbert Friedl in enger Zusammenarbeit mit dem wissenschaftlichen Team realisierte. Friedl, der sich schon lange Zeit immer wieder mit dem Geschehen im Konzentrationslager Mauthausen auseinandersetzt, hat seinem Gestaltungskonzept folgende Prinzipien zugrunde gelegt:

„Wenn menschliches Leid zum Inhalt künstlerischer Gestaltung wird, stellen sich mir immer wieder die gleichen Fragen: 1) Ist die Überführung des Leidens in den Zustand der Genießbarkeit ein unaufhaltsamer Vorgang? 2) Ist die Kunst ein Instrument der Verwandlung des Schmerzes in gehobene Unterhaltung? 3) Kann demnach nicht (auch) das grauenhafteste Geschehen einmal unterhaltsam werden? 4) Ist bildnerisches Gestalten ein geeignetes Instrument, dem entgegenzuwirken? Ich antworte darauf [auf Frage 4, d. Verf.] mit einem „Ja", weil ich überzeugt bin, dass dies auch im konkreten Falle möglich ist. Erinnern bedeutet aber auch ein allmähliches Schwinden, ein Abstrahieren des Geschehenen. Es bedingt das Schaffen einer neuen Wirklichkeit, die in Distanz zum realen Geschehen steht. Darauf aufgebaut habe ich mein Gestaltungskonzept. Ziel ist nicht die Rekonstruktion dieser Einrichtungen bzw. Ereignisse oder gar deren Inszenierung, sondern mit Hilfe einer distanzierten, abstrahierten Gestaltung, Geschehnisse ins Gedächtnis zurückzurufen. Demnach werden sich die Gedenk-Räume dem Besucher nicht als dreiste, sentimentale, schmerzvoll befangene Denkmalstätte präsentieren, sondern als „Leere" (...). Darüber hinaus möchte ich der Harmonie und Schönheit des Schlosses Irritationen entgegensetzen, die unaufdringlich auf die tragischen Ereignisse verweisen."[36]

Diese Irritationen ergeben sich zunächst bei einer Betrachtung der Fassade des Schlosses: Herbert Friedl verschloss die Fenster jener Räume des Erd-

---

[36] Herbert Friedl, Schloss Hartheim – Vorschlag zur Gestaltung des Gedenkbereichs. Manuskript, Linz o.J. (2000)

geschoßes, in denen die Euthanasiemaßnahmen vorbereitet und durchgeführt wurden, von außen mit Fensterläden aus oberflächenrostendem Stahl und bewirkte so eine nachhaltige Störung der glatten Fassade. An der Westseite des Schlosses wurde der (fiktive) Grundriss des Autobusschuppens mit Paneelen aus oberflächenrostendem Stahl markiert, und die Abplankung des Arkadengangs im Innenhof, die in der NS-Zeit durchgeführt worden war, um die Opfer möglichst reibungslos zur Gaskammer zu führen, wurde ebenfalls mit Paneelen aus oberflächenrostendem Stahl angedeutet. In den eigentlichen Gedenkräumen nimmt sich die künstlerische Gestaltung im Sinne der obigen Aussage Friedls sehr zurück.

Die Besucherin, der Besucher wird im Erdgeschoß zuerst durch eine Dokumentation des historischen Geschehens geführt, die in den der Gedenkstätte vorgelagerten Räumen situiert ist. Daran anschließend eröffnet der ehemalige sogenannte Aufnahmeraum, in dem die Opfer zum Schein einer letzten ärztlichen Begutachtung unterzogen wurden, eine Schnittstelle zwischen kognitiver Vermittlung des Geschehens und Empathie für die Opfer. Hier soll versucht werden, den Opfern symbolisch ihre Personalität zurückzugeben. Für die nationalsozialistische Gesellschaft waren die Opfer der Euthanasieaktionen Nicht-Personen, Teile einer amorphen Masse „unwerten Lebens", die es im Interesse des „gesunden Volkskörpers" zu beseitigen galt. Als zentrales Element dieses Raumes fungiert ein Erdblock mit eingeschlossenen Gegenständen, der im Zuge der archäologischen Grabungen im östlichen Schlossgarten gehoben wurde. Dieser Grabungsblock vereinigt mehrere Bedeutungsebenen: zum einen zeigt er – dokumentarisch – was von den Opfern blieb und ist durch seine Existenz selbst ein Beweis für den Massenmord in Schloss Hartheim. Über den Gegenständen und dem Erdreich liegt eine dünne Schicht aus Asche, bedeckt von Erde, Überrest der Vertuschungsaktion im Winter 1944/45, als die restliche Asche aus dem Krematorium großflächig im Gelände ausgebracht und mit einer dünnen Erdschicht bedeckt wurde. Neben der Beweisebene besitzt dieser Block aber eine starke emotionale Präsenz, die im gestalterischen Kontext des Raumes stark hervortritt.

An den Wänden des ehemaligen Aufnahmeraums wurden auf Glaspaneelen die Namen der Opfer, soweit sie bekannt waren, aufgelistet. Wesentlich erscheint dabei, dass die Reihenfolge der Namen per Zufallsgenerator kreiert wird. Auf diese Weise sollte eine Trennung der Opfer in behinderte bzw. psychisch kranke Menschen und politische Häftlinge der Konzentrationslager vermieden werden, um eine Hierarchisierung der Opfer von vorneherein zu verhindern. Gedenkstätte im engeren Sinn sind jene Räume im Erdgeschoß des Schlosses, die mit der Ermordung der Opfer in einem unmittelbaren Zusammenhang stehen: Gaskammer, Gasflaschen-Lagerraum, Totenraum, Verbrennungsraum. Die Beseitigung der baulichen Spuren durch die Nationalsozialisten – Ende 1944 wurden im Vergasungsraum Boden- und Wandfliesen entfernt, Türen zugemauert, der Verbrennungsofen abgebaut und dessen Verbindungen zum Kamin abgebrochen – hinterließ leere Räume, die sich dem Betrachter nicht unmittelbar als Orte eines Massenmords erschließen. Die Ikonogaphie des Grauens, wie sie mit den zentralen Elementen Gaskammer, Verbrennungsofen, Hinrichtungsstätte, Sezierraum zu einem allgemeingültigen Signum nationalsozialistischer Vernichtungsstätten wurde, existierte in Hartheim nicht mehr und konnte und sollte auch nicht rekonstruiert werden. Allerdings wurden im Rahmen ausgedehnter bauarchäologischer Untersuchungen Spuren der Tötungstrecke entdeckt, wie etwa Fliesenreste, Reste der Gasleitung, Zumauerungen, die mit Ziegeln aus dem Abbruchmaterial des Krematoriumsofens durchgeführt wurden, Spuren im Boden des Krematoriumsraumes, die vom Abbruch des Ofens stammen und andere.

Diese spezielle Situation erforderte ein Überdenken zentraler Grundsätze der Gedenkstättenpädagogik. Einer dieser Grundsätze, zur Erzeugung möglichst großer Nähe zu den Schicksalen der Opfer die BesucherInnen auf den Weg der Opfer zu führen, war in Schloss Hartheim durch die Rückbaumaßnahmen im Winter 1944/45 versperrt, hätte die Herstellung dieses Weges doch eine Zerstörung der bauarchäologischen Beweise bedeutet. Das Wissenschaftsteam, das die Verantwortung für die Behandlung der historischen Räume innehat – Brigitte Kepplinger, Gerhart Marckhgott und Hartmut Reese – kam außerdem nach intensiven Diskussionen zu dem Schluss, dass die Erzeugung von Betroffenheit beim Besucher nicht erzwungen werden sollte und ein Nachgehen des Weges der Opfer darüber hinaus eine Anmaßung darstellt. Resultat der Überlegungen war die Entscheidung, durch die Wände des Aufnahmeraums bis zum Krematoriumsraum einen deckenhohen Durchbruch zu legen, der die Räume öffnet und die Anordnung der Tötungsstrecke sichtbar macht. Ein Steg wurde durch die historischen Räume geführt, den der Besucher, die Besucherin nicht verlassen kann; der Besucher, die Besucherin entscheidet selbst, wie viel Nähe zum historischen Geschehen er oder sie zulässt. Am Ende des Weges durch die Gedenkräume besteht das Angebot, in einem interkonfessionellen Meditationsraum das Gesehene zu reflektieren.

Die Gedenktafeln, die sich bis zum Beginn des Umbaus in den alten Gedenkräumen befanden, wurden restauriert und an der Außenwand der Euthanasieräume im Arkadenhof angebracht; hier ist auch Platz für weitere individuelle Gedenktafeln.

Ein weiterer zentraler Gedenkbereich wurde im Außengelände an der Ostseite des Schlosses errichtet. In diesem Gelände waren im Herbst 2001 bei Suchgrabungen mehrere ausgedehnte Gruben mit menschlichen Knochen- und Ascheresten entdeckt worden. Außerdem waren hier persönliche Habseligkeiten der Opfer – von Gebetbüchern, Rosenkränzen, Brillen, Handtaschen bis hin zu Toilettartikeln und Heilbehelfen wie Prothesen – vergraben worden. Auch die Abbruchmaterialien des Rückbaus 1944/45, Fliesen, Teile der Elektroinstallation, Teile des Krematoriumsofens etc. waren in diesem Bereich entsorgt worden. Die sterblichen Überreste der Euthanasieopfer wurden geborgen und von den anderen Materialien getrennt; sie wurden gemäß den Bestimmungen des Kriegsgräberfürsorgegesetzes bestattet und das gesamte Areal als Massengrab gewidmet. Ein Grabmal, gestaltet von Herbert Friedl, charakterisiert diesen Bereich als Friedhof der Opfer.

In den Jahren 1940 bis 1944 wurde jedoch nicht die ganze Asche der Euthanasieopfer im Schlossgelände vergraben; ein Teil wurde in die Donau geschüttet. Im Oktober 2001 wurde am Donauufer zwischen Brandstatt und Wilhering, auf der Höhe der Ortschaft Gstocket, wo die Asche der Euthanasieopfer in die Donau verbracht worden war, auf Initiative des „Vereins Schloss Hartheim" ein Gedenkstein errichtet. Die Inschrift auf dem großen Donaukiesel stammt von dem oberösterreichischen Schriftsteller Franz Rieger: „Das Wasser löschte die Spuren, die das Gedächtnis bewahrt". Der Text der am Sockel angebrachten Informationstafel lautet: „In Schloss Hartheim, Alkoven, wurden im Rahmen der sog. Euthanasieaktion während der nationalsozialistischen Herrschaft zwischen 1940 und 1944 nahezu 30.000 behinderte und kranke Menschen ermordet und verbrannt. Ihre Asche wurde an dieser Stelle in die Donau geworfen. In Schloss Hartheim ist eine Gedenkstätte und eine Ausstellung ‚Wert des Lebens', die sich den geschichtlichen wie heutigen Fragen zum Wert des menschlichen Lebens widmet. Dieser Stein soll an die Opfer erinnern. Verein Schloss Hartheim (www.schloss-hartheim.at)".

Abb. 2: Gedenkstein Donau – Foto: Hartmut Reese

Im Herbst 2003 schließlich wurde den Widerstandskämpfern Leopold Hilgarth und Ignaz Schuhmann vor der Mauer des Wirtschaftstrakts, auf der sie Parolen gegen den Nationalsozialismus angebracht hatten, von der Gemeinde Alkoven ein Denkmal errichtet. Dieser Akt kann als Symbol dafür gewertet werden, dass nunmehr auch die Gemeinde bereit ist, sich diesem Abschnitt ihrer Geschichte zu stellen.

Mit dem „Lern- und Gedenkort Schloss Hartheim" wurde eine Basis geschaffen für eine intensive und andauernde Auseinandersetzung mit der jüngeren Vergangenheit, aber auch mit gesellschaftlichen Tendenzen, die gerade heute wieder die fragile Stellung behinderter Menschen in unserer Gesellschaft bedrohen.

Mahnmal in der Diakonie Gallneukirchen

Zeitgleich mit dem Institut Hartheim, nämlich 1965, erfolgte auch die Grundsteinlegung für den Neubau von Haus Martinstift des evangelischen Diakoniewerks in Gallneukirchen bei Linz. Die Anfänge dieser Institution für die Betreuung „nicht bildungsfähiger Kinder"[37] und von erwachsenen Behinderten gehen auf das Jahr 1890 zurück. Nach und nach wurden im Gemeindegebiet mehrere Häuser für fürsorgerische Zwecke adaptiert bzw. gebaut: Martinstift, Friedenshort, Elise-Lehner-Haus, Zoar, Fliednerhof.[38] Nach dem „Anschluss" 1938 unterlagen auch die karitativen Organisationen der Evangelischen Kirche in Österreich den Restriktionen der nationalsozialistischen Behörden. Die Arbeit des Evangelischen Vereins der Inneren Mission in Gallneukirchen wurde sukzessive eingeschränkt; lediglich die Fürsorge für „nicht bildungsfähige" Behinderte und Kranke wurde dem Verein als Aufgabengebiet belassen. Im Jänner 1941 – am 13. und am 31. – wurden mindestens 64 Pfleglinge aus dem Diakoniewerk Gallneukirchen abgeholt, in Autobussen nach Hartheim gebracht und dort ermordet.[39] In der Folge wurden hier Tuberkulosekranke, alte, pflegebedürftige Menschen und die aus Linz evakuierte Gauhilfsschule untergebracht, aber schon Ende 1945 nahm die Diakonie die Behindertenarbeit wieder auf.[40]
Die Erinnerung an die ermordeten Pfleglinge wurde in der Folge durch eine in den 60er Jahren beginnende Aufarbeitung der Ereignisse der NS-Zeit wachgehalten. In einer Urkunde, die im Grundstein für das neue Martinstift eingemauert wurde, wird ausdrücklich auf die NS-Zeit Bezug genommen und das neue Haus als „lebendiges Denkmal erbarmender Liebe"[41], apostrophiert. 1991, zum fünfzigsten Jahrestag der Ereignisse von 1941, wurde vor dem Diakonissen-Mutterhaus Bethanien in Gallneukirchen, dem Zentrum der Institution, ein Mahnmal für die Gallneukirchner Euthanasie-Opfer errichtet. Es handelt sich um einen geschliffenen Würfel aus Gebhartser Syenit mit einer Kantenlänge von 150 cm mit sandgestrahlter Schrift. Eine Ecke des Würfels ist abgeschlagen. Der Bildhauer Peter Paszkiewicz: „Der fehlende Teil ist das entscheidende Gestaltungsmerkmal dieses Steins, das Vorhandene nimmt Bezug darauf, so ist er als Gan-

---

[37] Der Gallneukirchner Bote, Sonderfolge 1981: Gnadentod 1941. Eine Denkschrift, 69
[38] Ebd., 29
[39] Johannes Neuhauser – Michaela Pfaffenwimmer (Hg), Hartheim wohin unbekannt. Briefe und Dokumente, Weitra o.J., 7
[40] Gnadentod 1941, 71
[41] Ebd., 74

zes zu verstehen."[42] Der Künstler geht von einer Darstellung der Gesellschaft als geschlossener Form aus: der Würfel als symmetrischer Körper symbolisiert Gleichgewicht und Vollständigkeit, ein Eindruck, der durch die Glätte und die Farbe der Skulptur – anthrazitgrau – noch verstärkt wird. Der vollständige Würfel steht für die menschliche Gesellschaft wie sie ist, mit ihren Konflikten, Missständen, mit den Menschen in ihrer ganzen Vielfalt. Die fehlende Ecke soll darauf hinweisen, dass die Gesellschaft ohne ihre schwachen, „anderen" Mitglieder unvollständig ist, dass durch die Ermordung dieser Menschen im Nationalsozialismus etwas Wesentliches verloren ging. Das Dreieck nimmt als Gestaltungselement den Winkel der KZ-Häftlinge auf, stellt den Bezug zum Nationalsozialismus her.

Abb. 3: Mahnmal im Evangelischen Diakoniewerk Gallneukirchen – Foto: Evangelisches Diakoniewerk Gallneukirchen

---

[42] Verlegt und ermordet. Behinderte Menschen als Opfer der Euthanasie im Dritten Reich. Eine Dokumentation aus dem Evangelischen Diakoniewerk Gallneukirchen, Gallneukirchen 1991, 15

Paszkiewicz hat den Stein, der in den Poschacher-Steinbrüchen von Gebharts bei Schrems gebrochen wurde, auf dem Werksgelände der Firma Poschacher in Gusen bearbeitet. Dieses Werksgelände liegt auf dem Areal des ehemaligen Konzentrationslagers Gusen, eines Nebenlagers von Mauthausen: „Die rundum sichtbaren Relikte des NS-Regimes forderten Auseinandersetzung, etwa das Lagertor, keine 300 m vom Arbeitsplatz."[43]

Die Inschrift des Würfels lautet: „Den 64 Menschen, Kindern und Erwachsenen, weggeholt und ermordet am 13. und 31. Jänner 1941 – Opfer der Gewaltherrschaft des Dritten Reiches. Wir lassen uns mahnen, das von Gott gegebene Leben zu achten, zu lieben und zu fördern, gerade wenn es schwach und krank ist."

Salzburg

In Salzburg entwickelte sich um die Initiative zur Errichtung eines Mahnmals für die Opfer der NS-Euthanasie eine sich vier Jahre hinziehende öffentliche Auseinandersetzung, die vielfältigste Bedenken und Widerstände gegen eine klare öffentliche Benennung von Opfern und Tätern zutage förderte. Auch die Punzierung der Initiativgruppe als „linke" Vereinigung trug im konservativen Salzburger Klima zu einer Verhärtung der Fronten bei. Eine besondere Dimension erhielt die Auseinandersetzung durch das „Bedenkjahr" 1988 und durch den ursprünglichen Vorschlag, eine Plastik Alfred Hrdlickas als Mahnmal aufzustellen.

Im Juni 1987 trat der „Arbeitskreis Psychiatrie", eine Initiativgruppe zur Reflexion der Situation der psychiatrischen Versorgung, an Entscheidungsträger von Stadt und Land Salzburg mit der Anregung heran, zum Gedenken an die Salzburger Opfer der NS-Euthanasie ein Mahnmal zu errichten. Konkret wurde von dem Arbeitskreis die Kreuzigungsgruppe von Alfred Hrdlicka vorgeschlagen, die zu diesem Zeitpunkt hinter dem Gebäude der Naturwissenschaftlichen Fakultät aufgestellt war.[44] Als Standort wurde das Gelände der Landesnervenklinik in Aussicht genommen. Der Kulturausschuss der Stadt Salzburg bekundete seine positive Haltung zu diesem Projekt und wandte sich an die Landesnervenklinik um eine Stellungnahme. Die ablehnende Haltung des Direktors der Landesner-

---

[43] Ebd.
[44] Ursprünglich sollte die Kreuzigungsgruppe im Bereich der neuen Polizeidirektion aufgestellt werden, wovon nach heftigen Diskussionen Abstand genommen werden musste. Vgl. Rupertusblatt, 13.9.1987, 3

venklinik, Primar Hans-Ernst Diemath, markierte den Beginn eines vier Jahre dauernden heftigen Streits um Form, Ort und Sinn eines entsprechenden Mahnmals, der vor allem auch von den Medien intensiv mitgetragen wurde. Primar Diemath begründete seine negative Stellungnahme damit, dass die Idee des Arbeitskreises, an die schrecklichen Ereignisse vor 45 Jahren zu erinnern, die Annahme impliziere, dass so etwas wieder möglich wäre. Ein solcher Gedanke müsse die psychisch Kranken und ihre Angehörigen in Angst und Schrecken versetzen. Ein Mahnmal oder eine Gedenktafel im Areal der Landesnervenklinik würde daher zu einer Erschütterung des Vertrauens der Patienten führen. „Ganz besonders schlimm wäre diese Reaktion in Form wahnhafter Verarbeitung durch paranoide psychotische Patienten, die immerhin eine große Zahl des psychiatrischen Krankengutes darstellen. Die Aufstellung einer solchen Denktafel stellt damit absolut eine (sic) therapiefeindliches Element dar, wozu ich als Direktor der Landesnervenklinik niemals meine Zustimmung geben werde."[45] Diese Haltung wurde allerdings nicht von allen Ärzten der Klinik geteilt.
Da damit die Landesnervenklinik vorerst als Standort ausschied, wurden weitere Konzepte erarbeitet. Der „Arbeitskreis Psychiatrie" schlug das Franziskanerkloster vor, das im Nationalsozialismus enteignet und zum Sitz der GESTAPO umfunktioniert worden war. Von der Leitung des Klosters wurde eine Aufstellung von Hrdlickas „Kreuzigungsgruppe" vor der Franziskanermauer abgelehnt, „weil wir Rücksicht nehmen müssen auf die Kirchenbesucher, die für die Hrdlicka-Plastik wenig Verständnis zeigen; (...) weil uns die persönliche Einstellung von A. Hrdlicka zu Glaube und Kirche nicht gefällt."[46] In der Folge erklärte sich P. Guardian Clemens Prieth bereit, „ein Mahnmal bescheidenen Ausmaßes", etwa in Form einer Gedenktafel an der Klostermauer, zu akzeptieren.[47] Die grundsätzliche Zustimmung wurde allerdings durch folgende Aussage relativiert: „Wir sehen in einem Mahnmal solcher Art eher eine Alibihandlung, die von schwerwiegenden Belastungen unserer Zeit ablenkt; man denke etwa an die sog. ‚Fristenlösung' oder an die oft sehr subtilen Formen menschlicher Unterdrückung."[48]

---

[45] Brief Hans Erich Diemath an Landeshauptmann Haslauer, 8.7.1987, Archiv der Stadt Salzburg, Historisches Archiv nach 1945, 002.565, 1-2
[46] P. Clemens Prieth an den Arbeitskreis Psychiatrie, 13.4.1988, Archiv der Stadt Salzburg, Historisches Archiv nach 1945, 002.565, 1-2
[47] P. Clemens Prieth an LH Wilfried Haslauer, 9.7.1988, ebd.
[48] Ebd.

In der Folge konzentrierte sich die Diskussion wieder auf den ursprünglichen Standortvorschlag Landesnervenklinik. Direktor Diemath bekräftigte aber vor dem städtischen Kulturausschuss seine Ablehnung der Situierung eines Mahnmals auf dem Klinikgelände. Der Idee einer Gedenktafel für die Opfer der NS-Euthanasie konnte er aber nähertreten. Vom Kulturausschuss waren auch noch andere Ärzte zur Stellungnahme eingeladen worden, u.a. auch Primar Thomas Platz von der Kärntner Landes-Heil- und Pflegeanstalt in Klagenfurt, auf dessen Initiative hin 1988 ein Euthanasie-Mahnmal im Park des Landeskrankenhauses, vor der psychiatrischen Abteilung, errichtet worden war und der betonte, dass es in Klagenfurt zu keiner Zeit negative Reaktionen gegeben habe.[49]

Als Kompromiss der divergierenden Haltungen beschloss der Kulturausschuss die Anbringung einer Gedenktafel auf dem Gelände der Landesnervenklinik und die Errichtung des Mahnmals an einem frequentierten Ort der Stadt. Am 1. Juni 1989 legte sich der Kulturausschuss des Salzburger Gemeinderates auf den Eingangsbereich der Landesnervenklinik bzw. eine Grünfläche auf dem Parkplatz als Standort für das Mahnmal fest, außerhalb des eigentlichen Klinikareals. Mit den Stimmen der SPÖ fasste der Ausschuss außerdem den Beschluss, die Stadt möge als Euthanasie-Mahnmal die Plastik „Marsyas" von Alfred Hrdlicka aufstellen.[50] Damit geriet das Salzburger Projekt in die heftige publizistische Auseinandersetzung um das Wiener „Mahnmal gegen Krieg und Faschismus" auf dem Albertinaplatz, dessen Gestaltung durch den „Staatsbildhauer und Stalinist(en) Hrdlicka"[51] von der „Kronen-Zeitung" in einer mehrere Monate dauernden Kampagne erbittert bekämpft wurde. Die Bundesländerausgabe der „Kronen-Zeitung" griff diese Verbindung auf und gerierte sich in einer Artikelserie auch in Salzburg als Interessenvertretung der „schweigenden Mehrheit" gegen den „steinernen Geßlerhut"[52], wie das Hrdlicka-Denkmal auf dem Wiener Albertinaplatz von ihr bezeichnet wurde. „Was zählen schon Unterschriften und Proteste von Ärzten, Krankenschwestern und Angehörigen? Was gilt die mahnende Stimme des hervorragenden Klinikchefs? Wenn der Staatsbildhauer zuschlagen will, dann sind seine linken Helfer zur Stelle. Auf unsere Kosten, mit unserem Steuergeld, versteht sich."[53]

---

[49] Magistrat Salzburg, Abteilung II/1, Kulturservice, Zahl II/1-2898/88: Chronologie der Initiativen, in: Archiv der Stadt Salzburg, Historisches Archiv nach 1945, 002.565, 1-2
[50] Euthanasiemahnmal soll in Bereich der Klinik kommen, in: Salzburger Nachrichten, 2.6.1989
[51] Es begann am Albertinaplatz, in: Kronen-Zeitung, 2.6.1989
[52] Die Mahnung des Klinikchefs ..., in: Kronen-Zeitung, 3.6.1989
[53] Es begann am Albertinaplatz, in: Kronen-Zeitung, 2.6.1989

Der „Krone"-Ombudsmann Reinhard Hübl sorgte sich darüber hinaus um die Psychiatrie-Patienten: „Gräßliche Verbrechen an den Menschen und gegen die Menschlichkeit sind verübt worden. Nein, das soll man aus der Geschichte dieses Landes und auch aus der Geschichte der Landesnervenklinik nicht streichen. Auch eine Gedenktafel, ein Mahnmal ist zu bejahen. Aber eines von Herrn Hrdlicka? Und so aufgestellt, daß jeder Kranke es sieht, wenn er ‚eingeliefert' wird oder freiwillig zur Aufnahme geht? Dem Depressiven in seiner Seelennot auch noch einen Schreck einjagen? Wer verantwortet das? Wer?"[54]

Mit dem Hinweis auf die drohende Gefahr eines „beschämenden politischen Denkmalstreits" nach Wiener Muster setzte Bürgermeister Josef Reschen den Beschluss des Kulturausschusses aus und veranlasste eine neuerliche Beratung des Gremiums.[55] In seiner Sitzung vom 15.6.1989 bekräftigte der städtische Kulturausschuss dann seine Standortwahl für das Mahnmal, in der Frage der Gestaltung kam man aber überein, einen Wettbewerb „unter Salzburger Künstlern" zu initiieren,[56] um so durch den Rückzug der Hrdlicka-Plastik eine wesentliche Konfliktlinie (vor allem mit der „Kronen-Zeitung") zu entschärfen. Darüber hinaus sollte „bei der Ausschreibung den ärztlichen Wünschen in der Weise Rechnung getragen werden (...), daß ein Passus festschreibt, die Gestaltung des Mahnmals dürfe bei den Patienten keine zusätzlichen Ängste hervorrufen."[57] Noch im Sommer einigte sich dann der Landes-Kulturbeirat auf folgenden Text[58] für die geplante Gedenktafel in der Landesnervenklinik: „Im Gedenken an die 262 Opfer der Euthanasie-Aktion 1940/41 und uns zum Bedenken, daß es vor Gott kein lebensunwertes Leben gibt. / „... Was wird noch mit mir geschehen? Denn ein jeder von uns auch Sie und ich, wird einmal hilfsbedürftig werden oder durch Krankheit oder Unfall der Gemeinschaft keinen Dienst mehr leisten können ..." / Aus dem Protestschreiben der Ordensschwester Anna Bertha Königsegg am 23.8.1940

Anna Bertha Königsegg, Visitatorin der Barmherzigen Schwestern vom Hl. Vinzenz von Paul in Salzburg, hatte sich mehrfach der NS-Euthanasiepolitik widersetzt. Sie protestierte in einem Brief an Gauleiter Rainer ge-

---

[54] Kronen-Zeitung, 3.6.1989
[55] Bürgermeister Reschen an die Gemeindekanzlei, 8.6.1989, Zl 631/89. Archiv der Stadt Salzburg, Historisches Archiv nach 1945, 002.565, 1-2
[56] Info-Z, Folge 113, 15.6.1989, S. 1
[57] Dr. Riemer (Kulturamt der Stadt Salzburg) an Landeshauptmann Katschthaler, 29.6.1989, Zl II/A-2029/89, Magistrat der Stadt Salzburg, Historisches Archiv nach 1945, 002.565, 1-2
[58] Salzburger Landes-Kulturbeirat, Protokoll der 9. Sitzung des Beiratsausschusses am Dienstag, 18.7.1989. Archiv der Stadt Salzburg, Historisches Archiv nach 1945, 002.565, 1-2

gen den Abtransport der PatientInnen aus der Nervenheilanstalt Salzburg-Lehen und aus der Anstalt Schernberg, die von den Barmherzigen Schwestern betrieben wurde. Darüber hinaus wies sie die ihr unterstellten Schwestern an, sich dem Abtransport ihrer Pfleglinge zu widersetzen. Anna Bertha Königsegg wurde daraufhin verhaftet, vier Monate lang in GESTAPO-Haft gehalten und schließlich des Landes verwiesen.[59]

Die heftigen Bedenken, die Primar Diemath seitens der Leitung der Landesnervenklinik gegen den Entwurf formulierte, machten eine Fertigstellung der Tafel bis zum geplanten Termin, den 1.9.1989 – den fünfzigsten Jahrestag von Hitlers „Gnadentod-Erlaß", der den Auftakt für die Euthanasieaktionen gebildet hatte – unmöglich. Kritisiert wurde von Diemath die genaue Zahlenangabe und das Zitat von Schwester Königsegg, da durch die Formulierung „wie Sie und ich" heilungsgefährdende Ängste bei den PatientInnen ausgelöst werden könnten. Daraufhin wurde der Text dahingehend entkonkretisiert, als sowohl die Anzahl der Opfer als auch die Passage aus dem Brief von Königsegg gestrichen wurden. Darüber hinaus wurde die Gedenktafel vorsichtshalber an einem Ort abseits des Zentrums der Landesnervenklinik angebracht, nämlich an der Außenmauer der Anstaltskirche. Am 1. November 1989 wurde die Tafel mit dem Text: „Im Gedenken an die Opfer der Euthanasieaktion 1940/41 und uns zum Bedenken, daß es vor Gott lebensunwertes Leben nicht gibt" von Landeshauptmann Hans Katschthaler enthüllt.

In der Frage des Euthanasie-Mahnmals rückte der städtische Kulturausschuss von seiner Entscheidung für eine Hrdlicka-Plastik ab und beschloss in seiner Sitzung vom 28.6.1990, nun einen österreichweiten Wettbewerb auszuschreiben. In der gleichen Sitzung einigte man sich auf den Standort Franz-Josef-Straße 12, den ehemaligen Sitz des Gauamtes für Volksgesundheit der NSDAP, „sofern dafür die Zustimmung der Anrainer hergestellt werden könnte."[60] Eine im Oktober durchgeführte Anrainerbefragung ergab jedoch eine Mehrheit von 56 Prozent der abgegebenen gültigen Stimmen gegen die Aufstellung des Mahnmals,[61] weil ein solches Denkmal das Haus „zum Ziel von Schmierereien oder gar Anschlägen machen könnte."[62]

---

[59] Vgl. Walter Reschreiter, Anna Bertha Königsegg – Die Proteste der Barmherzigen Schwestern vom hl. Vinzenz von Paul gegen die NS-„Euthanasie", in: Jahrbuch 1991 des Dokumentationsarchivs des Österreichischen Widerstands, Wien 1991, 51-62
[60] Magistratsabteilung 2, Zahl 2/01/1786/1990, Ergänzender Amtsbericht vom 29.10.1990. Magistrat der Stadt Salzburg, Historisches Archiv nach 1945, 002.565, 1-2
[61] Ebd.
[62] Salzburger Volksblatt, 19.10.1990, 3

Nachdem damit alle Standortvarianten, die einen direkten Bezug zum historischen Geschehen herstellten, ausgeschieden waren, fand sich letztlich ein zentraler, relativ frequentierter Ort: Im Kurpark an der Rainerstraße, nächst dem Schloss Mirabell. Im Juni 1991 fiel die Entscheidung im Gestaltungswettbewerb. Unter dem Vorsitz von Wieland Schmied, Professor an der Akademie der Bildenden Künste in München und Präsident der Sommerakademie in Salzburg, wählte die Jury unter 91 eingereichten Arbeiten das Projekt des Linzer Kunststudenten Otto Saxinger aus.[63] Auf der inhaltlichen Ebene war es der direkte Bezug zur Vernichtung „lebensunwerten Lebens" im Nationalsozialismus, der die Jury überzeugte, zusammen mit der ästhetischen Umsetzung, die in ihrer Einfachheit und Klarheit, in ihrem Verzicht auf jeden äußeren Effekt geeignet schien, ein so komplexes Thema transparent zu machen. „Die rechteckige Stele ist dreifach gegliedert: sie setzt unten mit einem Granitsockel an, auf dem ein Glaskörper aufgesetzt ist. Dieser ist im unteren Teil mit Asche gefüllt, im oberen bleibt er durchsichtig. (....) Die Asche scheint für jeden unvoreingenommenen Betrachter ohne weiteres als Zeichen der Vergänglichkeit wie als mahnende Erinnerung an den Tod unschuldiger und hilfloser Opfer der Gewaltherrschaft des Dritten Reiches verständlich."[64]

---

[63] Protokoll über die Sitzung der Jury im Rahmen des Wettbewerbes für ein Euthanasiemahnmal der Stadt Salzburg am Montag, den 24. Juni 1991. Archiv der Stadt Salzburg, Historisches Archiv nach 1945, 002.565, 3-4
[64] Begründung der Jury zum 1. Preis, Anhang zum Protokoll, ebd.

Abb. 4: Euthanasie-Mahnmal Salzburg – Foto: Hartmut Reese

Zu Allerheiligen 1991, zwei Jahre nach der Enthüllung der Gedenktafel in der Landesnervenklinik und mehr als vier Jahre nach der ersten Initiative des „Arbeitskreises Psychiatrie", wurde die Stele von Bürgermeister-Stellvertreter Herbert Fartacek enthüllt. In seiner Rede fand Rainer Danzinger, Primar der Psychiatrischen Abteilung der Landesnervenklinik, deutliche Worte zu den Ursachen der NS-Euthanasie und benannte klar die aktive Rolle der Ärzte, Psychiater und Juristen bei ihrer Durchführung. Danzinger mahnte auch zur Aufmerksamkeit gegenüber der Diskriminierung missliebiger Bevölkerungsgruppen und stellte fest: „Die andauernde Benachteiligung der psychisch kranken Patientengruppen, auch im Bundesland Salzburg, schlechtere Unterbringung, der Wunsch, sie abzuschieben und aus dem Gesichtsfeld verschwinden zu lassen, sind deshalb wichtige Warnsignale für uns. Allzuleicht kann die mörderische Höllenmaschine der Ausgrenzung und Ermordung wieder in Gang kommen. Nur wenn wir unsere Verantwortung für ein menschenwürdiges Leben der psychisch Kranken voll erfüllen, dürfen wir uns selbst als Kulturnation achten."[65]

Wien: „Am Spiegelgrund"

Durch die seit Ende der 70er Jahre andauernde Diskussion um die Beteiligung des anerkannten Psychiaters und Gerichtsgutachters Dr. Heinrich Gross an den Euthanasiemorden in der Kinderfachabteilung „Am Spiegelgrund" ist dieser Ort der NS-Euthanasie wohl österreichweit am bekanntesten. Die Kinderfachabteilung war 1940 in der 1907 gegründeten Niederösterreichischen Landes-Heil- und Pflegeanstalt für Geistes- und Nervenkranke „Am Steinhof" eingerichtet worden. Zuvor, im Juli und August 1940, waren mehr als 3200 der 4275 PatientInnen der Klinik nach Hartheim gebracht und dort ermordet worden;[66] in die freigewordenen Gebäude zog die Kinderfachabteilung ein. Nach dem Euthanasiestopp 1941 wurde die in „Wagner von Jauregg Heil- und Pflegeanstalt der Stadt Wien" umbenannte Klinik wie andere psychiatrische Anstalten zum Schauplatz der sogenannten „wilden Euthanasie", dem individuellen Morden durch Ärzte und Pflegepersonal. In der Kinderfachabteilung „Am Spiegelgrund"

---

[65] Zur Enthüllung des Euthanasie-Mahnmals in Salzburg. Rede von Univ. Doz. Prim. Dr. Rainer Danzinger am 1. November 1991, Allerheiligen: Die Ermordung von Salzburger Psychiatrie-Patienten in der Zeit des Nationalsozialismus, 7. Archiv der Stadt Salzburg, Historisches Archiv nach 1945, 002.565, 3-4
[66] Vgl. Matthias Dahl, Endstation Spiegelgrund. Die Tötung behinderter Kinder während des Nationalsozialismus am Beispiel einer Kinderfachabteilung in Wien 19401945, Wien 1998, 33 f.

starben bis Kriegsende mehr als 700 Kinder, die meisten von ihnen an akuten Infektionen, vorwiegend an Lungenentzündung.[67]
Die in die Kinderfachabteilung „Am Spiegelgrund" eingewiesenen Kinder waren auch Forschungsobjekte der hier tätigen Ärzte: Diagnostik von Erbkrankheiten und Tuberkuloseforschung waren die Forschungsschwerpunkte. Nach dem Tod der Kinder wurden die Gehirne entnommen und konserviert; die Sammlung umfasste 1998 noch 421 Gehirnpräparate.[68] Nach 1945 wurden diese Präparate weiterhin für die Forschung genutzt: „Unter Verwendung von Gehirnpräparaten aus Beständen der Kinderfachabteilung führte Dr. Gross pathologisch-anatomische Untersuchungen durch, die für seine wissenschaftliche Karriere förderlich waren. Dr. Gross publizierte über seine Forschungen, ohne daß er auf die Herkunft des verwendeten Materials hingewiesen hätte."[69] 1997, auf eine Anzeige des „Dokumentationsarchivs des Österreichischen Widerstandes" hin, eröffnete die Staatsanwaltschaft ein Verfahren gegen Gross wegen der vermuteten Teilnahme an den Euthanasiemorden in der Kinderfachabteilung, der Prozess konnte wegen „Verhandlungsunfähigkeit" des Angeklagten jedoch nicht durchgeführt werden.[70]
Im „Bedenkjahr" 1988 war im Verwaltungsgebäude, in der Eingangshalle des Psychiatrischen Krankenhauses der Stadt Wien, Baumgartner Höhe, eine Gedenktafel errichtet worden. Der Text: „Zum Gedenken an die Opfer des nationalsozialistischen Staates in der Psychiatrie und zur Mahnung. Errichtet im Jahr 1988". Eine weitere Gedenktafel mit demselben Text wurde in einer Grünfläche direkt unterhalb der Kirche aufgestellt.
1989 wurde schließlich in einem Kellerraum der pathologischen Abteilung, in dem Gehirnpräparate von Euthanasie-Opfern aufbewahrt wurden (der sogenannten „Gehirnkammer") ein Gedenkraum eingerichtet. Eine Tafel informierte: „Diesen Raum hat das Psychiatrische Krankenhaus Baumgartner Höhe im Jahr 1989 50 Jahre nach dem Beginn der Tötungsaktion gegen Kranke und Behinderte zum Gedenken an die in der Wiener Städtischen Nervenklinik für Kinder am Spiegelgrund zu Tode gekommenen Kinder eingerichtet." Die Initiative ging von Vertretern der Psychiatrie Steinhof und dem „Dokumentationsarchiv des Österreichischen Widerstands" aus. Die konkrete Realisierung ist als Minimalkonsens zwischen

---

[67] Ebd., 139 f.
[68] Ebd., 140
[69] Ebd., 141
[70] Nationalrat debattiert Verfahren gegen Gross, in: Der Standard, 6.6.1997, 7; vgl. Gross ist „nicht verhandlungsfähig": NS-Euthanasie-Prozeß vor dem Aus, in: Die Presse, 27.6.2000

Abb. 5: Gedenktafel auf dem Gelände des Otto-Wagner-Spitals – Foto: Brigitte Kepplinger

den Vorschlägen der Initiatoren und der Krankenhausverwaltung bzw. der zuständigen Behörde anzusehen, wobei Wolfgang Neugebauer, Leiter des Dokumentationsarchivs und Verfasser zahlreicher Publikationen zur NS-Euthanasie in Österreich, betonte, dass es bei der Ausstellung der Präparate nicht darum ginge, voyeuristische Ansprüche zu befriedigen, sondern um eine angemessene Aufarbeitung der NS-Euthanasieverbrechen.[71] Allerdings wurde schon bald an der Gestaltung des Gedenkraums Kritik geübt. 1992 regte Wolfgang Kisch, Bezirksrat von Wien-Penzing und Mitglied der Grünen, die Bestattung der ausgestellten sterblichen Überreste der Euthanasie-Opfer in einem Ehrengrab der Stadt Wien an.[72] Im Zuge einer Neugestaltung des Gedenkraums sollte, so Kisch, dort die Geschichte der NS-Euthanasie des „Spiegelgrund" umfassend dokumentiert werden. Dieser Vorschlag wurde zunächst von den verantwortlichen Stellen abgelehnt,

---

[71] Vergangenheitsbewältigung auf österreichisch: Euthanasieopfer – von Präparat zum Exponat, in: Salzburger Nachrichten, 19.11.1994, 3
[72] Ebd.

da ohnehin im Zuge der Errichtung des Neubaus am Steinhof eine Umgestaltung und Neusituierung des bestehenden Gedenkraums vorgesehen wäre.[73] Von diesen Plänen rückte man aber wieder ab, nachdem seitens der Stadt Wien die Entscheidung für ein Ehrengrab im Zentralfriedhof getroffen worden war. Gesundheitsstadtrat Sepp Rieder (SPÖ) versprach 1993, sich für eine pietätvolle Bestattung einzusetzen.[74] Für diese Meinungsänderung war nicht zuletzt der Protest von Angehörigen verantwortlich: vor allem Angehörige von Opfern, die in mehreren Transporten aus den Alsterdorfer Anstalten in Hamburg nach Wien gebracht und hier ermordet worden waren, legten gegen eine weitere Ausstellung der Gehirne ihrer Verwandten Protest ein. Mit Unterstützung der von der Stadt Hamburg mitgetragenen Geschwister-Scholl-Stiftung wurden die Überreste der Hamburger Patienten rückgeführt und in einem Ehrengrab bestattet.[75] In der Folge bemühte sich die Stadt Wien, weitere Angehörige der Opfer ausfindig zu machen, um deren Stellungnahme zu der geplanten Bestattung einzuholen. Bei Ablauf der Frist im März 1997 hatten sich auf Anzeigen in großen österreichischen und deutschen Zeitungen hin drei Verwandte gemeldet, die gegen die gemeinsame Bestattung in einem Ehrengrab, die 1998 erfolgen sollte, keine Einwände erhoben. Der ärztliche Direktor des Psychiatrischen Krankenhauses Baumgartner Höhe, Primar Heinz-Eberhard Gabriel, trat in diesem Zusammenhang dafür ein, eine neue Form des Gedenkens an der Klinik zu finden, etwa in Form einer Ausstellung, die die Geschichte des Hauses unter Einschluss der Zeit des Nationalsozialismus dokumentieren sollte. Andere von ihm genannte Möglichkeiten waren die Errichtung eines Denkmals oder die Ausstellung der Gläser, in denen die Gehirne aufbewahrt worden waren, in der ehemaligen „Gehirnkammer", verbunden mit einer einschlägigen Dokumentation.[76]
Diese Pläne wurden durch das 1997 eingeleitete Gerichtsverfahren gegen Dr. Heinrich Gross durchkreuzt: Die Staatsanwaltschaft erhob gegen die geplante Bestattung Einspruch, da die Überreste möglicherweise Beweismittel im Verfahren darstellen könnten. Im Februar 1999 war die gerichtsmedizinische Untersuchung der beschlagnahmten Gehirne abgeschlossen, in der Folge wurde gegen Gross Mordanklage erhoben.[77] Die Grablegung

---

[73] Würdiger Ort für Gehirne von Nazi-Opfern, in: Der Standard, 9.11.1996, 7
[74] Vgl. Kurier, 12.2.1993
[75] Vgl. Der Standard, 9.11.1996
[76] Ebd.
[77] NS-Euthanasie: Mordanklage gegen Gross, in: Der Standard, 20./21.2.1999, 13 sowie: Mordanklage gegen Gross genehmigt, in: Der Standard, 10./11.4.1999, 13

der sterblichen Überreste der „Am Spiegelgrund" ermordeten Kinder in einem Ehrengrab der Stadt Wien am Zentralfriedhof (Gruppe 40) erfolgte am 28. April 2002. In das Grabdenkmal sind die Namen der Opfer eingraviert, auf einer Gedenktafel ist weiters zu lesen: „Zur Erinnerung an die Kinder und Jugendlichen, die als ‚lebensunwertes Leben' in den Jahren 1940 bis 1945 in der damaligen Kinderklinik ‚am Spiegelgrund' der NS-Euthanasie zum Opfer gefallen sind". Eine ständige Ausstellung zum Thema „Der Krieg gegen die ‚Minderwertigen'. Zur Geschichte der NS-Medizin in Wien" wurde im Mai 2002 eröffnet.[78]

Abb. 6: Lichtstelen vor dem Jugendstiltheater zum Gedenken an die Opfer der Kindereuthanasie (kein Fotonachweis)

---

[78] Vgl. NS-Kinderopfer bestattet, in: Der Standard, 18.4.2002, 11; weiters: http://www.gedenkstaettesteinhof.at

Schließlich wurde am 28. November 2003 ein weiteres Mahnmal auf dem Gelände des Otto-Wagner-Spitals der Öffentlichkeit präsentiert. Auf der Grünfläche vor dem Jugendstiltheater wurden 772 Licht-Stelen aufgestellt, die mit Einbruch der Dämmerung erleuchtet werden. Jede Stele soll ein „in der NS-Klinik am Spiegelgrund verloschenes Leben"[79] symbolisieren und an die in der Klinik ermordeten Kinder und Jugendlichen erinnern. Die Initiative zu diesem Mahnmal ging von der Penzinger Bezirksvertretung aus, die 1999 einen Ideenwettbewerb zur Gestaltung des Mahnmals initiierte. Im Jahr 2000 entschied sich eine künstlerische Jury für die Realisierung des Konzepts von Tanja Walter, einer Schülerin der Höheren Graphischen Bundeslehr- und Versuchsanstalt Leyserstraße.[80]

Auch für dieses Mahnmal gilt: die allzu glatte Symbolik droht in Beliebigkeit abzugleiten. Der Zusammenhang mit den Euthanasieverbrechen des Nationalsozialismus erschließt sich nicht von selbst, und ein erklärender Text fehlt. Außerdem suggeriert die Zahl 772 eine Exaktheit der Opferzahlen, die aber nicht gegeben ist, wie Herwig Czech anmerkt[81] – eine Exaktheit, die auf Grund der Quellenlage wahrscheinlich auch nicht zu erreichen sein wird.

Klagenfurt

Aus der Kärntner Landes-Heil- und Pflegeanstalt in Klagenfurt wurden 1940/41 die „selektierten" Patienten in die Euthanasieanstalt Hartheim gebracht, dazu Patienten des Klagenfurter Siechenhauses und eines kleinen Kärntner Pflegeheims.[82] 1941 verlagerte sich der Tötungsbetrieb auch hier zur sogenannten „wilden" Euthanasie, vorwiegend im Siechenhaus und in der psychiatrischen Abteilung des Klagenfurter Krankenhauses.[83] Insgesamt wurden mindestens 1100 Kärntner Psychiatrie-Patient-Innen im Rahmen der NS-Euthanasieaktionen ermordet.[84]

Das Mahnmal im Park der psychiatrischen Abteilung des Landeskrankenhauses Klagenfurt entstand aufgrund einer Initiative aus der Ärzteschaft des Krankenhauses. Im Oktober 1986 trat Primar Thomas Platz seinen

---

[79] Wiener Rathauskorrespondenz, 26.11.2003
[80] Ebd.
[81] Mahnmal für erloschene Kinderleben am Spiegelgrund. Kurier, 27.11.2003
[82] Helge Stromberger, Die Ärzte, die Schwestern, die SS und der Tod. Die Region Kärnten und das produzierte Sterben in der NS-Periode, Klagenfurt 1989, 37
[83] Ebd., 56
[84] Ebd., 55

Dienst in der psychiatrischen Abteilung an.[85] Konfrontiert mit der Geschichte der Psychiatrie im Nationalsozialismus, musste er feststellen, dass die Geschehnisse der Jahre 1940 bis 1945 noch immer ein nicht aufgearbeitetes Kapitel der Lokalgeschichte darstellten. In der Folge initiierte Platz eine Arbeitsgruppe an der Klinik, die sich vorbereitend mit der inhaltlichen Gestaltung des Mahnmals auseinander setzte.[86] Auch in Klagenfurt konnte sich die Initiative zur Errichtung eines Mahnmals für die Euthanasieopfer auf eine zeitgleich entstandene Arbeit zur Geschichte der NS-Euthanasie in Kärnten stützen, ein Umstand, der sich als sehr hilfreich erwies.[87] Die Arbeitsgruppe setzte sich zum Ziel, das Mahnmal bis zum „Bedenkjahr" 1988 zu realisieren und wandte sich an „alle Gremien und Stellen, die damals im Zusammenhang mit der Euthanasie neben den nationalsozialistischen Stellen in der Verantwortung waren. Also Stadt, Land, die Kirche und natürlich auch eine Reihe von privaten Institutionen und Einrichtungen."[88] Die Finanzierung erfolgte durch Subventionen öffentlicher Stellen und private Spenden. Der Kärntner Bildhauer Max Gangl wurde mit der Gestaltung des Mahnmals betraut; er schuf eine stilisierte Figur aus weißem Krastaler Marmor: „Die Trauernde".

Im Oktober 1988 wurde das Mahnmal im Rahmen einer feierlichen Gedenkveranstaltung eingeweiht, an der Vertreter des Landes, der Stadt, der Ärztekammer und der Kirche teilnahmen. Auch die PatientInnen waren einbezogen – die Patientenband spielte, Celans „Todesfuge" wurde vorgetragen. Eine Inschrift wurde allerdings erst 1989 angebracht. Sie lautet: „Zum Gedenken an die Opfer des Nationalsozialismus in der Psychiatrie Klagenfurt." Demgegenüber stand der Textvorschlag der Gruppe um Helge Stromberger, dem Verfasser der erwähnten Studie über Euthanasie in Kärnten, die in den Prozess der Realisierung des Euthanasie-Mahnmals von Beginn an eingebunden war: „Zum Gedenken an die mehr als 1000 Behinderten, psychisch Kranken und alten Kärntner, die zwischen 1940 und 1945 zu Opfern einer entmenschten Politik und Medizin geworden sind und als sogenanntes ‚unwertes Leben' ermordet wurden."[89] Letztlich

---

[85] Telefongespräch der Autorin mit Primar Dr. Thomas Platz, 3.12.1997
[86] Thomas Platz: Alle haben sich beteiligt, in: Kulturamt der Stadt Salzburg (Hg), Die Vorverlegung des Todes. Euthanasie und die Vernichtung „lebensunwerten" Lebens in Salzburg, Salzburg o.J. (1990), 9-11, hier: 9
[87] Stromberger, Die Ärzte, die Schwestern, die SS und der Tod. Strombergers Publikation basiert auf einer Diplomarbeit, die 1986 am Institut für Philosophie der Universität Klagenfurt eingereicht worden war.
[88] Platz, a.a.O., 9
[89] NS-Opfer nicht vergessen!, in: Kärntner Tageszeitung, 4.3.1988

aber fiel die Entscheidung zugunsten der unverbindlicheren Variante, die die konkrete Benennung von Opfern und Tätern vermeidet.

Innsbruck

Das Euthanasie-Mahnmal in Innsbruck geht auf eine Initiative des Vorstandes der Innsbrucker Universitätsklinik für Psychiatrie, Hartmann Hinterhuber, zurück. Hinterhuber hatte 1995 seine Studie über die NS-Euthanasie in Tirol, „Ermordet und vergessen", publiziert, in der erstmals detaillierte Forschungsergebnisse über den Verlauf der nationalsozialistischen Euthanasie in Nord- und Südtirol präsentiert wurden. Im letzten Kapitel seines Buches kommt Hinterhuber zu dem Schluss: „Vergangenheitsbewältigung ist Zukunftsbewältigung oder sie verliert sich in leeren Schuldzuweisungen an andere. Die Vergangenheitsbewältigung führt zu Wachheit und Aufmerksamkeit gegenüber den menschenverachtenden Strömungen der Zeit."[90]
Die Buchpräsentation wurde zum Anlass, einen Ort des Gedenkens für die vergessenen Opfer des Nationalsozialismus zu schaffen. Ein erster Anstoß kam von Weihbischof Reinhold Stecher, der die Errichtung eines Mahnmals befürwortete und in der Folge auch die Realisierung des Projekts unterstützte. Mit Hilfe einer Bausteinaktion und durch Subventionen der öffentlichen Hand wurden die nötigen Mittel aufgebracht.
Die künstlerische Umsetzung ist bei dem Innsbrucker Mahnmal wohl am adäquatesten gelungen: die Arbeitsgruppe entschied sich für die Nachbildung eines Werkes des Gugginger Künstlers Oswald Tschirtner. Tschirtner, 1920 in Perchtoldsdorf geboren, erkrankte nach seiner Rückkehr aus französischer Kriegsgefangenschaft an Schizophrenie und ist seit 1947 aufgrund seiner Krankheit hospitalisiert. 1954 wurde er in die Heilund Pflegeanstalt Gugging überstellt und begann 1959, aufgrund der Anregung durch seinen behandelnden Arzt, Leo Navratil, zu zeichnen.[91] Ende der 60er Jahre entstand sein „Kopffüßler"-Schema, seine charakteristische Art, Menschen darzustellen. Navratil nennt als eine Dimension der Deutung folgende: „Der Kopf ist ganz konventionell und genau ausgeführt; es kommt ihm eine positive Besetzung zu. Der Körper, insbesondere der Rumpf, ist dagegen weitgehend ignoriert, verdünnt, verdrängt, verleugnet.

---

[90] Hartmann Hinterhuber, Ermordet und vergessen. Nationalsozialistische Verbrechen an psychisch Kranken und Behinderten in Nord- und Südtirol, Innsbruck – Wien 1995, 122
[91] Leo Navratil, Art brut und Psychiatrie. Gugging 1946-1986, Wien – München 1997, 73

Diese Diskrepanz entspricht Tschirtners schon präpsychotischer spiritueller, intellektueller Persönlichkeit und hat in der Psychose einen entsprechenden Ausdruck gefunden."[92] Das Format von Oswald Tschirtners Zeichnungen reicht von Postkartenformat bis Überlebensgröße. Eine von diesen mehr als 2 Meter großen Zeichnungen bildete die Vorlage für die Schaffung einer Stahlplastik, die von der Kunstschmiede Infeld (Florian Gregor Unterrainer) in Kitzbühel hergestellt wurde. Der trauernde Ausdruck der „Kopffüßler" ist für den aufmerksamen Betrachter, die Betrachterin deutlich erkennbar, auch wenn er / sie vom konkreten Entstehungszusammenhang der Plastik nichts weiß. Für die Initiatoren des Mahnmals bedeutete die Wahl dieses Werks einen bewussten Akt der Solidarität mit den vergessenen Opfern, gehört doch Oswald Tschirtner einer Personengruppe an, die im Nationalsozialismus zur Ermordung bestimmt war.

So gelungen die künstlerische Umsetzung auch ist, so muss doch angemerkt werden, dass die Inschrift dem uninformierten Besucher keinen Hinweis auf Sinn und Ziel der Plastik liefert. Sie lautet lediglich: „Wider das Vergessen". Auch der Aufstellungsort erzeugt keine entsprechenden Assoziationen. Das Mahnmal fand seinen Platz nicht vor der Universitätsklinik für Psychiatrie, sondern wurde zwischen Blutbank und Infektion I situiert. Am 26. Juni 1997 wurde das Mahnmal im Rahmen eines Festakts von Bischof Stecher geweiht.[93]

Steiermark

Am Landes-Nervenkrankenhaus in Graz, das wie die entsprechenden Anstalten in anderen Bundesländern im Nationalsozialismus zu einem Ort der Euthanasie wurde, besteht seit einigen Jahren eine von Seiten der Landesnervenklinik, der Stadt Graz und des Landes Steiermark getragenen Initiative zur Errichtung einer Gedenkstätte.[94] Die Vorschläge dieser Arbeitsgruppe gehen vom Spannungsfeld zwischen einer ehrenden Erinnerung an die Opfer in einem sensiblen Umfeld und der Mahnung an die „Tätergesellschaft" aus. Dementsprechend sieht das Konzept die Kommunikation zwischen zwei Erinnerungsorten vor: Eine Gedenkstätte im Park der Lan-

---

[92] Leo Navratil, Die Künstler und ihre Werke. Gugging 1946-1986, Wien – München 1997, 621

[93] Vergessene Opfer des NS-Regimes, in: Der Standard, 27.6.1997, 8; siehe auch: Mahnmal gegen die Lüge, in: Tiroler Tageszeitung, 27.6.1997, 1

[94] Einer der letzten diesbezüglichen politischen Vorstöße wurde von Landesrat Günter Dörflinger unternommen, der im Dezember 1997 ein Mahnmal für die steirischen Opfer der NS-Euthanasie einforderte. Vgl. Dörflinger will ein Denkmal, in: Kleine Zeitung, 6.12.1997

desnervenklinik mit ihrem alten Baumbestand, die im Sinne einer Landschaftsgestaltung geplant werden und „keine allzu erschreckenden und dramatischen Hinweise auf die Ermordungen in den Vordergrund" stellen soll.[95] Die Dokumentation dieser Ereignisse wird hingegen an der Universität Graz loziert, im Hauptgebäude soll ein Schaukasten über die Aktion „T4", über die Ermordungen im Bereich der Kinderfachabteilung im „Feldhof" und über die ideologischen Grundlagen der NS-Euthanasie informieren. Zielgruppe sind Studierende und Universitätsangehörige,[96] die so auch mit der Involvierung der Wissenschaft in die NS-Verbrechen konfrontiert werden.

Der sogenannte „Feldhof", der nunmehr den Namen Landesnervenklinik Sigmund Freud Graz trägt, ist damit die letzte Landes-Nervenklinik, deren Gedenkstätte für Euthanasie-Opfer noch vor der Realisierung steht, in allen anderen entsprechenden Institutionen existieren bereits Zeichen des Gedenkens. Salzburg, Innsbruck und Wien wurden oben beschrieben; aber auch in Vorarlberg (Landeskrankenhaus Rankweil/Valduna), in der Landesnervenklinik in Linz/Niedernhart, in Mauer-Öhling und Klosterneuburg/Gugging[97] wird in irgendeiner Form der Opfer der NS-Euthanasie gedacht.

In anderen steirischen Gemeinden wurden in den 90er Jahren von unterschiedlichen lokalen Initiativen Gedenkstätten für Opfer der Euthanasie errichtet. 1992 wurde in Kindberg auf Anregung der Pfarrgemeinde und eines Bürgers, der sich mit der jüngeren Geschichte des Ortes auseinandergesetzt hatte, eine Gedenktafel für die Kindberger Opfer des Nationalsozialismus[98] beim Pfarrhof angebracht, sie weist folgenden Text auf: „Im

---

[95] Der Grund für dieses Gestaltungskonzept liegt darin, „daß sich in diesem Bereich viele akut psychisch kranke Patienten bewegen", die „möglicherweise von einer allzu aggressiven Information geängstigt und belastet werden könnten." Rainer Danzinger, Zusammenfassung der Empfehlungen der Arbeitsgruppe Euthanasiedenkmal in Graz (Brief von Primar Dr. Rainer Danzinger an die Herausgeberin, 18.1.2002)

[96] Ebd. Als gewissermaßen dritter Teil des Mahnmalprojekts wird die wissenschaftliche Aufarbeitung der Patientenermordungen im Bereich der Steiermark und des Teilen Sloweniens (der damaligen „Untersteiermark") durch den Historiker Thomas Oelschlaeger gefördert.

[97] Im Park des Landeskrankenhauses für Psychiatrie und Neurologie Klosterneuburg in Gugging wurde 1985 ein Gedenkstein enthüllt, der folgende Inschrift trägt: „Dem Gedenken der 1000 Patienten dieses Krankenhauses, die in den Jahren 1940 bis 1945 ermordet worden sind." Die Initiative kam auch hier aus der Ärzteschaft des Krankenhauses. Brief von Dr. Marksteiner, Landeskrankenhaus Klosterneuburg, an den Arbeitskreis Psychiatrie Salzburg vom 17.5.1989. Archiv der Stadt Salzburg, Historisches Archiv nach 1945, 002.565, 1-2. Auch am Landeskrankenhaus Rankweil („Valduna") in Vorarlberg wurde Anfang der 90er Jahre eine Gedenktafel angebracht. Vgl. Werner Bundschuh: Anmerkungen zu „NS-Gedenktafeln in Vorarlberg" – Entwicklungen im letzten Jahrzehnt, in: Rudolf G. Ardelt, Christian Gerbel (Hg): Österreichischer Zeitgeschichtetag 1995: Österreich – 50 Jahre Zweite Republik, Innsbruck – Wien 1997, 364-369

[98] 1993 wurde von der evangelischen und katholischen Pfarrgemeinde Kindberg im Gedenkraum in Schloss Hartheim eine Tafel angebracht: „Zum Gedenken an die 140 Opfer aus dem Pflegeheim Kindberg. Evangelische und katholische Pfarrgemeinde von Kindberg"

Gedenken an die politischen Opfer des Nationalsozialismus 1938-1945 / Johann Brunnhofer + Josef Feldhofer + Johann Pelzhofer + Karl Schlapfer + Samuel, Käthe und Paula Sensel + / 140 Pfleglinge der seinerzeitigen Siechenanstalt wurden in Hartheim bei Linz ermordet / 14 Männer, darunter Karl Bischofer, wurden kurz vor Kriegsende im Möstlinggraben hingerichtet / + + + / Während der Besatzungszeit wurde Martha Nussbaumer von einem Soldaten der Roten Armee erschossen / Stadtgemeinde Kindberg".

Bemerkenswert an dieser Texierung ist, wie durch die Subsumierung der NS-Opfer unter dem Titel „Zum Gedenken an die politischen Opfer des Nationalsozialismus 1938-1945" ihre Hierarchisierung festgeschrieben wird. Den jüdischen BewohnerInnen von Kindberg, die deportiert und ermordet wurden – Samuel, Käthe und Paula Sensel – wird ausdrücklich der Status von politischen Opfern zugewiesen. Diese sicherlich gut gemeinte Absicht, die jüdischen Opfer auf diese Weise besonders hervorzuheben, läuft jedoch Gefahr, das Gegenteil auszudrücken: ihr Opfer-Status „nur" aufgrund des Judentums genügt nicht, erst das „politische Opfer" ist gedenkwürdig. Die Einbeziehung eines Opfers der sowjetischen Besatzungsmacht bringt das Opfergedenken auf die Ebene der Alltagswahrnehmung von Krieg und Nationalsozialismus – alle Seiten hatten Opfer zu beklagen – und entschärft damit weitestgehend die Frage der Zuschreibung von Verantwortlichkeit für NS-Verbrechen im lokalen Kontext, die die Errichtung von NS-Gedenkstätten mitunter so konfliktträchtig macht.

Ebenfalls Anfang der 90er Jahre – ein genaues Datum war nicht zu eruieren – wurde im Zuge von Baumaßnahmen zur Neugestaltung des hauseigenen Friedhofs des Johannes von Gott-Pflegezentrums der Barmherzigen Brüder in Kainbach bei Graz zum Gedenken an die Opfer der NS-Euthanasie ein Mahnmal errichtet. Die Anregung hierzu kam von einem Ordensbruder, der sich mit der Geschichte des Hauses im Nationalsozialismus näher auseinandergesetzt hatte.[99] Ein schon vorher bestehendes Marterl im regionaltypischen Stil wurde renoviert, mit einem neuen Sockel versehen und an zentraler Stelle des Waldfriedhofs aufgestellt. Durch eine kreisförmige Pflasterung, die den Verlauf des Weges unterbricht und in deren Zentrum das Marterl steht, wird es zusätzlich hervorgehoben. An den vier Seiten des Sockels wurden folgende Inschriften angebracht: „Zum Gedenken an die wehrlosen Opfer 1939-1945" – dieser Text ist dem Friedhofseingang zugewandt, ihn erblickt die Besucherin, der Besucher also zuerst. An

---

[99] Telefonische Auskunft von Herrn List (Personalstelle des Pflegezentrums Kainbach) vom 3.6.1998

der gegenüberliegenden Seite des Sockels befindet sich eine Stelle aus der Offenbarung des Johannes: „Gott wird alle Tränen abwischen von ihren Augen. Offb. 21,4". Die beiden anderen Seiten des Sockels tragen Fürbitten für die Kranken und für die nationalsozialistischen Täter: „Für alle, die mit Krankheit und Übeln belastet sind, laßt uns zum Herrn beten" und: „Für die Mörder, die erbarmungslos mit Hilflosen sind, laßt uns zum Herrn beten". Das Kainbacher Mahnmal ist das einzige mir bekannte, das ausdrücklich die Täter verzeihend einbezieht. Eine Analyse der Texte ergibt aber, dass sich die Fürbitten nur auf die Täter beziehen; den Opfern wird das Gedenken zuerkannt (erste Inschrift), die Fürbitte all denen, „die mit Krankheit und Übeln belastet sind", also einem Kreis, der viel weiter definiert ist. Die Euthanasie-Opfer werden nicht mehr explizit genannt. Dadurch wird die Opfer-Täter-Dichotomie aufgelöst, auch die Täter werden zu Opfern.

In Knittelfeld wurde im Frühjahr 1998 an der Außenmauer des Landesaltenpflegeheims eine Gedenktafel für jene Pfleglinge der damaligen Landessiechenanstalt angebracht, die 1941 nach Hartheim gebracht und dort getötet wurden. Die Inschrift der Tafel lautet: „Am 20.2.1941 wurden 77 behinderte Pfleglinge des damaligen Kinderheimes nach Schloß Hartheim bei Linz verschickt und dort ermordet. Im Gedenken an diese Opfer des Nationalsozialismus. Stadtgemeinde Knittelfeld". Ausgangspunkt für diesen Akt des Gedenkens war die Präsentation des lokalgeschichtlichen Buches „Als Großvater in den Krieg ziehen mußte" im Jahr 1993. Die KPÖ-Gemeinderatsfraktion Knittelfeld griff das Thema auf und forderte die Errichtung einer Gedenktafel; nach einigen Schwierigkeiten, vor allem in bezug auf die Klärung von Zuständigkeiten, stellte die KPÖ-Fraktion am 13.10.1997 im Gemeinderat den Antrag, der Gemeinderat möge sich an die zuständige Landesabteilung wenden, um an der Außenmauer des Knittelfelder Landesaltenpflegeheimes eine Gedenktafel anbringen zu dürfen.[100] Im Dezember 1997 berichtete Bürgermeister Fritz Kaufmann dem Gemeinderat, dass das Land dem Ansuchen positiv gegenüberstehe; im Frühjahr 1998 wurde die Gedenktafel realisiert, wobei der von der KPÖ-Fraktion vorgeschlagene Text unverändert übernommen wurde.

---

[100] Vgl. Knittelfelder Nachrichten, Oktober 1997

Resümee

Trotz vielfältiger einschlägiger Forschungsaktivitäten gilt nach wie vor, dass die Geschichte der NS-Euthanasie in Österreich noch immer nicht adäquat erforscht ist: weder existiert eine allgemeine fundierte Darstellung der Vorgänge in Hartheim bzw. in den einzelnen Gau-Heil- und Pflegeanstalten, noch sind ausreichende Erkenntnisse über die Haltung der österreichischen Sozial- und Gesundheitsbehörden, der Ärzte und des Pflegepersonals, die von freudiger Anpassung bis zu hinhaltendem Widerstand reichte, vorhanden. Allerdings ist die Forschungslandschaft in den letzten Jahren in Bewegung geraten. Für Oberösterreich, die Steiermark, Wien sowie für Tirol gibt es mittlerweile eine Reihe von Einzelstudien, weitere befinden sich in der Phase der Realisierung.

Die zweifelsohne existierenden personellen und strukturellen Kontinuitäten in der Versorgung von Behinderten und psychisch Kranken sind bislang allerdings erst ansatzweise aufgearbeitet. Eine adäquate Erinnerungskultur aber setzt Wissen um Zusammenhänge voraus: erst auf dieser Basis ist aufrichtiges Gedenken möglich, das nicht nur die Opfer betrauert, sondern auch mögliche Schuld und Verantwortung für das Geschehen aufnimmt.

Eine Betrachtung der Mahnmäler und Gedenkstätten für die Euthanasie-Opfer zeigt, dass genau in diesem Punkt viele Mahnmäler entscheidende Defizite aufweisen. Die Problematik besteht darin, dass ein Mahnmal, das an schuldbeladene Geschichte erinnert, stört. „Es stellt als solches einen höchst spannungsvollen und sozialethisch gesehen sehr anspruchsvollen Moment im Leben einer Öffentlichkeit dar: Sie beschließt bzw. akzeptiert und legitimiert oder erträgt zumindest – je nach den Umständen der Entstehung eines Mals – die Störung ihrer selbst."[101]

---

[101] Paul Petzel, Zur Ästhetik des Erinnerns. Das Konzept des Andernacher Spiegel-Containers, in: Historischer Verein Andernach e.V.: Der Andernacher Spiegel-Container. Mahnmal für die Opfer der nationalsozialistischen Euthanasie in der ehemaligen Rheinprovinz, Andernach 1998, 66-88, hier: 67 f.